9

国际文化管理

International Cultural Administration

楚国清 吴承忠◎主编

经济管理出版社
ECONOMY & MANAGEMENT PUBLISHING HOUSE

图书在版编目（CIP）数据

国际文化管理 . 9/ 楚国清，吴承忠主编 .—北京：经济管理出版社，2023.3
ISBN 978-7-5096-9010-9

Ⅰ . ①国…　Ⅱ . ①楚… ②吴…　Ⅲ . ①文化管理—世界—文集　Ⅳ . ① G113-53

中国国家版本馆 CIP 数据核字（2023）第 086271 号

组稿编辑：丁慧敏
责任编辑：丁慧敏
责任印制：黄章平
责任校对：王淑卿

出版发行：经济管理出版社
（北京市海淀区北蜂窝 8 号中雅大厦 A 座 11 层　100038）
网　址：www.E-mp.com.cn
电　话：（010）51915602
印　刷：唐山昊达印刷有限公司
经　销：新华书店
开　本：880mm × 1230mm /16
印　张：12.5
字　数：310 千字
版　次：2023 年 3 月第 1 版　　2023 年 3 月第 1 次印刷
书　号：ISBN 978-7-5096-9010-9
定　价：98.00 元

学术委员会

编　委　会

Academic Board

Editorial Board

目　录

基于居民感知的黄河国家文化公园发展路径研究*

吴承忠　徐竹嫣**

（对外经济贸易大学文化和休闲产业研究中心）

摘要：黄河国家文化公园的建设，既是黄河流域生态保护和高质量发展的内在要求，也是黄河沿线地区协同高质量发展的必然选择。本文首次通过结构方程模型对国内居民关于黄河国家文化公园的认知形象、情感形象、感知价值与行为意愿进行了模型构建。共回收有效问卷330份，利用SPSS 26.0和EQS 6.3对测量模型和结构模型进行检验。研究结果表明，国内居民对黄河国家文化公园的认知形象与情感形象存在显著正相关关系。在黄河国家文化公园感知形象的各维度中，认知形象的"社会文化资源"维度获得最高认同。此外，认知形象、情感形象均对感知价值产生显著的正向影响，其中情感形象对感知价值的影响大于认知形象对感知价值的影响。研究结果还表明国内居民对黄河国家文化公园的感知价值对其行为意愿具有显著的正向影响。最后，从居民感知视角出发，从文化属性彰显、情感纽带共建、基础设施建设、教育功能发挥及全民参与五个方面为黄河国家文化公园的发展提供了路径参考。

关键词：黄河国家文化公园；感知形象；感知价值；行为意愿；发展路径

Research on the Development Path of the Yellow River National Cultural Park Based on the Residents' Perception

Wu Chengzhong　Xu Zhuyan

（**School of Government, University of International Business and Economics**）

Abstract: Through structural equation modeling, this article analyzed the relationships among the

*　基金项目：本文受国家社科基金艺术学重大项目"文化和旅游融合视野下黄河文化保护传承弘扬研究"（项目编号：21ZD03）、国家社科基金艺术学重点项目"我国国家文化公园政策体系构建研究"（项目编号：22AH016）资助。

**　作者简介：吴承忠，博士，教授，博士生导师，研究方向为国际文化产业规划与政策、国家文化公园、文化经济学，E-mail：wucz00@163.com。徐竹嫣（通讯作者），政府管理学院博士研究生，研究方向为文化产业政策与管理、国家文化公园，E-mail：xu_zhuyan@126.com。

domestic tourists' evaluations of cognitive image, affective image, perceived value and behavioral intentions towards the Yellow River National Cultural Park. A total of 330 valid questionnaires were collected, which were analyzed by SPSS 26.0 and EQS 6.3. The research confirms the significant positive relationship between the domestic tourists' cognitive image and affective image to the Yellow River National Cultural Park. Among the dimensions of the destination image, the social cultural resources of the cognitive image achieved the highest point. In addition, both cognitive image and affective image significantly affect perceived value, and the impact of affective image on perceived value is greater than that of cognitive image. The results also indicate that the domestic tourists' perceived value towards the Yellow River National Cultural Park positively influences their behavioral intentions. Different from previous studies, this study incorporates perceived value into the model of destination image and tourists' behavioral intentions, forming a theoretical model of "destination image - perceived value - behavioral intention". In addition, this study is the first empirical study on tourists' perception and behavioral intentions in the context of the Yellow River National Cultural Park, offering specific suggestions for the construction of the Yellow River National Cultural Park in the future.

Keywords: The Yellow River National Cultural Park; Destination image; Perceived value; Behavioral intentions; Development path

一、引言

2020 年 10 月,《中共中央关于制定国民经济和社会发展第十四个五年规划和二〇三五年远景目标的建议》提出我国将建设长城、大运河、长征、黄河等国家文化公园。2022 年 3 月,《关于 2021 年国民经济和社会发展计划执行情况与 2022 年国民经济和社会发展计划的决议》进一步明确将推动长城、大运河、长征、黄河等国家文化公园标志性项目建设的有序推进。国家文化公园具备高度的文化资源不可替代性及文化遗产保护价值,使其成为文化强国战略的必然选择[1]~[3]。同时,国家文化公园作为公共文化的重要载体,是公众精神文化活动的重要空间[2],对丰富人民群众的文化生活、增强人民群众的文化素养、增强民族的文化自信具有重要意义。

国家文化公园是国家形象的重要代表,了解国内居民对黄河国家文化公园的形象评估与感知价值,将为其后续建设中"国家性""文化性""全民公益性"的凸显提供重要的参考[1]~[3]。居民对黄河国家文化公园的感知形象感知反映了其对黄河国家文化公园的自然生态资源、社会文化资源及配套环境的真实感受[4][5]。规划与建设者可参考居民感知与评价,完善自身不足,以实现黄河国家文化公园社会价值与经济价值的最大化[5]。然而,现有关于我国国家文化公园的研究大多停留于理论层面的探讨,暂未有任何与居民行为相关的实证分析研究。近年来,《"十四五"黄河文化保护传承弘扬规划》《黄河国家文化公园建设实施方案》等一系列国家政策与文件的出台彰显了黄河国家文化公园建设的战略价值。黄河国家文化公园以黄河为轴线,途经河南、山东、山西、陕西、青海、四川、甘肃、宁夏、内蒙古等九省区,以实现黄河非遗保护、文化资源整合、游览观光、公园化运营等为目标。黄河流域作为中华文明的重要发源地之一，具备丰富的自然与文化资源。黄河国家文化公园的建设，既是黄河流域生态保护和高质量发展的内在要求，也是黄河沿线地区协同高质量发展的必然选择。因此，本文以黄河国家文化公园为载体，针对黄河流经城市及其市域范围，对国内居民关于黄河国家文化公园的感知形象、感知价值与行为意愿进行了实证研究与分析。

二、文献回顾与研究假设

（一）认知形象与情感形象

感知形象是指影响个体行为意愿的对目的地的一系列看法、观点和印象[6][7]。Gartner 提出认知因素（Cognitive）、情感因素（Affective）和意动因素（Conative）是感知形象的主要组成因素[8]。Stylidis 认为个体对某一目的地的形象感知由认知形象（Cognitive Image）和情感形象（Affective Image）两部分组成，认知形象是基于目的地客观属性而形成的认识，情感形象是对目的地的一种感情[9][10]。本文采用 Stylidis 对感知形象感知的分类，将居民对黄河国家文化公园的感知形象评估分为认知形象与情感形象两部分。

个体对目的地的认知形象与情感形象紧密相连[8][11]。Woosnam 等认为个体首先对目的地进行情感回应，从而在此基础上做出后续的行为[11]。然而，Gartner 等学者认为个体对目的地的认知形象先于情感形象形成，并对情感形象具有显著的正向影响[8][12]。同样，Lin 等的研究发现个体会首先从认知上对感知形象进行评估，其次生成对目的地相应的感觉[13]。

基于上述研究，本文提出以下研究假设：

H1：国内居民对黄河国家文化公园的认知形象评估显著正向影响情感形象评估。

（二）感知形象与感知价值

感知价值是指“基于消费者的付出和回报，从而形成的对某一产品或服务效用的总体评估”，被认为是影响消费者行为的最重要的决定性因素之一[14]。感知价值主要反映了消费者在交换过程中感知到的好处以及代价。但单一维度的感知价值测量缺乏效度[4]。Batra 和 Ahtola 将消费者的感知价值分为享乐价值和实用价值[15]。韩春鲜将居民的感知价值划分为功能价值、情感价值和社会价值三个维度[16]。感知价值在本文中是指国内居民对游览黄河国家文化公园可获得回报的评估，分为休闲价值、新颖价值、教育价值、社交价值四个维度。

个体对某一目的地的形象评估与感知价值存在显著相关关系[17]。Ozturk 和 Qu 在针对 233 名游览土耳其的游客的研究中发现，游客对目的地的形象评估与感知价值存在显著的相关关系[18]。Meng 和 Yang 在对中国台湾游客乘坐游轮体验的研究中发现，游客对游轮的形象评估对整个游览的感知价值产生显著正向影响[19]。

基于上述研究，本文提出以下研究假设：

H2：国内居民对黄河国家文化公园的认知形象评估显著正向影响感知价值。

H3：国内居民对黄河国家文化公园的情感形象评估显著正向影响感知价值。

（三）感知价值与行为意愿

行为意愿反映了个人做出某种特定行为的愿望[20]。行为意愿在旅游管理领域的相关研究中多涉及重游意愿和口碑传播[4][20]。对某一目的地的重游是以已完成首次游览为前提，考虑到黄河国家文化公园仍处于规划和建设阶段，本文主要考虑国内居民对黄河国家文化公园的出行意愿。现有研究表明，个体对某一目的地的感知价值对其行为意愿具有显著影响[4][17][19][21]。Chen 等的研究表明个体对游览目的地的感知价值越高，行为意愿越强[4]。Lban 等发现个体的感知价值对居民的重游意愿及口碑传播产生显著正向影响[17]。Meng 等确认了个体的感知价值对行为意愿具有显著的正向影响[19]。Ryu 等发现个体的感知价值与其行为意愿具有显著关系，且行为意愿可通过感知价值进行预测[21]。

基于上述研究，本文提出以下研究假设：

H4：国内居民对黄河国家文化公园的感知价值显著正向影响行为意愿。

根据以上假设，本文的理论模型如图 1 所示。

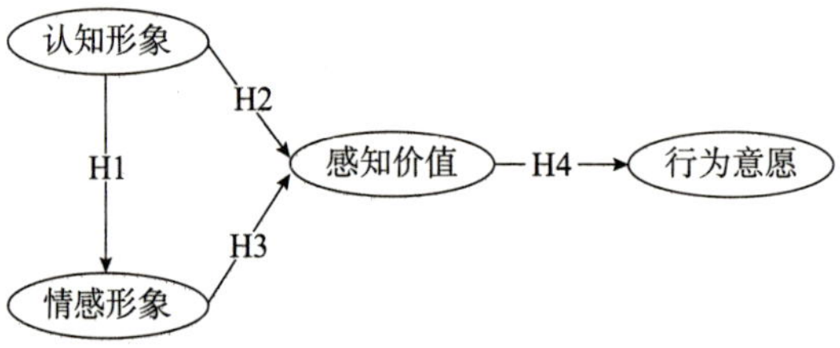

图 1 理论模型

三、研究方法

（一）问卷设计

本文采用问卷调查法，所有变量的测量均参考国内外旅游管理与市场营销领域中具备较高信度与效度的成熟量表。题目采用李克特五级量表进行测量，1 代表“非常不同意”，5 代表“非常同意”，被调查者根据同意程度进行打分。考虑到部分题目的中英文语言差异，本文运用回译的方式，由 3 名语言学专家和 2 名旅游管理专家对翻译题目进行校正。

根据问卷预调查中随机邀请的 55 名被调查者的反馈，在对问卷表述个别调整后，形成了最终问卷。问卷由 23 个测量指标及 5 个人口统计学变量组成。其中，认知形象的测量借鉴了 Cheng 等[2][22][23]的研究，共 8 个题项。情感形象的测量题目来源于 Baloglu 等[23]~[25]的研究，共 5 个题项。感知价值的测量参考了 Choe 等[22][26]的研究，共 6 个题项。行为意愿的测量题目借鉴了 Song 等[23][26]的研究，共 3 个题项。人口统计学变量包括性别、年龄、受教育程度、职业和月收入。

（二）研究样本与数据收集

本文的目标总体是国内居民，鉴于中国人口数量庞大，抽样方法采用便利抽样法。相较于其他方式，便利抽样法更适合收集来自不同地区多元化居民的数据[27]。

自填问卷于 2022 年 7 月利用微信、QQ 等社交媒体进行发放，共回收有效问卷 330 份。根据

Everitt[28]和 Nunnally[29]的建议，因子分析中样本数量应为测量问题的 10 倍。本文包含 23 个测量问题，共需 230（23×10）个观察样本。本文已充分满足因子分析样本数量的要求。被调查者中女性占 55.2%，略多于男性。26～45 周岁与 46～60 周岁的被调查者分别占 32.4% 与 30.3%。此外，63% 的被调查者教育程度为大学本（专）科。学生和企业职员共占约 50%。月收入 8000 元以下的被调查者占 89.1%。

（三）数据分析

本文利用 SPSS 26.0 和 EQS 6.3 进行数据分析。首先，通过 Cronbach's α 对量表的信度进行检验。分别通过 AVE、CR 值对聚合效度，以及限制与非限制模型的卡方差值对区分效度进行检验，并对 KMO 值进行计算。其次，通过验证性因子分析（CFA）对测量模型进行检验。再次，运用 EQS 6.3 对结构模型进行检验。最后，对各变量进行描述性统计。

四、研究结果与讨论

（一）信度与效度检验

信度（Reliability）用于衡量量表对变量测量的稳定性与可靠性程度，信度越高测量误差越小。在因子分析中，多用 Cronbach's α 系数和组合信度（Composite Reliability）进行测量[30]。如表 1 所示，各维度的 Cronbach's α 系数与组合信度均高于可接受值 0.7[29]，表明本文所采用的量表具有良好的信度。

表 1　信度与效度检验

	因子载荷	Cronbach's α	CR	AVE
认知形象		0.938	0.913	0.569
CI1　黄河国家文化公园拥有优美的自然景观	0.725			
CI2　黄河国家文化公园具备良好的生态环境	0.675			
CI3　黄河国家文化公园有黄河流域特色的节庆活动	0.794			
CI4　黄河国家文化公园有黄河流域特色的历史、文化遗址	0.774			
CI5　黄河国家文化公园有黄河流域特色的民俗风情	0.814			
CI6　黄河国家文化公园有诱人的地方特色美食	0.772			
CI7　黄河国家文化公园具备安全的参观环境	0.723			
CI8　黄河国家文化公园拥有淳朴的民风	0.749			
情感形象		0.930	0.834	0.569
AI1　参观黄河国家文化公园是舒适宜人的	0.702			
AI2　参观黄河国家文化公园是令人兴奋的	0.711			
AI3　参观黄河国家文化公园是令人放松的	0.771			
AI4　参观黄河国家文化公园是令人愉悦的	0.755			
AI5　参观黄河国家文化公园是有趣的	0.595			

续表

	因子载荷	Cronbach's α	CR	AVE
感知价值				
PV1 参观黄河国家文化公园，可以锻炼身体，让我更加健康	0.696	0.925	0.872	0.534
PV2 参观黄河国家文化公园，我可能发现一些有趣新颖的东西	0.566			
PV3 参观黄河国家文化公园，我将有新奇的参观体验	0.785			
PV4 参观黄河国家文化公园，可以丰富我的知识	0.770			
PV5 参观黄河国家文化公园，可能会让我结交更多的新朋友	0.762			
PV6 参观黄河国家文化公园，是增进我与家人、朋友关系的好机会	0.780			
行为意愿				
BI1 我认为黄河国家文化公园是一个很好的出行目的地	0.684	0.949	0.840	0.569
BI2 未来我愿意参观黄河国家文化公园	0.815			
BI3 未来我将有很大可能性参观黄河国家文化公园	0.793			

效度（Validity）用于判断量表的准确程度，效度越高测量越准确，效度的测量包括聚合效度（Convergent Validity）和区分效度（Discriminant Validity）两部分的检验[30]。如表 2 所示，各因子载荷系数均大于 0.5，且 AVE 值均高于 0.5，表明所有测量题目具有良好的聚合效度[31]。此外，限制模型与非限制模型的卡方差，在自由度为 1 时均达到显著水平（$p<0.05$），表明区分效度良好[32]。该量表的 KMO 值为 0.945（KMO>0.6），且 Bartlett 球形度检验对应的 p 值为 0.00（$p<0.05$），均表明适合进行因子分析。

表 2　验证性因子分析

	因子载荷系数
认知形象	
CI1 黄河国家文化公园拥有优美的自然景观	0.803
CI2 黄河国家文化公园具备良好的生态环境	0.766
CI3 黄河国家文化公园有黄河流域特色的节庆活动	0.851
CI4 黄河国家文化公园有黄河流域特色的历史、文化遗址	0.821
CI5 黄河国家文化公园有黄河流域特色的民俗风情	0.856
CI6 黄河国家文化公园有诱人的地方特色美食	0.772
CI7 黄河国家文化公园具备安全的参观环境	0.814
CI8 黄河国家文化公园拥有淳朴的民风	0.806
情感形象	
AI1 参观黄河国家文化公园是舒适宜人的	0.803
AI2 参观黄河国家文化公园是令人兴奋的	0.887
AI3 参观黄河国家文化公园是令人放松的	0.875

续表

	因子载荷系数
AI4 参观黄河国家文化公园是令人愉悦的	0.933
AI5 参观黄河国家文化公园是有趣的	0.792
感知价值	
PV1 参观黄河国家文化公园，可以锻炼身体，让我更加健康	0.810
PV2 参观黄河国家文化公园，我可能发现一些有趣新颖的东西	0.772
PV3 参观黄河国家文化公园，我将有新奇的参观体验	0.850
PV4 参观黄河国家文化公园，可以丰富我的知识	0.809
PV5 参观黄河国家文化公园，可能会让我结交更多的新朋友	0.854
PV6 参观黄河国家文化公园，是增进我与家人朋友关系的好机会	0.886
行为意愿	
BI1 我认为黄河国家文化公园是一个很好的出行目的地	0.892
BI2 未来我愿意参观黄河国家文化公园	0.935
BI3 未来我将有很大可能性参观黄河国家文化公园	0.926
	模型拟合指标
χ^2/d.f.	1.804
NFI	0.964
CFI	0.984
RMR	0.025
RMSEA	0.049

（二）测量模型检验

本文利用 EQS 6.3 中的极大似然法（Maximum Likelihood）对测量模型进行验证性因子分析（Confirmatory Factor Analysis）。当研究样本数量过大时，卡方检验的可靠性会受到影响[33]。因此，本文对多个模型拟合指标进行检验，包括 χ^2 自由度比（χ^2/d.f.）(<2.00)，常规拟合指标（NFI）(>0.90)，比较拟合指数（CFI）(>0.90)，残差均方和平方根（RMR）(<0.05）和渐进残差均方和平方根（RMSEA）(<0.08）[33]。如表 2 所示，本文的测量模型拟合度良好（χ^2/d.f.=1.804，NFI=0.964，CFI=0.984，RMR=0.025，RMSEA=0.049），表明该测量模型可接受。

（三）结构模型检验

本文通过标准化系数（β）、t 检验和 R^2 检验对结构模型进行评估。标准化系数，又称路径系数，常用于评估自变量与因变量关系的强弱程度[33]。R^2 用于评估自变量对因变量的解释力度，可接受值为 0.10[33]。本文的结构模型经测算具有良好的拟合度（χ^2/d.f. =1.889，NFI=0.962，CFI=0.982，RMR=0.032，RMSEA=0.052）。如图 2 和表 3 所示，与研究假设一致，假设 H1、假设 H2、假设

H3、假设 H4 均得到证实。首先，国内居民对黄河国家文化公园的认知形象评估显著影响其情感形象评估（H1），路径系数 β 为 0.705，且 49.6% 的情感形象可以被模型中的路径关系所解释。其次，认知形象（H2）、情感形象（H3）均对感知价值产生显著影响，且 69.6% 的感知价值可以被模型中的路径关系所解释（R^2=69.6%）。相较于认知形象（$\beta = 0.252$，$p < 0.05$），情感形象（$\beta = 0.637$，$p < 0.05$）对感知价值产生更大的正向影响。最后，国内居民对黄河国家文化公园的感知价值较强地显著正向影响其行为意愿（$\beta = 0.801$，$p < 0.05$）（H4），且感知价值对行为意愿的解释度达 64.2%。

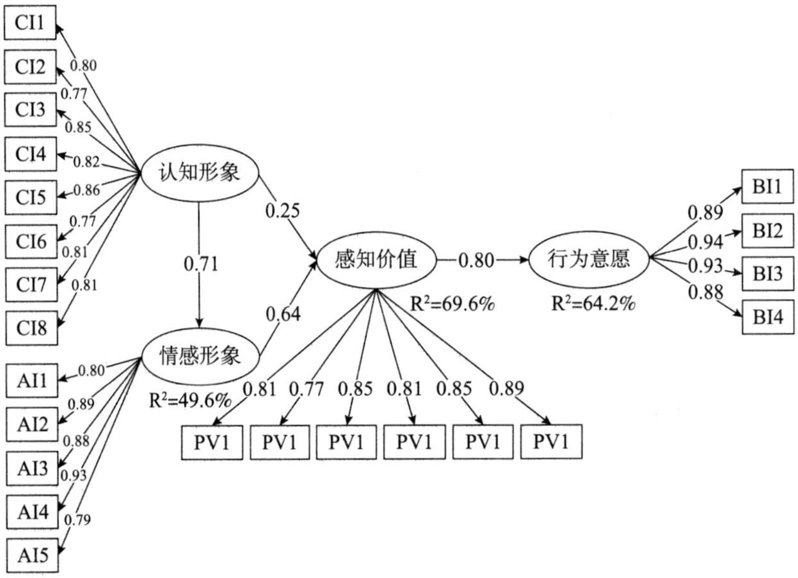

图 2 研究结果

表 3 假设验证

假设	路径系数（β）	t 值	假设检验
H1 认知形象 → 情感形象	0.705	7.613*	支持
H2 认知形象 → 感知价值	0.252	6.378*	支持
H3 情感形象 → 感知价值	0.637	2.931*	支持
H4 感知价值 → 行为意愿	0.801	9.534*	支持

注：* 表示 $p < 0.05$。

（四）变量的描述性统计

国内居民对黄河国家文化公园具有较为积极的感知形象评估与感知价值，并具有较强的行为意愿。在认知形象中，“黄河国家文化公园有黄河流域特色的历史、文化遗址”获得最高得分（Mean=4.70）（见表 4）。居民对认知形象中的社会文化资源（“特色的节庆活动”“特色的历史、文化遗址”“特色的民俗风情”）具有最为强烈的感知，紧随其后的自然生态资源（“优美的自然景观”“良好的生态环境”）和参观配套环境（“诱人的地方特色美食”“安全的参观环境”“淳朴的民风”）。在感知价值中，“参观黄河国家文化公园，可以丰富我的知识”获得最高的平均分 4.65 分，肯定了国内居民对其教育价值的认同。此外，新颖价值（Mean=4.59）与健康价值（Mean=4.55）也获得较高得分。在行为意愿中，“未来我愿意参观黄河国家文化公园”和“未来我将有很大可能性参观黄河国家文化公园”同时获得4.60分，“我认为黄河国家文化公园是一个很好的出行目的地”获得4.54分，表明国内居民对黄河国家文化公园有较强的行为意愿。

表4　题目的平均数、标准差

	平均数		标准差
认知形象			
CI1　黄河国家文化公园拥有优美的自然景观	4.57	4.62	0.689
CI2　黄河国家文化公园具备良好的生态环境		4.51	0.807
CI3　黄河国家文化公园有黄河流域特色的节庆活动	4.62	4.54	0.787
CI4　黄河国家文化公园有黄河流域特色的历史、文化遗址		4.70	0.632
CI5　黄河国家文化公园有黄河流域特色的民俗风情		4.61	0.707
CI6　黄河国家文化公园有诱人的地方特色美食	4.52	4.53	0.752
CI7　黄河国家文化公园具备安全的参观环境		4.48	0.769
CI8　黄河国家文化公园拥有淳朴的民风		4.56	0.726
情感形象			
AI1　参观黄河国家文化公园是舒适宜人的	4.48		0.711
AI2　参观黄河国家文化公园是令人兴奋的	4.49		0.720
AI3　参观黄河国家文化公园是令人放松的	4.55		0.670
AI4　参观黄河国家文化公园是令人愉悦的	4.58		0.634
AI5　参观黄河国家文化公园是有趣的	4.48		0.736
感知价值			
PV1　参观黄河国家文化公园，可以锻炼身体，让我更加健康	4.55	4.55	0.688
PV2　参观黄河国家文化公园，我可能发现一些有趣新颖的东西	4.59	4.59	0.656
PV3　参观黄河国家文化公园，我将有新奇的参观体验		4.58	0.662
PV4　参观黄河国家文化公园，可以丰富我的知识	4.65	4.65	0.640
PV5　参观黄河国家文化公园，可能会让我结交更多的新朋友	4.41	4.32	0.947
PV6　参观黄河国家文化公园，是增进我与家人、朋友关系的好机会		4.49	0.773
行为意愿			
BI1　我认为黄河国家文化公园是一个很好的出行目的地	4.54		0.675
BI2　未来我愿意参观黄河国家文化公园	4.60		0.682
BI3　未来我将有很大可能性参观黄河国家文化公园	4.60		0.683

五、居民感知视角下的黄河国家文化公园发展路径

（一）加强黄河文化传承与保护，彰显中华文化魅力

居民对黄河国家文化公园的社会文化资源具有较强的感知，这与国家文化公园特有的文化属性相一致。与国家公园、国家森林公园和国家风景名胜区等以自然景观为主的公园不同，国家文化公园在自然生态保护的基础上，应加强对黄河文化遗产的传承与保护，着力打造中华文明的重要标识，丰富黄河文化的精神内涵和时代价值，使黄河文化公园成为民族文化认同的桥梁、文化自信彰显的载体。

（二）维系黄河文化情感，共建民族精神纽带

相较于认知形象，居民对黄河国家文化公园的情感形象对其感知价值产生更大的正向影响。与其他公园相比，居民可能更多地将国家文化公园与国家形象和中华文化传播相联系，有更强烈的情感共鸣，因而在价值的感知中更多依赖于黄河国家文化公园的情感属性特征。因而，在黄河国家文化公园的建设中，应对情感形象评估加以利用。在人与黄河文化、人与黄河国家文化公园的情感纽带维系的基础上，共同建设以黄河为轴线的“生活共同体”和“价值共同体”[5]。

（三）加强基础设施建设，实现保护与利用并重

在认知形象的各维度中，居民认为重点加强黄河国家文化公园的配套设施建设。在今后的建设中，应在黄河自然遗产与文化遗产保护的基础上，深入挖掘黄河文化内核，实现黄河特色文化的统一规划与开发。通过黄河国家文化公园为核心 IP，打造黄河特色美食餐厅、黄河民俗文化体验活动、黄河特色民宿开发，为国内居民提供较好的参观体验。

（四）发挥黄河文化教育功能，延续中华历史文脉

国内居民对黄河国家文化公园的教育价值给予较高的评分，可考虑建设“黄河国家文化公园主题基地”以充分发挥黄河国家文化公园历史和文化教育的作用与价值，重点打造其成为展现国家历史和文化的重要功能区。黄河国家文化公园作为我国首批国家文化公园，其新颖性对居民具有较强的吸引力，易满足居民猎奇心理。在黄河国家文化公园的建设中，应实现教育价值、休闲价值与游憩价值的多维一体。

（五）提升黄河价值引领，凸显文化公园全民属性

目前仍有部分国内居民对黄河国家文化公园具有较低的行为意愿。针对这部分居民，可考虑加大宣传力度，将居民对黄河国家文化公园的感知融入黄河文化核心价值。在加强公园休闲、教育、社交价值的基础上，通过创新性的参与方式、创造性的融合模式，不断丰富新时代黄河文化的价值内涵。通过全民参与和资源活化促进黄河文化成果的全民共享，以更好地激发黄河国家文化公园的文化生命力。

六、结语与展望

本文是首个黄河国家文化公园视域下对居民感知与行为意愿的实证研究，构建了“感知形象—

感知价值—行为意愿”的理论模型，延伸了感知形象与感知价值的关系研究。本文基于居民感知，从文化属性彰显、情感纽带共建、基础设施建设、教育功能发挥及全民参与五个方面提供了黄河国家文化公园发展的路径参考。但当前研究仍存在不足，未来相关研究可从以下方面加以改进：第一，当前研究主要采用定量的研究方式，为获得国内居民对黄河国家文化公园感知形象、感知价值与行为意愿更深层次的看法，并进一步探究其背后的原因机理，在未来的研究中可采用以访谈法为例的定性研究方法。第二，本文在行为意愿的测量中只关注了国内居民对黄河国家文化公园的出行意愿，未来可考虑加强购买意愿等其他行为意愿的研究。第三，本文的研究情境为黄河国家文化公园，研究结果能否适用于长征、长江、大运河国家文化公园在未来仍需更多研究加以验证。

参考文献

[1] 程惠哲．从公共文化空间到国家文化公园　公共文化空间既要“好看”也要“好用”[J]．人民论坛，2017（29）：132-133.

[2] 吴丽云，蔡晟．国家文化公园建设应坚持三大原则[J]．环境经济，2020（16）：65-67.

[3] 李飞，邹统钎．论国家文化公园：逻辑、源流、意蕴[J]．旅游学刊，2021，36（1）：14-26.

[4] Chen, C. F. and Chen, F. S. Experience Quality, Perceived Value, Satisfaction and Behavioral Intentions for Heritage Tourists [J]. *Tourism Management*, 2010, 31 (1): 29-35.

[5] 许峰，李帅帅．南疆地区感知形象与旅游者行为意向——感知价值与心理距离的中介作用[J]．经济管理，2018，40（1）：156-171.

[6] Crompton, J. L. An Assessment of the Image of Mexico as a Vacation Destination and the Influence of Geographical Location upon that Image [J]. *Journal of Travel Research*, 1979, 17 (4): 18-23.

[7] Tavitiyaman, P., Qu, H., Tsang, W. S. L. and Lam C. W. R. The Influence of Smart Tourism Applications on Perceived Destination Image and Behavioral Intention: The Moderating Role of Information Search Behavior [J]. *Journal of Hospitality and Tourism Management*, 2021 (46): 476-487.

[8] Gartner, W. C. Image Formation Process [J]. *Journal of Travel & Tourism Marketing*, 1994 (2): 191-216.

[9] Stylidis, D., Sit, J. and Biran, A. An Exploratory Study of Residents' Perception of Place Image: The Case of Kavala [J]. *Journal of Travel Research*, 2016 (55): 659-674.

[10] Baloglu, S. and McCleary, K.W. A Model of Destination Image Formation [J]. *Annals of Tourism Research*, 1999, 26 (4): 868-897.

[11] Woosnam, K.M., Stylidis, D. and Ivkov, M. Explaining Conative Destination Image Through Cognitive and Affective Destination Image and Emotional Solidarity with Residents [J]. *Journal of Sustainable Tourism*, 2020, 28 (6): 917-935.

[12] Walmsley, D.J. and Young, M. Evaluative Images and Tourism: The Use of Personal Constructs to Describe the Structure of Destination Images [J]. *Journal of Travel Research*, 1998, 36 (3):

65–69.

[13] Lin, C. H., Morais, D. B., Kerstetter, D. L. and Hou, J. S. Examining the Role of Cognitive and Affective Image in Predicting Choice Across Natural, Developed, and Theme-park Destinations [J]. *Journal of Travel Research*, 2007, 46 (2) : 183–194.

[14] Zeithaml, V. A. Consumer Perceptions of Price, Quality, and Value : A Means-end Model and Synthesis of Evidence [J] . *Journal of Marketing*, 1988, 52 (3) : 2–22.

[15] Batra, R. and Ahtola, O.T. Measuring the Hedonic and Utilitarian Sources of Consumer Attitudes [J] . *Marketing Letters*, 1990, 2 (2) : 159–170.

[16] 韩春鲜 . 旅游感知价值和满意度与行为意向的关系 [J] . 人文地理, 2015, 30 (3) : 137–144. [Han Chunxian. Relationships of Tourist Perceive Value, Satisfaction and Tourist Behavioral Intention [J] . *Human Geography*, 2015, 30 (3) : 137–144.]

[17] Lban, M. O., Kaşli, M. and Bezirgan, M. Effects of Destination Image and Total Perceived Value on Tourists' Behavioral Intentions : An Investigation of Domestic Festival Tourists [J] . *Tourism Analysis*, 2015, 20 (5) : 499–510.

[18] Ozturk, A. B. and Qu, H. The Impact of Destination Images on Tourists' Perceived Value, Expectations, and Loyalty [J] . *Journal of Quality Assurance in Hospitality & Tourism*, 2008, 9 (4) : 275–297.

[19] Meng, S. M., Liang, G. S. and Yang, S. H. The Relationships of Cruise Image, Perceived Value, Satisfaction, and Post-purchase Behavioral Intention on Taiwanese Tourists [J] . *African Journal of Business Management*, 2011, 5 (1) : 19–29.

[20] Oliver, R. L. A Cognitive Model of the Antecedents and Consequences of Satisfaction Decisions [J] . *Journal of Marketing Research*, 1980, 17 (4) : 460–469.

[21] Ryu, K., Han, H. and Kim, T. H. The Relationships among Overall Quick-casual Restaurant Image, Perceived Value, Customer Satisfaction, and Behavioral Intentions [J] . *International Journal of Hospitality Management*, 2008, 27 (3) : 459–469.

[22] Cheng, T. M. and Lu, C. C. Destination Image, Novelty, Hedonics, Perceived Value, and Revisiting Behavioral Intention for Island Tourism [J] . *Asia Pacific Journal of Tourism Research*, 2013, 18 (7) : 766–783.

[23] Song, H. M., Kim, K. S. and Yim, B. H. The Mediating Effect of Place Attachment on the Relationship Between Golf Tourism Destination Image and Revisit Intention [J] . *Asia Pacific Journal of Tourism Research*, 2017, 22 (11) : 1182–1193.

[24] Baloglu, S. and McCleary, K. W. A Model of Destination Image Formation [J] . *Annals of Tourism Research*, 1999, 26 (4) : 868–897.

[25] Papadimitriou, D., Apostolopoulou, A. and Kaplanidou, K. Destination Personality, Affective Image, and Behavioral Intentions in Domestic Urban Tourism [J] . *Journal of Travel Research*, 2015, 54 (3) : 302–315.

[26] Choe, J. Y. J. and Kim, S.S. Effects of Tourists' Local Food Consumption Value on Attitude, Food Destination Image, and Behavioral Intention [J] . *International Journal of Hospitality Management*, 2018 (71) : 1-10.

[27] Kim, H. J., Gursoy, D. and Lee, S. B. The Impact of the 2002 World Cup on South Korea : Comparisons of Pre-and Post-games [J] . *Tourism Management*, 2006, 27 (1) : 86-96.

[28] Everitt, B. S. Multivariate Analysis : The Need for Data, and Other Problems [J] . *The British Journal of Psychiatry*, 1975, 126 (3) : 237-240.

[29] Nunnally, J. C. *Psychometric Theory* (2nd ed.) [M] . New York : McGraw Hill, 1978.

[30] 王建军,王玲玉,王蒙蒙 . 网络口碑、感知价值与消费者购买意愿：中介与调节作用检验 [J]. 管理工程学报, 2019, 33 (4) : 80-87.

[31] Fornell, C. and Larcker, D. F. Evaluating Structural Equation Models with Unobservable Variables and Measurement Error [J] . *Journal of Marketing Research*, 1981, 18 (1) : 39-50.

[32] Bagozzi, R. P. and Yi, Y. On the Evaluation of Structural Equation Models [J] . *Journal of the Academy of Marketing Science*, 1988, 16 (1) : 74-94.

[33] 吴明隆 . 结构方程模型——AMOS 的操作与应用 [M] . 重庆：重庆大学出版社，2010 : 37-59.

襄阳世界级文化旅游品牌建设研究

杜睿杰　杜汉华 *

（哈尔滨工业大学深圳国际设计学校）

（襄阳市江汉旅游研究院）

摘要：在《湖北省旅游业发展“十四五”规划》中，襄阳没有进入“富有文化底蕴的世界级旅游景区”建设梯队。要全面提升襄阳市文物保护水平，把襄阳护城河列入文物保护单位并扩大保护范围；把襄阳古城与岘山（襄阳西南群山）和汉水之间整体纳入“历史地段”或文物保护单位，加以保护；把襄阳攻防工程体系纳入文物保护单位，进行带状的“襄阳攻防工程体系保护区”，予以保护；借鉴海内外古城保护的成功经验，制定人文社科成果保护行为规范，尊重和发挥原创性研究成果与专家的作用，改进规划和决策机制，走出襄阳自己的古城保护特色之路，促进襄阳市发挥“天下腰膂”的积极作用，建成世界级的文化旅游名城，为湖北“世界级旅游目的地”建设做突出的贡献。

关键词：襄阳市；世界旅游目的地；资源与特色优势；保护建设思路

一、襄阳市在湖北“世界级旅游目的地”建设中应有的品牌地位

2012 年 1 月，《湖北日报》、荆楚网、新华网等发表了《湖北省人大代表建议五年内叫响五张世界级文化品牌的建议》，这些建议经过多年的发酵，目前已经基本上成为各界的共识。2021 年 11 月 8 日，《打响世界级旅游目的地的“湖北战役”！》的新闻披露了“中共湖北省委书记应勇先生曾强调：丰富完善湖北旅游业态，打造世界级旅游目的地。文旅产业已成为促进全省经济社会发展的重要支撑。中共湖北省委副书记、湖北省人民政府省长王忠林先生也曾强调，浴火重生的湖北，加快打造世界级旅游目的地”。同篇报道还介绍了联合国世界旅游组织（UNWTO）专家贾云峰先生在湖北文化和旅游重点项目招商签约大会上，进行了以《打响世界级旅游目的地的“湖北战役”！》为题的主题演讲，贾云峰主张：“湖北可以以长江经济带、中三角城市群、大健康产业为抓手，从推进消费惠民便民措施、推动文旅消费试点示范、加强高等级的景区建设、发展假日经济和夜经济、加强国际市场营销推广、实施智慧文旅天眼工程、丰富文旅消费业态产品、开展乡村旅游振兴行动、优化文旅消费场景环境、编制国际水准发展规划等 10 个方面发力。”以贾云峰先生的眼光来看，湖北省打造世界级旅游目的地的重点是武汉、宜昌、恩施等长江流域。

* 作者简介：杜睿杰（1986—），女，汉，湖北襄阳人，哈尔滨工业大学深圳国际设计学院助理研究员、博士，主要从事城市规划与设计、建筑遗产保护研究。E-mail：262854714@qq.com，电话：18312068915。杜汉华（1955—），男，汉，河南内乡人，襄阳市江汉旅游研究院院长、荆楚理工学院教授，主要从事传统文化与旅游开发研究。通讯地址：湖北省襄阳市檀溪路 15 号，邮编：441021，电话：15997313688，E-mail：386456890@qq.com。

2022 年 2 月，湖北省人民政府发布了《湖北省旅游业发展“十四五”规划》：未来将湖北建设成为世界知名旅游目的地。具体安排为“湖北将进一步提升黄鹤楼、三峡大坝、武当山、神农架、恩施大峡谷等 AAAAA 级旅游景区和武当太极湖国家级旅游度假区品质，力争 1 ~ 2 家进入世界级旅游景区行列”。“推进三峡大瀑布、龟峰山、明显陵、神农故里、荆州古城等创建 AAAAA 级旅游景区，推进三峡旅游度假区等创建国家级旅游度假区。”在《湖北省旅游业发展“十四五”规划》中，襄阳市没有进入“富有文化底蕴的世界级旅游景区”建设的梯队，旅游资源的潜力明显发挥得非常不够。

与襄阳市紧邻的荆门市，不仅明显陵保护得当，是世界文化遗产，在《湖北省旅游业发展“十四五”规划》中占有重要的位置，而且荆门市委、市政府近年来决策全市主打“道源寿乡 · 富美荆门”的文化品牌，入列“2022 年度全省服务业‘五个一百工程’重点项目建设计划”，东宝区“鄂中电商直播基地项目、道源寿乡 · 圣境荆门森林康养基地”项目成功入选。荆门市是道家学说创始人之一的老子的隐居地，有老子《道德经》最早的原装书《郭店楚简》，有鬼谷子隐居的云梦山，有湖北省主管的最大水库——漳河水库，富含软化心脑血管好水，有富硒的农田种植农作物，有全国著名的长寿之乡。荆门市“道源寿乡”在海内外具有唯一性。通过正确的规划，建设三产融合发展的养生文化旅游名城，荆门市将来也可以成为“世界级旅游目的地”，对湖北省建设有更加突出的积极贡献。

查阅《四库全书》可知，清代以前，三峡在《四库全书》中共计出现 4722 次。宜昌地名出现 71 次，加上夷陵，共计出现 1419 次；武当山在《四库全书》中共计出现 520 次；神农架在《四库全书》中是 0 条。荆州等在《四库全书》中共计出现 15827 次。在《四库全书》中，武汉三镇等总计出现 9353 次；荆门在《四库全书》中出现 2111 次。“襄阳”等总计出现在《四库全书》中有 21544 次。数千年来，襄阳有如此高的知名度，和襄阳在中国历史进程中的重要地位以及襄阳山水古城的美景，是密不可分的，仅全唐诗直接写“襄阳”二字的，就有 163 条！加上歌咏襄阳的山水景物和人物，总计有 364 条。加上历代诗词文章对襄阳的歌颂和描述，这个影响力绝不可低估，值得当代襄阳人了解与珍惜！

襄阳是湖北省文化底蕴最为深厚的城市之一，也是湖北省几千年的历史总体上知名度最高的城市，目前又是湖北省省域副中心城市和“襄十随神城市群”的核心引领城市，正在建设汉江流域的中心城市。襄阳市有国内外罕见的“襄阳山水城古风公园”暨目前唯一的“江河城山一体化的防御体系”，有决定大国命运为时最久的城市攻防战、世界级的军事工程和古战场——襄阳攻防工程体系，有闻名世界的“拔河、牛郎织女七夕节、汉水女神人神恋爱传说”等非物质文化遗产的起源地和“端午节”的助长地等一批世界级文化瑰宝，可见襄阳市应该充分发挥自己工农业高科技较为发达，有相当的水平和实力，文化旅游资源能够支撑襄阳成为世界级文化旅游名城等诸多优势，尽快跻身湖北省“富有文化底蕴的世界级旅游景区”建设的梯队，为湖北省建设“世界级旅游目的地”作出最突出的贡献！

二、全面提升襄阳市文物保护水平的基本思路

《孙子兵法》的名言：“知己知彼，百战不殆。”习近平总书记指示：“规划科学是最大的效益，

规划失误是最大的浪费”，这也应该是干好一切事业的指导方针。

德国旅游中心（DZT）近年来让外国游客网上选出德国最受欢迎旅游目的地。“柏林被挤出前十名”，德累斯顿老城等一批人文景观和自然景观入列前十名。其中有科隆大教堂、乌尔姆教堂、曼海姆行宫、博登湖、陶伯河畔罗滕堡、新天鹅堡（Schloss Neuschwanstein）、欧洲游乐园鲁斯特、海德堡宫殿和老城、汉堡微缩景观世界等。由此可见，现代化大都市的旅游魅力，还是敌不过古城古堡；在旅游发达的国家和世界游客的心中，古城古堡仍然有不可动摇的重要地位。这也说明，襄阳古城的整体保护意义非常重大，对襄阳市的经济社会发展有持久的积极意义。

最近，《马旭明赴京拜访国家文物局全面提升文物保护利用水平》的报道，说明襄阳市市委书记马旭明和襄阳市非常重视文物保护和襄阳市的可持续发展。襄阳市真正的全面提升文物保护利用水平，能够对襄阳市日后数十年发展产生积极的影响，为襄阳未来创造新的历史辉煌。但解决如下三个问题迫在眉睫。

（一）把襄阳护城河列入文物保护单位并扩大保护范围

襄阳古城墙已经进入世界文化遗产预备名录，但号称“华夏第一城池”的襄阳护城河，却一直不是文物保护单位。全世界最宽的襄阳古城的人工护城河，原来有 320 米以上，因为填了建广场、建游园、修马路、盖高楼和“襄阳人家”等建筑，成了最宽处不过 250 米，远远不如商丘古城、广府古城的护城河了！

襄阳市应该按襄阳古城的护城河的原貌，把护城河的原貌整体纳入国家级文物保护单位和世界文化遗产预备名录的保护范围，在襄阳护城河外至岘山（西南群山）之间，另外设立 1000 米左右的重点保护区，严禁在这里盖高楼大厦，以避免破坏襄阳古城和护城河的环境氛围，逐步把襄阳城墙和护城河建成高品位的旅游景区。

（二）把襄阳古城与岘山（襄阳西南群山）和汉水之间整体纳入“历史地段”（或文物保护单位）加以保护

襄阳古城与岘山（襄阳西南群山）和汉水之间，长不过十里，宽不过五里，却是历代文武巨擘的诗歌与文章赞不绝口的地方，其传统风貌堪称“襄阳山水城古风公园”，有独一无二的“襄阳古城江河城山一体的军事防御体系”且基本完整保存。岘首山还是中国和世界山水旅游的源头，习家池是私家园林的鼻祖；襄阳护城河是全世界最宽的古代人工护城河；老龙堤是沿用 1000 多年的“大堤曲”文学体裁的发祥地。20 世纪六七十年代，襄阳城外的阿里海牙将台、蒙元大军的长围、一字城等军事工程，以及北津戍等大量文化遗存。襄阳城外又是诸葛亮、刘表、王粲、繁钦、庞德公、庞统、司马徽、徐庶、杨仪、杨颙、孟浩然等历代名人的活动地和隐居地，还有宋代和明清襄阳守军的大校场，有孙坚、羊祜、杜预、萧衍、岳飞、孟宗政、孟珙、吕文焕、王近山等一大批战将的文化遗址。杜审言与李白的《登襄阳城》《襄阳歌》诗篇，以及孟浩然、王维、杜甫、白居易等历代文豪赞颂的“山水观形胜，襄阳美会稽”“襄阳好风日，留醉与山翁”，包括习近平总书记吟诵的孟诗“人事有代谢，往来成古今”，都是在这样的环境中产生的。襄阳最美的地方和最大的魅力，就在于“岘山和襄阳城之间，相互一目了然、毫无遮挡、相得益彰的景观应答美感效果”，保护和展示襄阳古城独一无二的特色与优势，能够让“铁打襄阳·山水诗城”的文化旅游品牌，一炮打响海内外！

应该把襄阳古城与岘山（襄阳西南群山）和汉水之间整体纳入“历史地段”（或文物保护单位），加以保护，促进襄阳古城成为“龙头旅游景观城市”——世界级文化旅游名城。

（三）把襄阳攻防工程体系纳入文物保护单位，进行带状的“襄阳攻防工程体系保护区”，予以保护

“襄阳攻防工程体系”，指宋元襄阳之战遗留下来的襄阳、樊城等系列古城和古堡，如“鹿门堡”“淳河堡”“滚河堡”“渔兰堡”等，它们和襄阳古城外的阿里海牙将台、蒙元大军的长围、一字城等遗迹，襄阳樊城外的子城与外围堡垒，一起构成了“襄阳攻防工程体系”。这是打破世界纪录，和特洛伊 10 年战争、斯大林格勒 6 个半月保卫战与列宁格勒 872 天保卫战相媲美，决定大国命运为时最久的城市攻防战——世界级的军事工程和古战场。汉末诸葛亮的师友圈、唐代孟浩然的生活圈，也在这些重要“文化景观”的范围。

把“襄阳攻防工程体系”纳入“大遗址”等相应的文物保护单位，进行带状的“襄阳攻防工程体系保护区”予以保护和利用，就能够争取条件成熟时与钓鱼城联合申报世界文化遗产，至少可以争取与钓鱼城联动成为海内外知名的旅游名城，争取与蜀中山城防御体系、汉水防御体系等联动成为专题文化旅游线路，甚至能够促进打造媲美莱茵的汉水文化旅游产业带，与克罗地亚 / 意大利 / 黑山 15 ~ 17 世纪威尼斯共和国的防御工事：西方的陆地之国到海洋之国（Venetian Works of Defence between 15th and 17th Centuries：Stato da Terra–western Stato da Mar）和德国莱茵河中上游河谷等世界文化遗产联动，借船出海，借力打力，打响世界旅游市场。

三、正确借鉴国内外古城保护利用的成功经验

国外得到了整体保护的古城，都成了世界文化遗产，如早就是世界级文化旅游名城的威尼斯、彼得堡等。国内整体保护较好的古城，如平遥、丽江也成了世界文化遗产，是世界级的旅游目的地，并且对该省和全国的文化旅游产业都具有十分重要的引领意义。国内其他保护较好的古城，也都转向了整体对古城予以保护利用，成为 AAAAA 级景区，如徽州、阆中、商丘、广府、荆州等古城。其中，荆州古城恢复了城东护城河宽达 200 多米的历史原貌，“荆州古城景区”通过了文旅部的 AAAAA 级景区质量评审，还在努力寻找恢复古城风貌之路，努力疏散古城内过于集中的人口，启动了“古城文博核心区”“古城历史文化博览园”“南纪门历史文化街区”“九老仙都夜游经济街区”等项目；商丘古城整体创建国家 AAAAA 级景区，扒掉了城内没有历史价值和城外护城河保护区的现代建筑，对古建筑进行落架大修；商丘扩宽、挖掘了护城河，东南西北方向都宽达 400 米左右，和商丘古城一起形成方孔古钱，护城河外还留下 500 米左右的保护区，全部开辟成为绿地，不准在这里盖楼房，以显示商丘古城的高大雄伟，巍峨壮观；而广府古城一开始就没有在城内外盖高楼，古城以环护的湖泊为护城河，护城河本身就宽达 300 米左右，整座古城早就先于其他古城成为 AAAAA 级景区了。

1982 年荆州古城被公布为国家历史文化名城之后，省城建厅、文化厅专门邀请全国著名专家

召开了座谈会，把荆州古城墙的保护范围调整为“城墙内 50 米，城外 200 米范围内为重点保护区；城墙外 200 ~ 600 米范围为一般保护区”。这样保护古城墙内外环境的超前意识和做法，使荆州古城墙完好地保存至今，发挥了极大的具有先见之明的积极意义，对国家级历史文化名城——襄阳，至今仍然有非常重大的启示意义！

特别是浙江象山，凭空新建了一座“襄阳古城”，也不过建了一个城门和一条主干道与几条巷道，城内的古建筑与城外的山水没有被高楼大厦遮挡，保持了景观的完整性，就取得了极好的社会经济效益，现在成了一座著名的影视城。

襄阳古城号称“华夏第一城池”，襄阳古城的特色和优势就在于古代人工挖掘的护城河，襄阳南门外的护城河最宽，324 米以上，东门、西门护城河分别宽达 300 米、250 米以上，而且护城河之外，有西南群山——岘山，和汉江与襄水一起环护着襄阳古城；岘山、汉水和古城之间，历史上没有高楼大厦的遮挡，原野与河流、湖泊是重要的名人隐居地和活动地，也是重要的古战场。而整个“襄阳山水城古风公园”的传统风貌，就是世界级的旅游景观，并和襄阳攻防工程体系的范围一起，是数千年来，被无数诗词歌赋、小说、戏曲、散文，竭力讴歌的地方。应该珍视襄阳古城和襄阳攻防工程体系的这些最突出的特色与优势,加大对国内外罕见的“襄阳山水城古风公园”（暨“江河城山一体化的防御体系”）和襄阳攻防工程体系的保护力度，把“襄阳山水城古风公园”和襄阳攻防工程体系整体纳入保护范围，把襄阳的一批世界级文化瑰宝的保护利用和世界级文化旅游名城建设列入国家的“中华优秀传统文化传承发展工程”重点项目，并对襄阳市的干部群众进行相关知识的启蒙教育。

应该制定人文社科研究成果保护行为规范、吸纳原创性研究成果专家参与城市建设和文化旅游等规划决策，进一步完善民主科学的规划与决策的机制。襄阳在历史上是十分重要的“军事名城、文化名城、商贸名城、旅游名城”，也是“诗歌名城、山水名城和小说与戏曲名城”，有“襄阳山水城古风公园”“襄阳攻防工程体系”“拔河”“牛郎织女七夕节”“古隆中”“武圣关公水淹七军古战场”等一批世界级瑰宝。襄阳市的众多旅游资源，包括“双遗产”，足以支撑襄阳市成为世界级文化旅游名城、高品位的“国家级、省级全域旅游示范区，国家级、省级旅游度假区”。特别是能够从“双遗产”的保护利用和三产融合的角度，让襄阳市“龙头旅游景观城市”的建设，跻身于湖北省“富有文化底蕴的世界级旅游景区”建设的梯队，成为“中华优秀传统文化传承发展工程”重点项目，担当起“天下腰膂”，发挥示范和带动作用的重任。我们研究提出了世界遗产保护理念与襄阳实际相结合的“历史遗产主题公园”等正确进行文物保护利用和产业开发的相关思路，希望以此为基础，邀请国家文物局和其他国内知名专家，对襄阳市的干部进行启蒙教育和业务指导，促进襄阳市的城乡建设规划与文化旅游规划、城市建设与乡村建设、文物保护和文化旅游产业的开发，再上一个新台阶。

参考文献

［1］中国日报网，“2012 地方‘两会’民生关键词”；5 年内叫响五张世界级文化品牌［EB/OL］. http://www.sina.com.cn，荆楚网 – 楚天金报，2012-01-16，05：29.

［2］打响世界级旅游目的地的“湖北战役”！［EB/OL］. http://news.sohu.com/a/499953497_

121124414.

［3］https://baijiahao.baidu.com/s?id=1724184392867520955&wfr=spider&for=pc 长江日报．湖北省旅游业“十四五”规划发布，将打造世界级旅游景区［EB/OL］. baike.baidu.com/item/ 湖北省旅游业发展“十四五”规划 /60068888?fr=aladdin.

［4］德国十大最受欢迎景点［EB/OL］. https://www.sohu.com/a/486966056_121124371，2021-09-01.

［5］余海鹏，杜汉华．襄阳“龙头旅游景观城市”建设研究［J］. 湖北文理学院学报，2020（1）：20-25.

［6］杜汉华，杜睿杰．襄樊历史特色与文化旅游开发［J］. 襄樊职业技术学院学报，2010（5）：7-10.

［7］杜汉华．拔河与襄樊［J］. 襄樊学院学报，2008（4）：88.

［8］杜汉华，汪碧涛，余海鹏．“牛郎织女”“七夕节”源考［J］. 襄樊职业技术学院学报，2004（5）：107-112.

［9］杜睿杰，杜汉华．襄阳古城保护利用与城市规划格局研究［J］. 荆楚学刊，2020（5）：48-55.

论跨文化交流中的文化误读与文明互鉴 *

魏丽娜　傅守祥 **

（湖州师范学院）

（新疆大学）

摘要：在跨文化交流中，客观的文化差异形成了各种形式的"误读"，而各类主体的盲点、偏见甚至敌意则加剧了"理解的变异"。从思想生成的正向博弈与文化传播的文化增殖角度来看，正读、反读抑或误读都有价值；在世界文明史上，有不少文艺经典在外传过程中经历的"创造性"误读，不仅没有扭曲反而丰富了其"现实生命"，如寒山诗在欧美的文化旅行与经典化、迪士尼系列电影《花木兰》的文化误读善缘与恶果等。"新冠"疫情带给人类社会的撕裂远比人们想象得严重，国家间的信任和协作大幅减少，敌意式误读助推文明冲突到达高潮。祈盼人们坚守交往理性，以开放心态在跨文化碰撞中促进"和而不同"。

关键词：跨文化交流；文化误读；文明互鉴；寒山诗；文化旅行

Abstract: In cross-cultural communication, objective cultural differences have led to various forms of cultural "misreading", while the blind spots, prejudices and even hostility of various subjects have exacerbated the "variation of understanding". In terms of the positive game of thought generation and cultural augmentation of cultural communication, positive reading, negative reading, or misreading are all valuable. Especially in the history of civilization, many literary and artistic classics have experienced "creative" misreading in the process of spreading abroad, which has not distorted but enriched their "real life", and completed an unexpected drift and grafting of cultural roots, such as the cultural travel and canonization of *Hanshan* poetry in Europe and America, and the cultural misreading of "Mulan" in Disney series movies, etc. The human society is far more torn by the epidemic than people think in COVID-19 era. The trust and cooperation between countries will be greatly reduced, and hostile misreading will help bring the clash of civilizations to a climax. People who pray for the restoration of rationality should be less arrogant and prejudiced, talk with others with an open mind, and promote "harmony without

---

* 基金项目：浙江省社科联研究课题"跨文化传播视域中的文化误读与文明互鉴研究"（项目编号：23N165）结题成果。

** 作者简介：魏丽娜（1982—），女，汉族，安徽铜陵人，湖州师范学院教授、硕导，文学博士（浙江大学），文学博士后（山东大学），剑桥大学访问学者，研究方向为比较诗学与跨文化传播。傅守祥（1970—），男，汉族，山东东营人，新疆大学天山学者、教授、博导，文学博士（浙江大学），哲学（中国社科院），艺术学（中国传媒大学）博士后，研究方向为文艺美学与文化传播学。联系电话：13357142326，E-mail：fusx323@126.com，通讯地址：杭州市西湖区文一路 104 号溪畔花园 6-1-101 室，邮编：310012。

uniformity" in the normal cross-cultural collision.

Keywords: Cross-cultural communication; Cultural misunderstanding; Mutual learning among civilizations; Hanshan poetry; Cultural trip

在全球化时代日益频繁的跨文化交流中，文化知音和文明契合的事例不多，文化误读和文明曲解的事例却比比皆是。当今时代，世界多极化、经济全球化、文化多样化、社会信息化深入发展，人类社会充满希望。同时，国际形势的不确定性更加突出，人类面临的全球性挑战更加严峻；应对共同挑战、迈向美好未来，既需要经济科技力量，也需要文化文明力量。与文化多样化一体两面的文化差异，不是世界冲突的根源，而应该成为人类文明进步的强大动力，以利于实现"美美与共，天下大同"。①

文明因多样而交流，因交流而互鉴，因互鉴而发展；不断深化人文交流文明互鉴，是消除隔阂和误解、促进民心相知相通的重要途径。人们应该秉持世界主义立场，努力加强世界上不同国家、不同民族、不同文化的交流互鉴，促进"和而不同"、兼收并蓄的文明交流。各种文明本没有冲突，只是要有欣赏所有文明之美的眼睛；激发人们的创新创造活力，最直接的方法莫过于走入不同文明之中，发现其优长，启迪自己的智慧。② 同时，在跨文化交流日益深入的当今，我们需要客观正视与恰当处置文明互鉴过程中的诸多"文化误读"现象，疏解中外文化交流中的障碍，尽力减少文化壁垒、避免文化冲突。

一、跨文化交流中的误读生成与带入性理解

在跨文化交流中，"误读"的原义是指歪曲了文本或其他阅读对象的原本含义，是对原文化的错误阅读和理解；其引申义是指一种文化在解析另一种文化时出现的错误理解和评估，及其文化错位。翻译的本意在于不同语言间的直接沟通与理解，但因译介效果、质量的不同，也成为产生和深化"误读"的重要环节，误译、节译、转译甚至错译、乱译源源不绝；由于每种语言深植于其背后的历史文化，所以绝对对等的译介是不存在的。因为在不同的语言中，词语的语义场建立在相应的文化之上，翻译仅能传达其核心含义而无法翻译其背后复杂的文化背景、情感因素和思维方式。法国比较文学学者阿兰·雷认为，文化传统的不同形成了思维方式的不同，由此产生了阅读的困难；因为信息生产者的社会语言编码和读者、听者的编码系统不同，所以出现译码的困难。他说："就是一位现代的中国读者对孔学原著的阅读，或是现代的一位英国人、一位美国人和一位澳大利亚人对莎剧的观看都会提出无数的问题，出现许多信息的缺失和大量的曲解。"③

今日世界看似信息发达，但文化误读仍不可避免，可能主要有两方面原因：一是存在盲点，二是存在偏见，因为很多人往往带着历史惯性来看待他国文化。文化作为有意义的符号系统和符号的有意义系统，必须能够被人们互译，并通过解释而达到理解、学习和接受。但是，由于文化解读中

① 费孝通．反思·对话·文化自觉［A］// 费孝通文集（第 14 卷）［C］．北京：群言出版社，1999：166.

② 习近平．深化文明交流互鉴　共建亚洲命运共同体——在亚洲文明对话大会开幕式上的主旨演讲［N］．光明日报，2019-05-16（02）.

③ 阿兰·雷．文化沟通的障碍［A］// 跨文化对话（第 1 期）［C］．上海：上海文化出版社，1998：149.

的对应性框架的缺失，误读或误解文化就是一个不可避免的客观事实。在跨文化交流过程中，人们因为自身的文化传统、思想背景不同，导致人生观、价值观、世界观的不同，因此，即使对待同一个事物或文本，也会产生截然不同的理解。人们总是习惯以自己熟悉的思维模式和已有的知识构成去理解对象，进行一种“先见”性、“成见”性的解释，这便是“文化误读”，即按照自身的文化传统、思维方式、自己所熟悉的一切去解读另一种文化。实际上，跨文化交流是由自身特定视界出发去理会和梳理他者，从关注与研究的角度看，每一种文化都具有被特定视界关注和整合的趋势。具体从文化哲学、现代阐释学视野看，由于“前见”与“视界”的存在，误读实际上是一种带入性理解，文化误读与文化融合一样具有其合理性与必然性。因此，面对语言文化差异不能只在“文字技巧”上下功夫，更要以开放的态度寻求中西文化对话过程中的互动与合作。①

很显然，文学经典的跨时代、跨媒介重构是推动世界文化交流和传承的重点，是解读世界文化变迁的重要方面，不但能使文学经典在新世纪焕发出新的生命力、折射出新的光彩，更能促进世界各国民众在人类命运共同体思维下的文化重构与文明转型。文学文本本来就是一个等待读者开掘和创造的充满无数空白点的存在，其存在的意义和价值就在于，人们可以对它做出不同的解释。尽管这些解释因人而异，尤其是不同时代和不同民族的解释者，时空的差异必然会拉大乃至变异文本的原始意义。但是，从思想生成的正向博弈与文化传播的文化增殖角度来看，正读、反读抑或误读都是有价值的；特别是在文明史上，有不少文化艺术经典在外传过程中所经历的种种“创造性”或“有意味”的误读，不仅没有扭曲、扼杀，反而是丰富、拓展了它们的“现实生命”，完成了一种意料之外的文化之根的漂移与嫁接。

文化误读在多数情况下会阻碍跨文化交流，有时也可能产生意想不到的积极效果。客观地讲，“误读”是跨文化交流中的普遍现象，大体上具有正面和负面两类影响。从正面影响来说，人们对艺术或人文作品的误读有可能是一个激活想象力、创造灵感和思想革新的过程。但是，“误读”的负面影响更加常见，它们往往建立在对事实不当的感受、对认知对象的材料占有不充分或分析不科学的基础上，譬如“盲人摸象”就以局部代替整体，结论注定是错误的。可见，在很多情况下，“误读”是由主体对认识对象的曲解而造成的。

一般来说，“文化误读”往往直接引向“文化误导”“文化误判”甚至“文化冲突”，它歪曲认知对象，加深两种文化彼此之间的鸿沟。“误读”有两种常见的形式。第一种是下意识的误读，主要因双方文化上的差别造成的，它是零碎的、不系统的、粗疏的，常常是当事人以己方的价值观去衡量他方的行为；以自己的文化为中心，得出否定或肯定对方的结论。第二种是有意识的误读，它与下意识的误读迥异；有意识的误读有系统、有理性，有一种较深的文化沉淀，往往与政治、意识形态相连，或是出于某种实际需要，往往囿于成见。此种误读一般比较稳定，难以与认知对象沟通和对话，也不易在短期内改进。

文化误读是文化交流、碰撞的必然结果，不可避免且广泛存在。在信息技术“照亮”全球的今天，“误读”的惯性也并未消失，不同的文化体在彼此眼中仍多是“熟悉的陌生人”。文化误读可能是有意的也可能是无意的，不同的意识形态、相异的文化背景或个体性的工作粗疏都可能造成误读。

① 谢华.跨文化交流中文化误读的合理性与不可避免性［J］.江西社会科学，2006（1）：186-189.

误读的常见后果是远离事物的本来面目、堕入谬误泥沼，避免误读是促进跨文化交流的必要条件，它要求人们详尽地占有事实、准确地进行分析；在鼓励人们对认知对象做大胆解析的同时，要避免远离真理的误读，其间的探索、反复必不可少、艰辛也是可以想见的，中外文化的沟通和理解需要无数的“反”误读方能完成，唯其如此才能达到双方的相互理解和互补。可以说，文化误读是跨文化交流的伴生物，时时处处在发生，应当以更加开放、包容、平等、尊重的态度来面对，理解和对话是减少、疏解误读的重要途径。

二、寒山诗的文化旅行与“创造性”误读

一般误读是主体由于自我理解不足而进行的有目的选择。美国学者哈罗德·布鲁姆认为：“阅读作为一种延异的行为，总是一种误读。”① 可以说，他眼中的误读是对先时文本的一种修正，是一种创造性误读。而在美国学者保罗·德·曼看来，文学交流活动中主要由于文化过滤，或发送者与接受者之间文化的差异，引起发送信息减损或接受者文化渗入，从而造成影响的误差或创造性接受，这就形成误读。② 他通过分析文本的语法和修辞之间的矛盾而造成的张力，证明任何阅读和阐释行为都无法超越语言的修辞本性，因此也就注定是一种误读行为。但是，他一反人们对误读的负面理解，转而指出误读既有盲点又有洞见：“批评家们对批评假设的最大盲目性时刻也是他们获得最大洞见的时刻，而在他们最富洞见的地方，往往同时隐藏着最大的盲视。”③ 因此，人们必须正视误读的双重特性。

文化误读在某种意义上是“文化冲击”，是文化交流和演变的必经阶段，它离日常生活实践并不遥远。文化误读更准确的说法应该是“理解的变异”。由于个体的差异，理解必然存在多样性；理解的变异是难以避免的，减少文化误读的最好方法是深层次对话。④“文化误读”的产生既有深刻的历史渊源，又有强烈的现实针对性；既涉及语言、历史、政治、经济、文化和宗教等多层面的理论探究，又可对当下的文化传播实践提供借鉴和指引。误读不仅存在于符号层面，更存在于生活方式和思维方式层面；我们不仅需要矫正符号的误读，更应该传达自身独特的生活方式和思维方式，使“他者”在对二者的体验中更深入地理解我们的文化。在跨文化交流中，经由“他者”的目光反观自身，也能够点亮我们对自身认知的盲区，使我们的视野更加开阔而免予狭隘。

从异质文化间的交流伊始，文化误读便无可规避地存在于历史进程中。由于它在某种程度上阻碍了对他者文化真实而全面的认识，长期被传统观念斥责为错误的、负面的。但是，纵观世界文明史，在一定条件下，误读既可以成为促进理解的有效方式，也可以成为启迪共同进步的途径，有时也可以“神奇”地打开文化间交流甚至敌对国家间交往的大门，譬如20世纪50年代“麦卡锡主义”笼罩下的“寒山热”以及寒山诗在美国的“文化旅行”，为后来的中美建交预留下一道人文“后门”并奠定其民意基石。因此，对文化误读的研究不应仅集中在它带来的负面影响上，其在文化交流中的

---

① Bloom, Harold. *A Map of Misreading* [M]. New York: Oxford University Press, 2003: 3.

② Man, Paul de. *Blindness and Insight: Essays in the Rhetoric of Contemporary Criticism* [M]. New York: Oxford University Press, 1971: 109.

③ Man, Paul de. *Blindness and Insight: Essays in the Rhetoric of Contemporary Criticism* [M]. New York: Oxford University Press, 1971.

④ 傅守祥. 尊重文化差异　减少文化误读 [N]. 中国文化报，2019-07-03（3）.

积极意义和正面价值需要更全面更科学的评价，同时，它在翻译史上的地位问题也有待进一步研究。

作为美中文化交流与文明互鉴的一段佳话，人们已熟知20世纪中期美国的“寒山热”。唐代的寒山，作为一位诗风独特的诗僧禅客，其人其诗[①]长期游离于中国文学正典之外，基本上是被忽视被冷落的。相对于中土的寥落景象，寒山诗在旅行至一衣带水的东邻日本[②]时，却获得了几乎所有中土“主流诗人”永远都无法与之比肩的巨大成就。寒山诗的各种译本、注本和评论在日本纷纷问世，有关寒山的各种神话传说也被改编成小说，寒山的形象也开始走入日本画史和神坛。从故国文学中的“被边缘化”到日本文学中的“被经典化”，寒山诗在翻译文学中塑造了一个不朽的神话。[③]

更为传奇的是，在故国历经千年冷落，寒山诗经由日本再次漂洋过海，在美国和欧洲众多国家声名大噪且备受青睐，在20世纪五六十年代的美国更是掀起一股颇具规模的“寒山热”。在寒山诗被翻译、传播乃至误读的过程中，美国民众在特殊年代、特殊文化背景下的“期待视野”，以及寒山诗直白通俗的风格与禅机微妙的蕴涵，皆为一种善意的文化误读打开了大门，大大促进了不同文化间理解的必要性与生发力。不可否认，美国人加里·斯奈德[④]是这股“寒山热”兴起的关键人物，他选译的24首寒山诗问世后，寒山从一个在故国备受冷落的诗人一跃成为美国“垮掉的一代”膜拜的精神领袖。之后，随着寒山相关研究的频繁问世，寒山诗逐渐完成了从本国边缘化尴尬处境到美国翻译文学经典化的升华。如果说寒山诗在日本的经典化基本上不存在语言障碍，那么，寒山诗在美国的经典化却必须经历语言上的考验。加里·斯奈德翻译的寒山诗，立足于本国主流意识形态和诗学传统，对寒山诗进行了创造性“误读”，从而使寒山诗在旅行至东道国后获得了合法身份并一跃成为其文学体系中的经典；同时，对寒山诗的创造性“误读”，又进一步强化了译者所代表的文化身份。

根据美国学者爱德华·赛义德在其《理论旅行》中的观点，观念和理论可以从一个人、国度、情景和时代向另一个人、国度、情境和时代旅行；这种旅行或是对原有理论的全部照搬，或是部分借鉴和变异，或是面目全非的改造，以适应异国文化。很显然，寒山诗在美国跨文化跨语言的旅行中，出现一定的接受和变异是必然的、合理的，英译本寒山诗在吸收、借鉴异质文化以及同异质文化进行交流时，是在自身文化本质特征的过滤下进行的；同时，其经典化历程更启发人们进一步关注、挖掘其自身蕴藏的经典性及其在跨文化交流中的共识性价值。文化间交流的实质并非一定要取得价值观的一致，更可能是文化交流的双方获得一定的共识，在求同存异的前提下，使各自的价值观念尽可能保持多元并存。历史告诉我们，文化交流并不是一种文化取代另一种文化，在很大程度上，

---

① 寒山诗是中国古代诗国中的一朵奇葩，它长期流传于禅宗丛林，宋代以后受到诗人、文士的喜爱和模拟，号称“寒山体”。寒山诗在20世纪上半叶的中国文学史上始终只是一个“陪衬”和“工具”的角色，对于寒山诗的研究也仅限于“为我所用”的功利主义层面。在中国，真正的寒山诗研究肇始于著名国学大师余嘉锡1958年的《四库提要辨证》。此书卷二十（集部一）对《寒山子诗集序》的证伪以及对于寒山生平的缜密考证，让寒山和寒山诗在两岸三地有了真正的学术研究上的互动。

② 《寒山诗集》是由北宋神宗熙宁五年（1072年）五月，来天台山巡礼参拜的日僧成寻（1011—1081年），从国清寺僧禹珪处得到《寒山子诗一帖》后，于翌年命其弟子赖缘等五人带回日本流传开来的。

③ 区鉷，胡安江．寒山诗在日本的传布与接受［J］．外国文学研究，2007（3）：150-158.

④ 加里·斯奈德（Gary Snyder，1930—），是20世纪美国著名诗人、翻译家、禅宗信徒、环保主义者，2003年当选美国诗人学院院士，先后出版十六卷诗文集，其中《龟岛》获得1975年度普利策诗歌奖。斯奈德是“垮掉派”硕果仅存的少数人之一，与该派其他诗人的张狂相比，他比较内敛，是清晰的沉思大师，深受中日禅文化影响，翻译过寒山诗，喜欢沉浸于自然，其诗“更加接近于事物的本色以对抗我们时代的失衡、紊乱及愚昧无知”。

文化交流是用一种文化丰富另一种文化。文化的多样性决定了文化交流渠道的多元化。在文化“走出去”过程中，从国家对外宣传与翻译策略的制定，到个体译者的兴趣取舍，都是一种多元并存的态势。

三、文明互鉴的善缘与文化误读的恶果

中国文化的国际传播既是全球化背景下的必然结果，也是国家、社会、民众作出的主动选择。在这一过程中，文化“误读”是一个难以忽视的问题。国际传播的跨文化特性，使其必然“在甲文化中编码，在乙文化中解码”。因此，新闻媒介不仅面对单一的社群、民族和国家，以及单一的价值系统和意识形态系统,而且面对整个世界。相关研究表明,文化差异制约着跨文化传播的有效进行;一般来说，文化差异越大，对外交流的障碍也就越大。因此，传播效果的过程，其实主要表现为克服文化差异的过程。中国文化在对外宣传的过程中应当遵循文化的发展规律、市场规律和传播规律，充分尊重文化的双重属性、注重经济市场规律的运用，应当适应中国文化发展的内部需求，满足世界对中国文化的好奇和需要。中国文化的国际传播不等于自我表扬，要敢于坦言存在的问题与挑战；要讲好中国人的故事；要解释中国向世界要什么，而中国又能带给世界什么；要以对话的方式去讲好每一件事、每一个观点。唯其如此，中国文化才能更好地“走出去”、被越来越广大的世界所认同和理解。

在跨文化传播中，文化误读在不同的地区表现出不同的特点，要区别对待；在不同的国家、不同的宗教文化背景下,文化误读的表现形式也有所不同。文化误读是不同文化发生碰撞的必然过程，如果不能妥善处理，就有可能从误读演化为文化冲突。我们应从文明互鉴与文化共存的高度来理解不同的文化，对外来文化加深理解的同时，也要把一个真实的中国介绍给世界。对于善意的误读，给予恰当的解释；对于负面的误读，给予明确的澄清；对于意识形态的歪曲，应坚决加以反对。总体来说，中国文化艺术走向世界的总量不够而且存在某种程度上的文化交流的“逆差”。因此，在加大加强未来的跨文化交流的同时，我们需要警惕盲点和偏见，避免单一思维判断，自觉培固传统基因和跨文化视野；需要更加注意发挥文化如水、润物无声的特性，以外国人容易理解和接受的方式提高传播效力；应该尽量对别人的误读“知其所以然”，尽可能避免我们对别人的误读，尽可能促进平等的深度交流。

外国人对我们误读多多,我们对“外国”的误读也不少。在中西文学交流史上,清末民初的“林译小说”[①]曾经指引国人“睁眼看世界”,既是一段佳话又是一种“形式美妙”的误读与误导。这种状况并不仅限于文学艺术领域，即使是在以“严谨”著称的“学术公器”里，也不乏其例，譬如邓晓芒在《中国百年西方哲学研究的十大文化错位》[②]一文中，阐述了自清末民初中国开始引进西方思想以来，对西方哲学与文化的解读上存在的一些误读，颇具启发性，从中可以看出所谓“西化”其实存在严重的误解，我们在引进西方概念时总会带入传统的先入之见，从而出现了不少至今未曾化解的不少“误读”。

---

① 钱钟书．林纾的翻译［A］// 旧文四篇［C］．上海：上海古籍出版社，1979：62-95.

② 邓晓芒．中国百年西方哲学研究的十大文化错位［A］// 哲学史方法论十四讲［C］．重庆：重庆大学出版社，2008.

毋庸讳言，在中外文化交流中也确实存在着一些根本性的、不可避免的误读。譬如来自西方的概念对中国传统文化造成了冲击，使后者受到了排挤；但这并非中国传统文化本身的问题，而是在套用西方学术体系后产生的“水土不服”，是其加入世界浪潮后难免会遭受的“文化冲击”与“文化震荡”。随着全球化程度的加深，跨文化交际的重要性日渐突出，但由于人们缺乏对异国文化的了解，彼此之间存在语言、思维方式、价值观、传统文化及民族心理差异等，导致文化误读现象频繁发生。不同的民族因独特的社会历史环境和地域环境形成了风格迥异的民族文化，这些民族文化之间的差异体现在思维方式、交流方式、生活方式等各个方面，给“跨文化交际”带来天然的屏障与阻碍，而文化价值观和行为文化特征等方面的差异是其主要诱因。

除此之外，当下中国影视的对外传播中占比更大的是我们对自身的误读。在传统文化的现代化及影像化表达的过程中，中国影视的对外传播存在以下误区：在平台上，忽视了对不同文化圈层、不同受众心理的差异化研究；在心态上，出现了要么简单粗暴地直面世界，要么急功近利地迎合国际市场的两极震荡；在认识和方式上，“好题材 = 好故事”的认知偏差，使当前中国影视产业更多地关注故事传播，而忽视了作品中对中国的正确理解和合理想象。简言之，中国的影视作品从内容制作到对外传播都缺乏相对精细化的处理，影视基础理论的研究也相对薄弱，这一切都使中国的影视产业看似热闹非常，实则缺乏真正意义上的国际传播的价值坐标。在与西方对话时，如何从中西方价值观的交叉地带寻找正解、消除误解，提升中国的文化软实力，对外输出真正的“中国原创”，是亟须关注和解决的难题。电影需要综合治理和分类管理，不能全然迎合和取悦市场，更不能在一味套用“好莱坞模式”中丢失了中国文化的灵魂。

四、结语：价值内隐性的连锁误读与后疫情时代的文明冲突

从跨文化交际的实践来看，因为文化误读，人类干了不少蠢事；即使在数字化网络时代，价值误读、代际误读、古今误读等深层次的复杂问题仍然不可避免。价值是有内隐性的，它寄生在事物、事件中，对于同质文化的群体来说，它是约定俗成不言而喻的，在交往中互相能够心有灵犀一点通。然而，对于跨文化的人来说就无法解读而且不便说出“寄生”在事物中的内隐价值；更可悲的是，还让读者根本意识不到自己在误读，于是，常常发生一误再误的“连锁误读”，导致人际对抗的不断升级。

毫无疑问，价值的寄生性、内隐性成为跨文化交往中误读的触发机制；同理，由于价值的内隐，导致误读双方的“双盲”，即误读者意识不到自己在误读、更意识不到与对方沟通的必要性，误读常常会一误到底；更严重的是，价值误读倘若侵犯人的基准价值——尊严，别看表面的事情鸡毛蒜皮、微不足道，其导致的对抗常常是意想不到的不共戴天。① 不只是个人之间的交往以“尊严”与“独立”为底线，国与国之间正常交往的底线也是“尊严”和“主权”，一旦触碰到对方的底线，其对抗当然是严重的。因此，正确分析和评价文化误读的性质、机制和品格，能够有效地促进文明互鉴与文化共存，培育文化的包容性和普遍性。

由以上分析可见，文化误读是一种复杂的存在，主观—有意类的比客观—无意类的“误读”所

① 祖慰 . 黑眼睛对着蓝眼睛［M］. 北京：作家出版社，2017：54.

造成的“误解”“误导”“误判”要可怕得多，更难以在交流中达成有效的沟通和互鉴，甚至难以形成基本的交流与对话。文化误读不仅存在于东西方文化之间、古老文明与现代文明之间，亦广泛存在于不同时期、不同民族、不同生活习惯、不同文化层次、不同心情心态之间。文化误读的根源在于文化具有差异性，作为后来者、非当事人，解读某部作品、品味某种意境，只有无限接近的空间，难有与之比肩同状。国画大师齐白石有句名言：“仿我者死，学我者生。”也就是说，机械地模仿别人最后只能是死路一条，学习别人的长处才是生路。坚定文化自信，我们必须正确面对世界文明多样性的现实，尊重文化差异，在加强交流互鉴中，推动多样文明的文化认同，以此实现心相近、共久远。

所谓“反听之谓聪，内视之谓明，自胜之谓强”。① 从传播学角度分析，跨文化交流是差异文化个体或群体在特定时间段内不断进行的自发性和重复性的交往，由于他们受所属文化和传统赋予的视域限制与影响，常将“他者文化”置于“我之视角”的偏狭想象和荫蔽中，文化误读的现实基础便由此而成。借助德国哲学家伽达默尔“视域融合”的概念，我们期盼差异文化个体或群体在日常交往中超越自我与他者之间的局限性，努力寻求融合性的新视角，实现“跨”文化传播的更大视域进而促进文化融合、提升文明互鉴的品质。

参考文献及注释

［1］费孝通．反思·对话·文化自觉［A］// 费孝通文集（第 14 卷）［C］．北京：群言出版社，1999：166.

［2］习近平．深化文明交流互鉴　共建亚洲命运共同体——在亚洲文明对话大会开幕式上的主旨演讲［N］．光明日报，2019-05-16（02）.

［3］阿兰·雷．文化沟通的障碍［A］// 跨文化对话（第 1 期）［C］．上海：上海文化出版社，1998：149.

［4］谢华．跨文化交流中文化误读的合理性与不可避免性［J］．江西社会科学，2006（1）：186-189.

［5］Bloom，Harold. A Map of Misreading［M］. New York：Oxford University Press，2003：3.

［6］Man，Paul de. Blindness and Insight：Essays in the Rhetoric of Contemporary Criticism［M］. New York：Oxford University Press，1971：109.

［7］Man，Paul de. Blindness and Insight：Essays in the Rhetoric of Contemporary Criticism［M］. New York：Oxford University Press，1971.

［8］傅守祥．尊重文化差异　减少文化误读［N］．中国文化报，2019-07-03（3）.

［9］区鉷，胡安江．寒山诗在日本的传布与接受［J］．外国文学研究，2007（3）：150-158.

［10］加里·斯奈德（Gary Snyder，1930—），是 20 世纪美国著名诗人、翻译家、禅宗信徒、环保主义者，2003 年当选美国诗人学院院士，先后出版十六卷诗文集，其中《龟岛》获得 1975 年度普利策诗歌奖。斯奈德是“垮掉派”硕果仅存的少数人之一，与该派其他诗人的张狂相比，他比

① 出自《史记·商君列传》，意思是：能听之于耳、虑之于心，叫作聪明；能自我反省，叫作明智；能谦虚克己，叫作强者。

较内敛，是清晰的沉思大师，深受中日禅文化影响，翻译过寒山诗，喜欢沉浸于自然，其诗“更加接近于事物的本色以对抗我们时代的失衡、紊乱及愚昧无知”。

［11］钱钟书 . 林纾的翻译［A］// 旧文四篇［C］. 上海：上海古籍出版社，1979：62-95.

［12］邓晓芒 . 中国百年西方哲学研究的十大文化错位［A］// 哲学史方法论十四讲［C］. 重庆：重庆大学出版社，2008.

［13］祖慰 . 黑眼睛对着蓝眼睛［M］. 北京：作家出版社，2017：54.

［14］出自《史记·商君列传》，意思是：能听之于耳、虑之于心，叫作聪明；能自我反省，叫作明智；能谦虚克己，叫作强者。

失衡视角下中国知识产权贸易高质量发展的路径研究

侯晓丽　Rini Suryati Sulong　王晓芳 *

（北京联合大学管理学院）

（北京联合大学管理学院）

摘要：中国已经是国际专利申请大国，但是距离成为创新强国、国际知识产权贸易强国仍有较大差距。1995～2019年中国国际专利申请年增长率位于世界前列。世界知识产权组织发布报告2019年中国超越美国，成为通过产权组织提交国际专利申请最大来源国后，2020年中国继续领跑全球专利申请量。专利处于领先地位，也对中国贸易增长及结构变化产生了一定贡献。但是中国国际专利存在技术分布不均衡、过于集中在领先技术中的数字通信和计算机领域、忽略其他技术领域的发展、技术结构与创新大国差距较大、中国国际专利的技术垄断贸易效应较弱，引进外国专利权费用成为出口的成本负担等问题。中国在国际知识产权贸易网络中地位不明显、处于国际创新链底端位置，中国知识产权贸易失衡，与中国贸易地位、中国的国际影响力严重不匹配，迫切需要从动态角度进行比较研究，通过中国知识产权贸易高质量发展，提升中国在全球价值链中的位置。

关键词：贸易失衡；知识产权贸易；高质量发展

中国对知识产权的重视达到前所未有的高度。党的十九届六中全会《中共中央关于党的百年奋斗重大成就和历史经验的决议》中提到，在经济建设上“党坚持实施创新驱动发展战略，把科技自立自强作为国家发展的战略支撑，健全新型举国体制，强化国家战略科技力量，加强基础研究，推进关键核心技术攻关和自主创新，强化知识产权创造、保护、运用，加快建设创新型国家和世界科技强国”。

知识产权贸易是新时代中国经济高质量发展的迫切要求。习近平总书记在2021年2月《求是》杂志发表的《全面加强知识产权保护工作　激发创新活力推动构建新发展格局》提到“我国正在从知识产权引进大国向知识产权创造大国转变，知识产权工作正在从追求数量向提高质量转变。我们必须统筹推进知识产权领域国际合作和竞争”。随着中国进入经济高质量发展的新阶段，知识产权贸易被提到了前所未有的高度。

---

* 作者简介：侯晓丽（1982—），女，山东人，北京联合大学应用科技学院，马来西亚沙巴大学在读博士，研究方向为国际知识产权贸易。Rini Suryati Sulong，男，马来西亚人，Universiti Malaysia Sabah（Labuan campus），研究方向为国际贸易。王晓芳（1978—）（通讯作者），女，山西人，北京联合大学管理学院博士，研究方向为国际文化贸易，E-mail：ldtwxf@buu.edu.cn。

一、文献综述

（一）贸易失衡成因的研究

关于贸易失衡问题，传统国际贸易理论的内涵已有所涉及。国家贸易政策、劳动生产率差异和资源禀赋差异等因素都会造成进出口不平衡，失衡情况在所难免。加入 WTO 以来，中国知识产权贸易失衡问题引发了大量的贸易摩擦，并呈现出愈演愈烈的势头。因此，中外学者在传统贸易理论的基础上，结合实际情况，对贸易失衡问题，特别是其成因进行了全面的研究：①与伙伴国出口管制有关，如 Chinn 和 Steil（2006）提出：由于以美国为首的部分国家对华出口管制，使其具有比较优势的高技术产品难以出口中国，造成失衡问题严重。②与贸易伙伴国国内开放度有关，如张洪瑞（2017）提出解决失衡问题需要对华高度开放技术、金融等国内市场。③与人民币汇率有关，如 Makin（2009）提出中国政府操纵人民币汇率是造成失衡的重要原因。何惠珍（2013）得出人民币升值在一定程度上可改善失衡问题。④还有部分学者从国际创新链、全球产业转移角度切入，研究失衡的原因，如徐明珠（2009）、杨仕辉（2010）认为国际产业转移是造成知识产权贸易摩擦的重要原因。

（二）贸易高质量发展的相关研究

1. 贸易质量

改革开放以来，中国贸易规模迅速扩大，但“大而不强”的矛盾日益凸显，为了改变长期处于全球价值链“微笑曲线”最低端的状态，贸易质量的概念成为中国学者顺应时代要求评价贸易水平的重要内容，对于贸易质量的界定经历了从某一特定维度上的一个或几个标准到多元维度评价的转变：贸易质量包含贸易基本状态和贸易效益与作用两方面。闫国庆（2002）认为提高外贸质量一方面要优化商品出口结构，提升静态效益；另一方面要增加贸易方式，激发外贸功能活力，提升动态效益。杨倩（2006）认为贸易功能与作用也是贸易质量的重要组成部分。朱启荣（2012）认为环境效益在贸易功能与作用中的地位日益突出。吴珍倩（2017）总结指标对贸易质量的描述，并从哲学角度阐述贸易质量内涵。曲维玺等（2020）认为贸易质量的内涵包含了创新、平衡、协调、融合、绿色多方面因素。

2. 贸易竞争力与高质量发展

贸易竞争力起源于 20 世纪 80 年代国际上对国际竞争力问题的关注，有影响力的是瑞士国际管理发展学院（IMD）的《世界竞争力年鉴》和世界经济论坛（WEF）的全球竞争力指数。中国学者将国际竞争力评价拓展到了贸易竞争力分析。针对贸易竞争力水平的评价体系，国内主流方法有两种：一种是计算具有代表性的贸易指标，如喻志军（2009）计算产业内贸易指数和出口效绩指数来评价外贸竞争力水平，王栋（2012）计算中国竞争力指数和中国产品贸易竞争指数综合分析中国“入世”后外贸竞争力的变化；另一种多层次、多角度选取评价指标构建竞争力评价体系。如梁亚林、范莉（2004）通过专家调研法和 AHP 法，运用主成分因子分析法提取出了核心竞争力因素；欧阳双喜（2012）根据海关总署构建的地区外贸竞争力评价体系分析珠海的外贸竞争力水平；马林静（2020）从货物贸易和服务贸易两方面评价外贸竞争力。值得注意的是，在货物贸易的二级指标中，高技术产业竞争力在货物贸易中的重要性突出。2018 年习近平总书记强调当今世界处于百年未有之大变局；裴长洪（2020）深入研究和分析了目前全球经济与政治形势，界定外贸质量的内涵，并给出外贸高质量发展的方向与建议。

（三）研究述评

学术界对贸易失衡原因的研究主要以总量贸易为基础，将贸易失衡问题置于产业层面缺乏，还需建立更加完善的贸易失衡理论分析体系；对贸易高质量发展的研究主要有内涵及特征、从高速增长阶段转向高质量发展阶段的必要性、评价标准、中国贸易高质量发展存在的问题、实现途径等内容，但仍未有一个全方面、有层次、逻辑性强的研究成果，尤其是针对知识产权贸易高质量发展的专门研究。

在国家社科基金已立同类项目中，有针对两国贸易失衡问题的研究，例如《国际分工、资本流动与中美贸易失衡研究》《产业视角下中美贸易失衡、结构性冲击与美国对华贸易政策研究》；有从规则、要素、市场等微观角度研究贸易高质量发展，例如《促进出口贸易高质量发展的微观机制研究》《区域贸易协定新规则对我国出口贸易高质量发展的影响研究》《"双循环"新格局下创新驱动贸易高质量发展的机制与路径研究》《依托国内大市场带动中国出口贸易高质量发展的实现路径研究》。但缺少从国际价值链角度、从动态全局的角度研究知识产权贸易网络变化的文献。

现有国内外关于贸易失衡、贸易高质量发展方面的成果为本项目提供了具有启发性的理论基础。但缺乏系统的分析研究，中国要认清国内和国外所处国际知识产权贸易网络位置、全球创新链体系等方面的差异，借鉴国际模式的同时，探索合适本国国情的知识产权贸易高质量发展模式。

二、数据与方法

（一）数据来源

本研究选择知识产权使用费进口额和出口额，以及 PCT（Patent Cooperation Treaty）专利申请数量、GII（Global Innovation Index）排名和 GDP（Gross Domestic Product）总量共 5 个能够反映一国技术、创新和经济实力的指标作为筛选条件，并考虑双边知识产权使用费进出口额的可得性，选取 66 个主要国家 / 地区作为研究对象。统计显示，66 个研究对象在 2019 年的知识产权使用费进口额、出口额以及 PCT 专利申请数量、GDP 总量均占全球年度总额的 90% 以上。且该 66 个国家 / 地区 2021 年的 GII 排名在前 100 位，有 58 个国家 / 地区进入前 66 位。在该 66 个国家 / 地区中，"一带一路"国家有 31 个，几乎占了一半的数量，也说明"一带一路"国家在全球知识产权贸易中的重要作用。因此，选择该 66 个国家 / 地区和其中 31 个"一带一路"国家 / 地区作为分析对象，能在保证数据获取和分析实施可行性的基础上，充分代表和刻画全球和"一带一路"国家的知识产权贸易活动以及中国在其中的地位。

本研究以 66 个国家 / 地区和 31 个国家 / 地区之间知识产权使用费年度双边数据作为分析对象，以经济合作与发展组织数据库数据为主，选取 2000 年、2010 年和 2019 年三个时间节点分析近 20 年全球和"一带一路"国家知识产权贸易整体格局及演化规律。

（二）研究方法

社会网络分析（Social Network Analysis）能够将研究对象之间复杂的关系可视化，关注的主要指标有中心度、密度、结构洞等主要基于节点关系形成的指标，可以方便地计算和评价网络的拓扑属性和空间结构。在知识产权贸易网络中，节点代表国家（地区），边线代表国家（地区）之间的知识产权贸易关系，边线的方向指示进出口关系，并可将贸易额作为权重反映在边线的粗细。本研究从网络视角分析知识产权贸易网络的拓扑性质和结构演化规律，定义并构建知识产权贸易网络如下。

定义知识产权贸易网络（Intellectual Property Trade Network，IPTN）为有向加权网络，按网络的方向性将其分为知识产权贸易整体网络（IPTN）、知识产权贸易出口网络（$IPTN_1$）和知识产权贸易进口网络（$IPTN_0$）。按照全球和“一带一路”格局（见图 1），分为全球知识产权贸易整体网络（International Intellectual Property Trade Network，IIPTN），全球知识产权贸易出口网络（$IIPTN_1$）和全球知识产权贸易进口网络（$IIPTN_0$），以及“一带一路”知识产权贸易网络（The Belt and Road Intellectual Property Trade Network，BRIPTN），“一带一路”知识产权贸易出口网络（$BRIPTN_1$）和“一带一路”知识产权贸易进口网络（$BRIPTN_0$）。

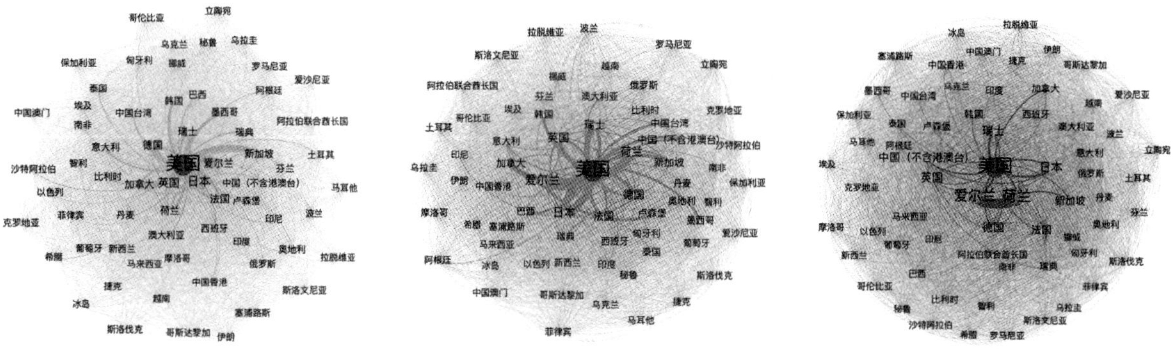

2000 年　　2010 年　　2019 年

图 1　全球知识产权贸易整体网络

IIPTN 和 BRIPTN 的原理相同，都是以国家 / 地区以及之间的双边知识产权贸易年度进出口总额、进口额和出口额进行构建，只是国家数量不同。现从图论角度，以 IPTN 为例，进行定义：

$$IIPTN = (V, E, W) \tag{1}$$

式（1）中，V 为节点集合，即国家 / 地区集合；E 为边集合，即国家 / 地区间知识产权贸易进 / 出口关系集合，连边方向为由知识产权贸易出口国 / 地区指向进口国家 / 地区（遵从贸易流动方向）；W 为权重集合，即知识产权贸易年度进 / 出口金额集合。

A 为 IIPTN 的邻接矩阵，$A = (a_{ij})_{n\times n}$，其中 n 为网络中国家 / 地区数量，a_{ij} 表示国家 / 地区 i、j 间的知识产权贸易进 / 出口关系，若国家 / 地区 i、j 间有边相连，则 $a_{ij}=1$；否则，$a_{ij}=0$。

W 为 IIPTN 的权重矩阵，$W = (w_{ij})_{n\times n}$，其中 w_{ij} 为连边 a_{ij} 上的权重，即国家 / 地区 i、j 之间的知识产权贸易进 / 出口金额。

在 IIPTN 中，国家 / 地区节点大小与加权度成正比，反映各国 / 地区的技术贸易进出口总体情况。网络中任意节点国家 / 地区 i 均存在以下两项指标：

（1）度：表征国家 / 地区 i 的知识产权贸易进出口国家 / 地区总数量；

$$D_i=\sum_{(V_i,V_j)\in E}a_{ij}\tag{2}$$

（2）加权度：表征国家 / 地区 i 的知识产权贸易进出口总金额。

$$W_i=\sum_{(V_i,V_j)\in E}w_{ij}\tag{3}$$

在 IIIPTN_1 中，国家 / 地区节点大小与加权出度成正比，反映国家 / 地区的知识产权贸易出口情况。网络中任意节点国家 / 地区 i 均存在以下两项指标：

（1）点出度：表征国家 / 地区 i 的知识产权贸易出口国家 / 地区总数量；

$$D_{O_i}=\sum_{(V_i,V_j)\in E}a_{i\to j}\tag{4}$$

（2）加权出度：表征国家 / 地区 i 的知识产权贸易出口总金额。

$$W_{O_i}=\sum_{(V_i,V_j)\in E}w_{i\to j}\tag{5}$$

在 IIPTN_0 中，国家 / 地区节点大小与加权入度成正比，反映各国家 / 地区的知识产权贸易进口情况。网络中任意节点国家 / 地区 i 均存在以下两项指标：

（1）点入度：表征国家 / 地区 i 的知识产权贸易进口国家 / 地区总数量；

$$D_{I_i}=\sum_{(V_i,V_j)\in E}a_{j\to i}\tag{6}$$

（2）加权入度：表征国家 / 地区 i 的知识产权贸易进口总金额。

$$W_{I_i}=\sum_{(V_i,V_j)\in E}w_{j\to i}\tag{7}$$

本研究还用到以下网络分析指标：

（1）网络密度：指网络中实际存在的关系数与理论最大关系数的比值，用于衡量网络节点间关系的紧密程度。IIPTN 为有向网络，网络密度 $D=\dfrac{l}{n(n-1)}$，其中 l 为国家 / 地区间实际存在的知识产权贸易进 / 出口关系总数目，n 为国家 / 地区数量。

（2）聚类系数：指网络中每个节点的邻接节点之间实际存在的边数与理论最大边数比值的平均值，用于衡量网络的聚集情况。聚类系数：

$$C=\frac{1}{n}\sum_{i=1}^{n}\frac{2l_i}{m_i(m_i-1)}\tag{8}$$

式（8）中，m_i 为节点国家 / 地区 i 的相邻节点国家 / 地区数，l_i 为 m_i 个相邻节点国家 / 地区间的知识产权贸易进 / 出口关系总数目。

（3）平均路径长度：指网络中任意两节点间最短距离的平均值。平均路径长度：

$$L=\frac{1}{\frac{1}{2}n(n-1)}\sum_{i>j}d_{ij}\tag{9}$$

式（9）中，d_{ij} 为节点国家 / 地区 i、j 间的最短路径长度。

（4）中心势：分为中心出势和中心入势。测量的是一个图在多大程度上围绕某个或某些特殊点建构起来，用来刻画网络的集中程度。公式为：

$$C = \frac{\sum_{i=1}^{n} C_{\max} - C_i}{\max\left[\sum_{i=1}^{n} C_{\max} - C_i\right]} \tag{10}$$

式（10）中，$C_{\max}$ 指图中最大中心度的值，C_i 为其他点的中心度，max 表示理论上各个差值总和的最大可能值，中心势指数是对群体权力的量化分析指标，其值并不是反映点的相对重要性，而是反映图的总体整合度或一致性（刘军，2004）。

三、全球知识产权贸易网络演化和中国的地位分析

将 2000 年、2010 年和 2019 年 66 个主要国家 / 地区的双边知识产权使用费年度进出口额数据整理为 Gephi 可处理格式，从进出口总额、出口和进口 3 个角度分别绘制全球知识产权贸易网络（见图 2、图 3）。图 2 中节点大小分别与国家 / 地区的加权度、加权出度和加权入度成正比。利用 UCINET 软件的核心 / 边缘（Core/Periphery）分析并结合各节点的核心度，将国家 / 地区划分为核心国家 / 地区、半核心国家 / 地区和边缘国家 / 地区，将其分别置于网络最内侧圈层、第二圈层和外侧第三、第四圈层；连边宽度分别与国家 / 地区间的知识产权使用费进出口金额成正比。为了解网络全局特征与具体演化情况，本研究统计各时间区间的网络基本指标，具体如表 1 所示。

图 2　全球知识产权贸易出口网络 $IIIPTN_1$

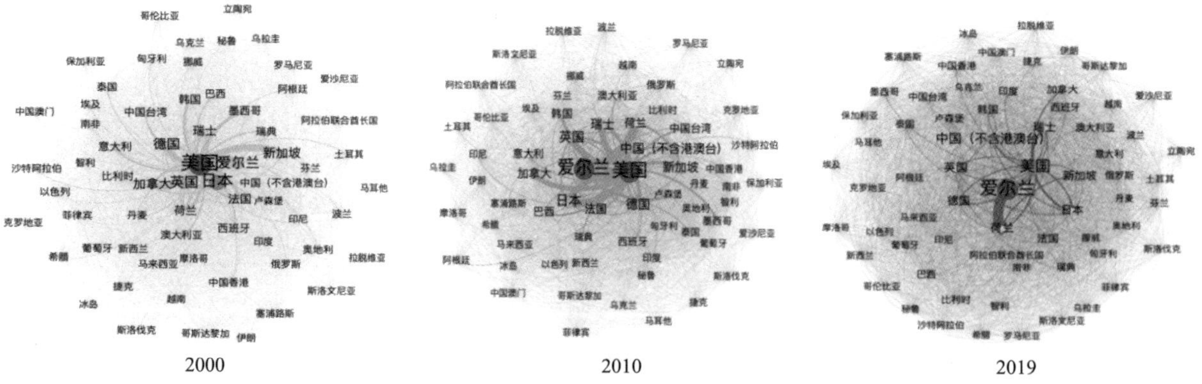

图 3　全球知识产权贸易进口网络 $IIPTN_0$

表 1　知识产权贸易网络类型

格局	整体	出口	进口
全球	全球知识产权贸易 整体网络 IIPTN	全球知识产权贸易 出口网络 $IIIPTN_1$	全球知识产权贸易 进口网络 $IIPTN_0$
“一带一路”	“一带一路”知识产权贸易 整体网络 BRIPTN	“一带一路”知识产权贸易 出口网络 $BRIPTN_1$	“一带一路”知识产权贸易 进口网络 $BRIPTN_0$

分析图 1 和表 2 可知，2000 ~ 2019 年知识产权贸易网络表现出以下结构演化特征。

表 2　全球知识产权贸易网络基本指标

指标	时间节点		
	2000 年	2010 年	2019 年
网络密度	0.904	0.945	0.924
连边数	3879	4055	3963
平均度	58.773	61.439	60.045
最大点出度	65	65	65
最小点出度	39	43	41
最大点入度	65	65	65
最小点入度	33	43	38
最大加权出度	45667.69	100867.87	105598.00
最小加权出度	2.12	6.78	4.12
最大加权入度	14274.34	36002.35	75323.90
最小加权入度	11.89	33.73	63.33
平均加权度	1356.828	3923.74	6185.567
中心出势	0.0980	0.1009	0.0280
中心入势	0.0286	0.0334	0.0195
平均聚类系数	0.916	0.949	0.931
平均路径长度	1.096	1.055	1.076

（一）各国知识产权贸易关系增加，小世界特征明显

从知识产权整体贸易网络看，各国之间的知识产权贸易关系增加，强度提高，贸易活动日益频繁，小世界特征明显。贸易关系的增加体现在网络的连变数由 2000 年的 3879 条增至 2010 年的

4055 条，到 2019 年基本保持稳定。网络密度和平均度上升 2% ~ 5%，最小点出度和最小点入度有所增长，说明国家间的贸易伙伴逐渐增多。贸易强度的提高则体现在贸易金额的显著提高。平均加权度由 1356.828 增至 6185.567，实现大幅提升。全球知识产权贸易活动的日益频繁和深入也可以从图 1 中得到直观的反映。连边增密，线条加粗，横纵向关系日益深化。小世界是指节点之间的关联性较强，通过较短的路径就能建立联系。其判定标准是平均路径长度小于 10 且聚类系数大于 0.1（Valverde，2002）。2000 ~ 2019 年全球知识产权贸易网络的平均聚类系数逐渐增大（从 0.916 到 0.931），平均路径长度逐渐减小（从 1.096 到 1.076），小世界特征愈加明显，说明知识产权的使用和扩散更加频繁和高效。

知识产权贸易网络还呈现出非常明显的"核心—边缘"结构特征。2000 ~ 2019 年，网络的核心国家不断增多，从 2000 年的美国、日本，到 2010 年的美国、爱尔兰、日本，再到 2019 年的美国、德国、荷兰、瑞士、英国。日本逐渐丧失优势地位，而美国则一直占据核心地位，但点出度（2000 年 0.099，2019 年 0.029）和点入度（2000 年 0.031，2019 年 0.014）有所下滑，说明美国的中心地位逐渐减弱。

（二）整体中心性呈现逐渐中心化又逐渐去中心化的演进历程

知识产权贸易网络的整体中心性由弱到强再由强到弱，呈现出逐渐中心化又逐渐去中心化的演进历程。2000 ~ 2005 年中心出势和中心入势均呈现由低到高的过程，说明知识产权贸易网络的中心化趋势，在 2005 ~ 2010 年处于高点，而 2010 年之后中心出势和中心入势呈现出由高到低的过程，说明进口和出口的整体中心性在不断增强后逐渐减弱，这个过程呈现出去中心化的趋势。

可能的解释是，2008 年全球金融危机之后，各国都开始重视自主科技创新和自主知识产权，从而使知识产权国际贸易呈现出关系增强、强度提高的特征，一定程度上逐渐减少了对美国等核心国家的依赖度，网络整体呈现去中心化的趋势。尽管"核心—边缘"的结构特征依然明显，但核心国家的中心和控制地位在逐渐减弱，其他边缘国家 / 地区之间不断加强贸易往来。

（三）中国一直保持着快速发展的态势

在全球知识产权贸易网络整体逐渐中心化又逐渐去中心化的发展过程中，中国一直保持着快速发展的态势。在网络中的平均加权度排名从第 22 名上升至第 8 名（见表 3），说明中国的知识产权贸易在世界格局中的地位越来越高。

表 3 中国在全球知识产权贸易网络排名

年份	2000	2010	2019
整体	22	10	8
出口	31	24	15
进口	18	8	3

（四）中国的知识产权贸易出口能力仍有巨大成长空间

从知识产权出口贸易网络来看，主要国家长期占据出口前列，中国的知识产权贸易出口能力稳中有升但仍有巨大成长空间。

出口贸易网络的最大加权出度从 45667.68 增至 105598.00，翻了两番不止。美国、荷兰、日本、瑞士、德国、英国等长期轮流占据世界前 6 的位置（见表 4）。美国始终牢牢占据第一的位置，而英国的地位则不断下滑。

表 4　2000 年、2010 年、2019 年知识产权贸易出口额排名

国家＼年份	2000		2010		2019	
	加权出度	排名	加权出度	排名	加权出度	排名
美国	45667.68	1	100867.87	1	105598.00	1
荷兰	4292.94	4	25950.02	2	84385.14	2
日本	9674.30	2	25718.45	3	36564.62	3
瑞士	3918.31	5	18269.82	4	27946.90	4
德国	3488.87	6	13341.68	6	26051.03	5
英国	6303.27	3	16084.12	5	24690.68	6

相比于中国不断提升的整体贸易地位，知识产权贸易出口能力亟待提高。中国的加权出度虽然一直在提高（见表 5），但到 2019 年仅排名第 15，贸易逆差近 270 亿美元，与中国专利申请数量已经达到世界第一的排名形成巨大反差。说明中国在整体网络地位的提高是凭借巨大的知识产权引进来实现的，创新能力有很大的进步空间，需要加强自主知识产权挖掘。

表 5　2000 年、2010 年、2019 年知识产权贸易进口额前 5 名

排名	2000	加权入度	2010	加权入度	2019	加权入度
1	美国	14274.34	爱尔兰	36002.34	爱尔兰	75323.90
2	日本	9907.99	美国	35271.65	美国	51144.68
3	英国	6781.39	日本	17245.06	中国	30276.33
4	爱尔兰	6650.74	英国	15172.34	荷兰	21535.72
5	德国	5677.50	瑞士	13832.55	瑞士	20270.84

（五）知识产权进口贸易网络排名前列国家波动频繁

从知识产权进口贸易网络来看，排名前几名的国家有波动，而中国的知识产权进口贸易已经进入世界前列。

进口贸易网络的最大加权出度从 14274.34 增至 75323.90，翻了 5 倍还多。2000～2019 年进口排名前 5 的国家 20 年来稳中有变。其中荷兰和爱尔兰成为进口中心的原因之一是两国的低税率和其他特殊的税法制度，众多高科技公司以位于两国的子公司对外支付知识产权使用费转移收入，作为避税跳板。因此，美国虽在2010年和2019年位居第二，但实际也处于进口的最核心位置。相比之下，中国进口贸易额的迅速增长则实实在在体现了中国对引进高新技术的重视，但也暴露了进出口不平衡的问题。自主产权研发和出口能力亟待提高。

四、“一带一路”知识产权贸易网络演化和中国的地位分析

将上述66个国家/地区中31个“一带一路”国家/地区的双边知识产权使用费年度进出口额数据整理出来，按照同样的方式进行操作，绘制“一带一路”国家/地区知识产权贸易网络（如图4、图5、图6所示），并统计2000年、2010年和2019年三个时间节点的网络基本指标，具体如表6所示。

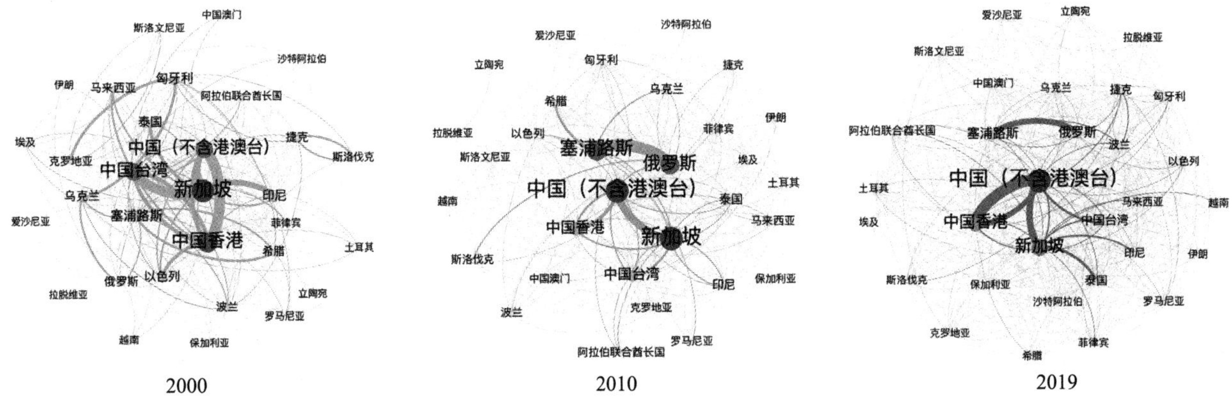

图4 “一带一路”国家/地区知识产权贸易整体网络BRIPTN

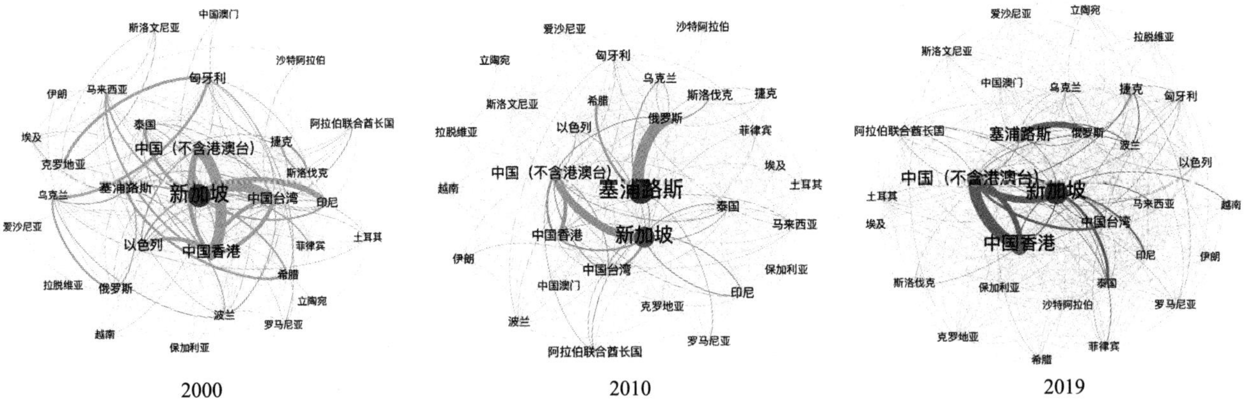

图5 “一带一路”国家/地区知识产权贸易出口网络 $BRIPTN_1$

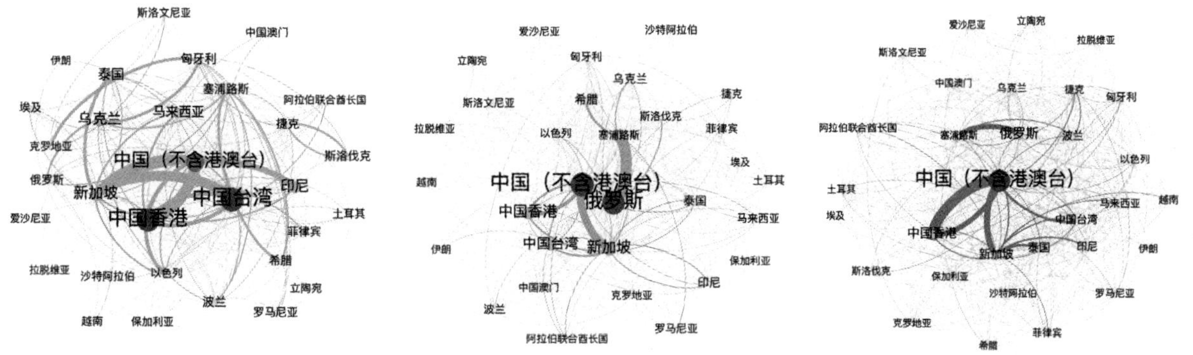

2000 2010 2019

图 6 "一带一路"国家 / 地区知识产权贸易进口网络 BRIPTN$_0$

由图 4 和表 6 可知，2000～2019 年"一带一路"国家知识产权贸易网络表现出以下结构演化特征：

表 6 "一带一路"国家知识产权贸易网络基本指标

指标	时间节点		
	2000	2010	2019
网络密度	0.853	0.920	0.865
连边数	793	856	804
平均度	25.581	27.613	25.935
最大点出度	30	30	30
最小点出度	16	21	15
最大点入度	30	30	30
最小点入度	14	18	15
最大加权出度	80.96	756.89	1923.38
最小加权出度	0.22	4.78	0.95
最大加权入度	55.19	645.03	2607.19
最小加权入度	0.13	1.51	10.65
平均加权度	11.59	93.07	254.52
中心出势	0.0823	0.0492	0.0462
中心入势	0.0517	0.0409	0.0651
平均聚类系数	0.876	0.925	0.886
平均路径长度	1.147	1.08	1.135

（一）知识产权贸易活动逐渐广泛和深化

"一带一路"国家 / 地区的知识产权贸易关系有所增加，强度有所提高，知识产权贸易活动逐渐广泛和深化。知识产权贸易进出口关系由2000年的793条增至2010年的856条，到2019年基本保持稳定。连边数的增加直接导致网络密度和平均度上升最高7%。与此同时，贸易金额也显著提高，平均加权度由11.59增至254.52；最大加权出度和最大加权入度也大幅提升，进出口贸易总额实现巨大的增长。但最小点出度和最小点入度基本在15左右，说明个别国家只跟31个国家/地区中的一半国家/地区有贸易往来，区域发展不平衡。

（二）核心国家/地区主要是中国、新加坡、中国香港、中国台湾和塞浦路斯

"一带一路"国家/地区知识产权贸易网络中的核心国家/地区主要是中国、新加坡、中国香港、中国台湾和塞浦路斯。[①] 中国在"一带一路"国家/地区知识产权贸易网络的排名如表7所示。

表7　　中国在"一带一路"国家/地区知识产权贸易网络排名

年份	2000	2010	2019
整体	4	1	1
出口	3	3	3
进口	3	2	1

从图4中不难看出，这几个核心国家/地区之间呈现出明显的小团体特征。中国、新加坡、中国香港、中国台湾之间往来频繁，而塞浦路斯和俄罗斯则形成一条比较独立的贸易线。"一带一路"国家/地区的区域性格局和贸易往来有待进一步加强。

（三）中国知识产权贸易出口能力仍然不足

中国地位整体较强，处于"一带一路"国家/地区的核心和引领位置，但知识产权贸易出口能力仍然不足。中国的知识产权贸易出口20年来一直排名第3（见表7），不敌新加坡、塞浦路斯、中国香港等国家/地区。虽然整体排名第1，但进出口贸易不均衡现象依然存在。

但通过对比中国在全球和"一带一路"国家/地区知识产权贸易网络中的标准中心度大小（见表8），中国在"一带一路"局部网络中的地位均高于在全球网络中的地位。特别是2010年之后，中国的标准中心出度和入度均有提高，说明"一带一路"政策起到了很好的促进作用，知识产权领域的发展前景广阔。

表8　　中国在全球和"一带一路"国家/地区知识产权贸易网络中的标准化中心度

年份	标准化中心出度：全球/"一带一路"	标准化中心入度：全球/"一带一路"
2000	0.000/0.042	0.003/0.049
2010	0.001/0.020	0.012/0.046
2019	0.001/0.032	0.008/0.070

① OECD数据库。

五、中国知识产权贸易高质量发展的路径

知识产权贸易高质量发展的逻辑链条是：创新增加，知识产权数量增多，带动知识产权贸易量增加，量变促进知识产权贸易高质量发展，进而提升中国创新影响力，提升在国际创新链中的地位。

（一）从政府层面构建以知识产权贸易质量为导向的政策体系

推进创新驱动战略，培育高质量市场创新主体（专精特新小巨人等）。坚持“自主创新、重点跨越、支撑发展、引领未来”的政策方针，即无论是政府、企业还是行业、中介组织都要有创新意识，深入推进创新驱动战略，强化知识产权要素配置效应，通过知识技术等高级要素的投入，不断提高知识产权贸易中知识产权的含量；促进国内产业向全球价值链高端迈进，尤其是在高新技术、战略新兴产业等领域争取国际先发优势，掌握创新发展主动权，提升知识产权贸易质量；对照国家重大战略，超前规划布局，加大技术研发投入力度，加速赶超甚至引领发展的步伐，实现知识产权贸易的高质量发展；缩短全球价值链攀升的追赶期，逐步成为全球价值链链主，有效减缓中国面临的贸易摩擦。

（二）加大对知识产权合规性审查，促进贸易政策的调整

在大力实施创新政策之外，还需加大对贸易政策的调整，尤其是合规性审查。贸易摩擦的背后是技术与产业的竞争，而技术与产业的竞争则源于科技创新体系的竞争，需要制定符合国际惯例的产业政策、不违反 WTO 框架协议，尤其是需要加强对地方优惠政策的合规性审查，消除易遭受反倾销制裁等贸易救济措施的制度基础，鼓励地方政府制定非定向补贴政策，例如对人才的住房、子女教育、医疗等方面的帮助。同时，围绕《中国制造 2025》拓展知识产权联盟，促进企业间知识产权协同运用，以知识产权指引产业升级以及产业规划之路，推动形成一批高价值的专利密集型产业集群示范区，围绕产业链上下游建立知识产权公共服务平台，驱动产业在全球价值链的攀升，提升产业供给质量，充分发挥知识产权在产业链上的优势，推进产业技术标准与知识产权的衔接，建成全球领先的技术体系与产业体系，促进知识产权贸易的高质量发展。同时，积极参与国际知识产权秩序的建构以及国际规则的技术交流，在国际合作的相关平台上主动发出中国企业的声音。与多国建立知识产权有效合作机制，建立专利审查高速公路，并研究重点市场的知识产权环境，以互利共赢的原则解决贸易摩擦，坚决反对单边主义以及贸易保护主义。

（三）从企业层面提升知识产权贸易风险应对能力

从企业层面构建多层次、全方位的贸易摩擦应对体系，提升知识产权贸易风险应对能力。对于企业而言，鼓励非对称创新、企业的知识发展与创新人才培育；有针对性地规避知识产权贸易壁垒。企业需要在知识产权贸易纠纷中积极应诉，即面对知识产权侵权纠纷时，在 WTO 贸易争端解决机制框架下，进行各类知识产权调查和诉讼，一旦发生专利侵权纠纷，应该积极应诉，同时也可以通过与原告谈判协商、签订和解协议，还可以从商业的角度进行解决，例如，尝试专利的交叉许可等措施。对于没有能力应诉的中小企业，在接受委托订单时，则可以提前在合同中签订知识产权纠纷的免责条款。行业协会方面，组织企业学习贸易摩擦的相关知识，掌握 WTO 有关贸易规则以及不同国家有关反倾销调查与裁定的法律知识。

（四）发挥知识产权贸易对全球价值链的攀升的作用，增加贸易收益

由于服务贸易集聚了众多高级要素，服务贸易的技术进步显著快于加工贸易，表现为技术、设计、品牌等无形资产越来越重要，随着贸易伙伴的逐步富裕，消费者的偏好已经转向更为广泛的“品牌体验”商品。每一个行业在全球价值链的位置决定了其收益，中国大多产业处在价值链的中下游，几乎没有“定价权”。而上游产业可以主动改变产品定价，并逐步实施价格垄断，将新增成本传导给下游企业，上游企业成为行业霸主。

而决定“定价权”的主要因素则是知识产权，当企业拥有核心技术专利，则会带来产品标准的制定权，同时拥有在国际市场上制定规则的权利，不仅决定了知识产权产品在市场上的成功率，并逐渐成为决定企业命运和财富的最重要的因素，正如 WIPO 总干事弗朗西斯·高锐所言，“知识产权是企业维持竞争优势的重要手段”。知识产权在贸易中扮演着越来越重要的角色，成为决定一国能否进入全球价值链中上游以及在贸易中获益多少的重要因素。在新一轮对外开放的过程中，要积极开展多边创新合作，促进我国全球价值链中的位置跃迁，实现贸易收益增加的目标。

参考文献

［1］刘军．社会网络分析导论［M］. 北京：社会科学文献出版社，2004.

［2］Cornell University，INSEAD，WIPO. Global Innovation Index：2018 Energizing the World with Innovation［R/OL］.［2019-02-21］. https://www.wipo.int/publications/en/details.jsp?id=4330.

［3］Yang G.，Maskus K. E. Intellectual Property Rights and Licensing：An Econometric Investigation［J］. *Review of World Economics*，2011，137（1）：58-79.

［4］Keith E. Maskus，Mohan Penubarti. How Trade-Related are Intellectual Property Rights？［J］. *Journal of International Economics*，1995（39）：227-248.

［5］Judith C. Chin，Gene M. Grossman. Intellectual Property Rights and North-South trade［EB/OL］. https://www.nber.org/papers/w2769.

［6］宋林，张永旺 . 贸易摩擦背景下我国发展知识产权贸易的对策研究［J］. 国际贸易，2018（8）：60-66.

［7］冯光华 . 从版权贸易视角看出版产业体制及贸易政策创新［J］. 上海大学学报（社会科学版），2004（4）：66-68.

［8］顾晓燕，史新和 . 中国知识产权出口贸易影响因素的实证研究［J］. 经济问题，2014（11）：98-101.

［9］钱馨蕾 . 国际知识产权贸易效应研究［D］. 北京：中国社会科学院研究生院，2020.

［10］牛士华 . 新形势下我国知识产权贸易竞争力提升研究［J］. 对外经贸实务，2020（6）：85-88.

［11］崔艳新 . 中美知识产权服务贸易发展战略研究［J］. 国际贸易，2019（4）：68-77.

［12］朱琴，姜彩楼 . 知识产权贸易对环境全要素生产率的影响研究——基于跨国样本的内生性检验［J］. 统计与信息论坛，2016，31（8）：60-63.

数字货币分布式节点的激励机制及优化选择研究

江晶晶

（北京联合大学管理学院）

摘要：随着分布式账本技术的创新发展及其在数字货币研发中的应用，以数字货币的形式来解决货币的信用问题成为一种可能。本文以技术创新为切入点，尝试从账本的视角解决货币中的信用问题，探讨分布式账本技术与货币基本职能的关系，提出基于经许可的分布式账本技术的数字货币在履行货币职能时面临的重要问题即为分布式节点的激励机制和优化选择。对此，本文构建博弈模型，探讨激励机制，并结合我国数字货币发行的实际情况提出分布式节点的优化方案，为我国数字货币在经济中的实践提供参考依据。

关键词：数字货币；分布式节点；博弈论

Research on Incentive Mechanism and Optimal Selection of Digital Currency Distributed Nodes

(**Beijing Union University**)

Abstract: With the innovation and development of distributed ledger technology and its application in the research and development of digital currency, it is possible to solve the credit problem of currency in the new form of digital currency. This paper takes technological innovation as the cut-off point for solving the credit problem in currency. This paper discusses the relationship between money, credit and ledger, then discusses whether the distributed ledger technology is highly matched up with the basic functions of money, and points out that the important problem faced by digital money based on distributed ledger technology in performing monetary functions is how to select the optimal distributed nodes of digital money. In this regard, this paper analyzes the optimal mechanism design of distributed ledger verification by constructing a game model, and designs the optimal selection scheme of distributed nodes based on the actual situation of China's digital currency issuance, so as to promote the development of China's digital currency.

Keywords: Digital currency; Distributed nodes; Game theory

一、引言

信用是货币能够履行货币职能的必要条件。各种演进形式下的货币之所以能够作为交易媒介和支付手段，是因为确信货币具有坚实的信用基础，它们在可预见的未来仍具备这两项核心职能。货币又同时具有成为账本的良好属性。基于分布式账本技术的数字货币是联结货币与账本、可直接作为经济决策主体所用的新货币形式。

本文第一部分从货币与账本的关系切入，论述分布式账本技术可能实现数字货币职能的理论依据，并简述其对现有货币的优化机制。基于此，本文第二部分具体论述如何运用分布式账本技术实现货币的职能，以及面临哪些亟待解决的问题；第三部分通过构建博弈模型分析基于分布式账本技术的数字货币的激励约束机制；第四部分尝试求解均衡条件，并由此提出数字货币分布式节点的优化选择；第五部分是本文结论。

二、分布式账本技术与货币职能

（一）分布式账本技术概述

分布式账本技术以密码学为基础，通过在分布式的多个节点中设计、实行“共识”机制，实现完备、准确地记录交易和支付的完整过程。基于分布式账本技术的账本是公共可见的去中心化共享账本，“共识”是分布式账本的必要条件，是为了实现多节点记录的一致性、共识协议的强壮性、高速收敛达成稳态的高效性以及系统的安全性（姚前，2021）。从技术层面来看，当前主要得到认可的共识机制包括：工作量证明（Proof of Work，PoW）、权益证明（Proof of Stake，PoS）、PBFT、RSCoin、混合共识、基于 DAG 技术的共识机制等。

（二）经许可的分布式账本技术下的货币职能实现

在经许可的分布式账本技术下，每一笔交易和支付由经许可的分布式节点更新至账本，若经由绝对多数确认为真实交易或支付，则通过确认达成共识。其中，如何设计绝对多数协议，确保随着交易和支付不断变动的分布式节点数据经由绝对多数协议确认，最终达成一致，即“共识”机制。目前已运用于证券结算系统、贸易结算系统、央行数字货币设计以及“稳定币”等方面。

在单次交易和支付中，其具体流程为：由不同的经许可的分布式节点根据各自的交易和支付更新账本，每一次更新都需经由绝对多数协议确认，若确认为真实交易和支付，则最终更新在去中心化共享总账（Decentralized Shared Ledger，DSL）中。经许可的分布式账本技术工作原理如图 1 所示。

在全社会交易和支付中，智能合约将记录商品和服务的交易以及资金的收付过程，智能合约的使用为分布式账本的记录与验证提供了便利。对于交易和支付过程中夹杂的生成劣等品和提供劣质服务的厂商，经许可的分布式账本的绝对多数节点将验证以及更新信息，并将信息提供给资金支付方用于决策。全社会交易和支付中的经许可的分布式账本技术工作原理如图 2 所示。

分布式账本技术在履行货币职能中的主要作用是防止“双花”。所有交易和支付行为，或采用传统线上、线下模式，或搭载智能合约，均可利用分布式账本技术，由各经许可的节点进行验证，从而避免“双花”问题。分布式账本技术下的交易和支付是通过密码学技术记录的，通过加密和解密进行验证即可知历史记录是否被篡改，若绝对多数被经许可的分布式节点验证为真，即证明数字货币未被“双花”，交易和支付有效。

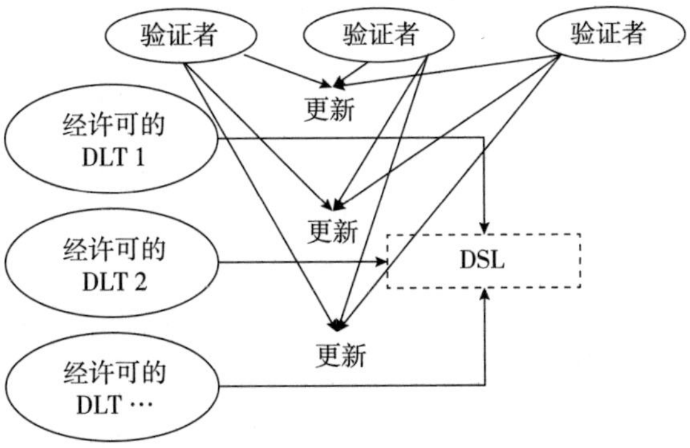

图 1　经许可的分布式账本技术工作原理

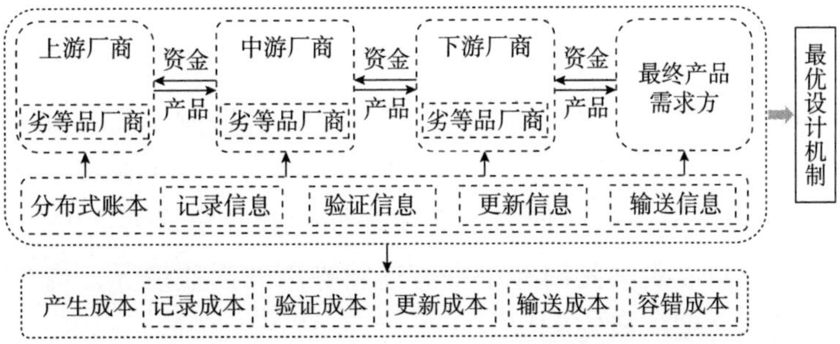

图 2　全社会交易和支付中的经许可的分布式账本技术工作原理

（三）基于分布式账本技术的数字货币履行货币职能面临的问题

1. 分布式节点如何选择？

在无须许可的分布式账本技术下，任何有意愿及能力的经济个体都可以作分布式节点，参与账本的更新和验证，当前的公有链即选择了使用无须许可的分布式账本技术。但数字货币的需求者几乎涉及全部经济个体，交易和支付数量极其庞大，每一笔交易和支付均需基于共识机制的绝对多数确认，在无须许可的分布式账本技术下需要耗费极大的算力，同时考虑到量子技术的快速布局和发展，基于算力大量投入的防篡改功能存在被破解的风险。因此，对安全性要求极高的数字货币应采取经许可的分布式账本技术。

但是，即便采用经许可的分布式账本技术，数字货币在履行货币职能时仍然面临分布式节点有效性的问题。有效的分布式节点需要有激励提供真实的验证信息，从而达到防篡改、避免“双花”的目的。对于经许可的分布式节点，难以从技术上确保其完全参与每一笔交易的验证并签名，同时也难以从技术上禁止其对数个所记账目上有冲突的多个账本进行验证。鉴于此，如何选择合意的分布式节点，使其能够正确地选择验证“对”的账本，同时正确地选择不验证“错”的账本？

2. 如何设计激励机制？

对于合意的经许可的分布式节点，如何设计激励机制，确保验证的完整性和真实性？即，使得选定的分布式节点能够提供真实的验证信息，同时，能够确保每一笔交易都得到验证。另外，如何设计一种更好的激励机制，使分布式节点的验证过程能够促进经济中的交易规模和质量提升？

对此，Nosal 和 Rocheteau（2015）提出，若分布式节点可以公开获得历史交易数据，则会较少做出错误验证的动机，同时由于降低了验证成本，可能提升验证的完整性，更进一步地，历史交易的公开可获得有助于推动交易的达成，从而促进经济增长及高质量发展。但是，在现实经济活动中，历史交易数据并不能完整、实时地得到（Akerlof，1970），如何在信息不完全的情况下设计有效的激励机制，使信息验证者所获得的收益大于成本，从而使分布式节点提供“对”的验证、验证每一笔交易，同时提升交易规模和质量？激励机制中包括哪些？

三、模型构建及激励机制分析

（一）模型概述

基于上述分析，无须许可的分布式账本技术可能更易遭受篡改历史攻击，因此本文所构建的模型应基于经许可的分布式账本技术，同时在信息不完全的假设下，构建一种激励机制，使合意的分布式节点作为交易信息的验证者，作出提供“对”的验证、验证每一笔交易，同时提升交易规模和质量的决策。因此，激励机制应使验证者“对”的验证可被部分观察并受到奖励，反之则凡是。对此，Carlsson 和 Damme（1993）提出多主体信息不完全多期博弈及全局博弈的研究方法，假定决策参与人在信息不完全的经济中只能观察到博弈中带有连续噪声的损益情况，均衡结果具备唯一性，是与本文研究目的具有较高契合度的研究方法。

Morris 和 Shin（1998，2003，2007，2008，2014）已用此方法对金融危机的自实现机制做了系列研究，并根据均衡结果提出了政策建议。Brown 等（2016）、Hakenes 和 Schliephake（2017）、He 和 Manela（2016）、Schilling（2016）以及韩扬（2019）等均使用博弈分析方法针对金融领域的流动性和系统稳定性等问题进行了研究。本文拟在此基础上构建一个全局博弈模型，根据模型均衡结果来设计基于经许可的分布式账本技术的数字货币交易验证激励机制和共识机制。

（二）模型假设

在图 2 所示的全社会交易和支付中的经许可的分布式账本技术工作原理的基础上，本文设立模型对生产者、验证者的选择进行分析。

假设 1：全社会生产分为两阶段，消费者只能从下游厂商提供的最终产品或服务中获得效用。则生产者分为一阶段生产者和二阶段生产者，其中，前者生产原材料等，包含图 2 中的上游、中游厂商，二阶段生产者生产最终产品，即图 2 中的下游厂商。

假设 2：在整个社会中，消费者即生产者。则消费者包含一阶段生产者和二阶段生产者，即图 2 中的最终产品需求方。

假设 3：劣等品生产者及劣质服务提供者只存在于二阶段生产者中。这是由于二阶段生产者生产的是最终产品，同时二阶段生产者消费的也是最终产品，因此对二阶段生产者来说，该群体消费的是自己生产的商品或提供的服务，因此假设不存在生产劣等品或提供劣质服务的可能。

假设 4：基于经许可的分布式账本技术，由于只有一阶段生产者可能选择生产劣等品或提供劣质服务，因此只有一阶段生产者涉及被确认交易及支付信息是否为“真”的可能。由此假设交易及支付信息是否为“真”的确认工作只能由二阶段生产者完成。

假设 5：交易和支付体系中包含数个周期，在第一个生产周期中，若作为信息确认者的二阶段生产者提供虚假信息，则将受到被剔除出该交易和支付体系的惩罚，因此假设在第一个生产周期中，二阶段生产者不会提供虚假信息。

假设 6：各主体均根据其他主体的历史决策作出当期策略选择。

（三）模型设立

1. 各类主体的效用分析

设一阶段生产劣等品和提供劣质服务的厂商比例为 f①，则二阶段厂商总数变为一阶段总数的 $1-f$②。

（1）一阶段合格生产者的效用分析。一阶段合格生产者的效用来自于享受到的商品或服务与提供的商品或服务之差，因此一阶段合格生产者的效用函数为：

$$U_1 = U_1\left[(1-f)\,y_2\right] - P(1-f)\,y_2 - y_1 + Py_1 \tag{1}$$

式（1）中，U_1 表示一阶段合格生产者的效用函数；y_1 表示一阶段生产者生产并销售的合格商品或提供的合格服务，即二阶段生产者消费的合格商品或服务；y_2 表示二阶段生产者生产并销售的合格商品或提供的合格服务，即一阶段生产者消费的合格商品或服务；则 $(1-f)\,y_2$ 表示一阶段合格生产者消费的合格商品或服务；$U_1\left[(1-f)\,y_2\right]$ 表示一阶段合格生产者从其消费的合格商品或服务中获得的效用；P 表示商品或服务的一般价格水平；Py_1 表示一阶段合格生产者的生产收入，$P(1-f)\,y_2$ 表示一阶段合格生产者的消费支出。

（2）一阶段劣等品生产者及劣质服务提供者的效用分析。一阶段劣等品生产者及劣质服务提供者的效用来自于享受到的二阶段合格商品或服务，因此一阶段劣等品生产者及劣质服务提供者的效用函数为：

$$U_{1f} = U_1(fy_2) - Pfy_2 \tag{2}$$

式（2）中，fy_2 表示一阶段劣等生产者消费的合格商品或服务；$U_1(fy_2)$ 表示一阶段劣等生产者从其消费的合格商品或服务中获得的效用；Pfy_2 表示一阶段劣等生产者的消费支出。

（3）二阶段合格生产者的效用分析。二阶段生产者的效用来自于从一阶段生产者处购买的作为原材料的合格商品或服务所享受到的效用与提供的商品或服务之差，因此一阶段生产者的效用函数为：

$$U_2 = U_2(y_1) - Py_1 - y_2 + Py_2 \tag{3}$$

式（3）中，$U_2(y_1)$ 表示二阶段生产者从一阶段生产者处购买的作为原材料的合格商品或服务

① f 代表 fault。

② 这是因为一阶段生产劣等品和提供劣质服务的厂商被观察到了，因此被剔除出了二阶段的交易体系。

所享受到的效用；Py_2 表示二阶段生产者的生产收入。

2. 各类主体的博弈策略选择

（1）一阶段生产者的博弈策略选择。一阶段生产者可选择的策略为两项：一是生产合格产品或提供合格服务，二是生产劣等品或提供劣质服务。

（2）二阶段生产者的博弈策略选择。根据本文假设部分的分析，二阶段生产者只可能生产合格产品或提供合格服务，因此在生产方面不涉及策略选择问题。根据图 2 所示，二阶段生产者的策略选择问题可能发生在基于经许可分布式账本技术的信息确认阶段，同时根据本文假设部分的分析，只有一阶段生产者可能选择生产劣等品或提供劣质服务，因此只有一阶段生产者涉及被确认信息的可能，即二阶段生产者可选择的策略为两项：一是确认为“真”，二是未确认为“真”。

3. 各类主体的博弈损益矩阵

（1）第一个完整生产周期中的损益矩阵。各类主体在第一个生产周期中，不掌握其他主体的历史策略选择，尤其是承担信息确认任务的二阶段生产者，很有可能在第一个生产周期中作出错误决策。根据各类主体的效用分析，得出如下四象限损益矩阵，如表 1 所示。

表 1　第一个完整生产周期中各主体的损益矩阵

<table>
<tr><td colspan="2" rowspan="2"></td><td colspan="2">一阶段生产者</td></tr>
<tr><td>生产合格品</td><td>生产劣等品</td></tr>
<tr><td rowspan="2">二阶段生产者</td><td>确认为“真”</td><td>$U_2(y_1)-Py_1-y_2+Py_2+R$，$U_1(y_2)-Py_2-y_1+Py_1$</td><td>$U_2[(1-f)y_1]-Py_1-y_2+Py_2+R$，
$U_1(fy_2)-Pfy_2+Py_1$</td></tr>
<tr><td>未确认为“真”</td><td>$U_2[(1-f)y_1]-P(1-f)y_1-y_2+Py_2+(1-f)R$，
$U_1(y_2)-Py_2-y_1+P(1-f)y_1$</td><td>$U_2[(1-f)y_1]-P(1-f)y_1-y_2+Py_2+(1-f)R$，
$U_1(fy_2)-Pfy_2$</td></tr>
</table>

第一，一象限各主体损益分析。若全部一阶段生产者选择生产合格品或提供合格服务，而且二阶段生产者作为信息确认者做出了正确判断，将其确认为“真”，则二阶段生产者获得的损益为：$U_2(y_1)-Py_1-y_2+Py_2+R$，即从一阶段生产者处购买的作为原材料的合格商品或服务所享受到的效用，减去为此付出的消费支出，再剔除二阶段生产的付出，加上由此获得的收入，最后加上作为信息确认者获得的报酬。相应一阶段生产者获得的损益为：$U_1(y_2)-Py_2-y_1+Py_1$，即从二阶段生产者处购买的合格商品或服务所享受到的效用，减去为此付出的消费支出，再剔除一阶段生产的付出，加上由此获得的收入。

第二，二象限各主体损益分析。若有一阶段生产者选择生产劣等品或提供劣质服务，而且二阶段生产者作为信息确认者对此做出了错误判断，将其确认为“真”，则二阶段生产者获得的损益为：$U_2[(1-f)y_1]-Py_1-y_2+Py_2+R$，即从一阶段生产者处购买的作为原材料的合格商品或服务所享受到的效用，减去为此付出的消费支出，由于二阶段生产者只能从一阶段生产者提供的合格产品或服务中获得效用，但是又未识别出劣等品，因此只能享受 $1-f$ 比率的效用，但是要为此支付全部产品或服务（包括劣等品和劣质服务）的费用，再剔除二阶段生产的付出，加上由此获得的收入，最后加上作为信息确认者获得的报酬。相应一阶段生产者获得的损益为：$U_1(fy_2)-Pfy_2+Py_1$，即从二阶段生产者处购买的合格商品或服务所享受到的效用，减去为此付出的消费支出，再加上提供所有产品或服务（包括劣等品和劣质服务）获得的收入。

第三，三象限各主体损益分析。若全部的一阶段生产者选择生产合格品或提供合格服务，但二阶段生产者作为信息确认者认定其中比例为f的部分为劣等品生产者或劣质服务提供者，并因此未将其确认为“真”，则二阶段生产者获得的损益为：$U_2\left[(1-f)\ y_1\right]-P(1-f)\ y_1-y_2+Py_2+(1-f)\ R$，即从一阶段生产者处购买的作为原材料的合格商品或服务所享受到的效用，减去为此付出的消费支出，再剔除二阶段生产的付出，加上由此获得的收入。需要解释的一点是，基于经许可的分布式账本技术，若判定信息不为“真”，则无须作出确认，因此也无法获得信息确认者才有的报酬，基于此，这种情况下二阶段生产者仅就其中确认为“真”的部分获得相应的确认报酬。相应一阶段生产者获得的损益为：$U_1(y_2)-Py_2-y_1+P(1-f)\ y_1$，即从二阶段生产者处购买的合格商品或服务所享受到的效用，减去为此付出的消费支出，剔除一阶段生产的付出，再加上被确认为“真”的产品或服务的收入。

第四，四象限各主体损益分析。若有一阶段生产者选择生产劣等品或提供劣质服务，而且二阶段生产者作为信息确认者对此作出了正确判断，未将其确认为“真”，则二阶段生产者获得的损益为：$U_2\left[(1-f)\ y_1\right]-P(1-f)\ y_1-y_2+Py_2+(1-f)\ R$，即从一阶段生产者处购买的作为原材料的合格商品或服务所享受到的效用，减去为此付出的消费支出，再加上就确认为“真”的部分获得的确认报酬。相应一阶段生产者获得的损益为：$U_1(fy_2)-Pfy_2$，即从二阶段生产者处购买的合格商品或服务所享受到的效用，减去为此付出的消费支出。

（2）后续生产周期中的损益矩阵。在适应性预期假设下，作为信息确认者的二阶段生产者能够根据第一个生产周期后的消费感受获得反馈，识别并将劣等品生产者和劣质服务提供者剔除出交易和支付体系，由此调整后续生产周期中的信息确认。基于此，作为信息确认者的二阶段生产者作出错误判定可能是因为有新的一阶段生产者不再提供合格的产品或服务，转而选择生产劣等品或提供劣质服务，据此得出关于后续生产周期的如下四象限损益矩阵，如表 2 所示。

表 2　　后续生产周期中各主体的损益矩阵

		一阶段生产者	
		生产合格品	生产劣等品
二阶段生产者	确认为“真”	$U_2(y_1)-Py_1-y_2+Py_2+R$，$U_1(y_2)-Py_2-y_1+Py_1$	$U_2\left[(1-f)\ y_1\right]-Py_1-y_2+Py_2+R$， $U_1(fy_2)-Pfy_2+Py_1$
	未确认为“真”	$U_2\left[(1-f)\ y_1\right]-P(1-f)\ y_1-y_2+Py_2+(1-f)R$， $U_1(y_2)-Py_2-y_1+P(1-f)\ y_1$	$U_2\left[(1-f)^n y_1\right]-P(1-f)^n y_1-y_2+Py_2+(1-f)\ R$， $U_1(f^n y_2)-Pf^n y_2$

第一，一象限各主体损益分析。若全部一阶段生产者选择生产合格品或提供合格服务，而且二阶段生产者作为信息确认者做出了正确判断，将其确认为“真”，则二阶段生产者获得的损益与第

一个完整生产周期中的损益相同，不会发生变化。

第二，二象限各主体损益分析。在第一个生产周期中，二阶段生产者未将选择提供劣等品或劣质服务的一阶段生产者剔除出交易和支付体系，但通过消费体验事后将其识别出来，“漏网之鱼”只能侥幸一次，因此在后续生产周期中，只可能是新的一阶段生产者选择提供劣等品或劣质服务，同时二阶段生产者作为信息确认者对此作出错误判断，将其确认为“真”。因此，每一生产周期中的一、二阶段生产者获得的损益不变，只是选择提供劣等品或劣质服务的一阶段生产者个体发生了改变。

第三，三象限各主体损益分析。后续生产周期中的三象限损益与二象限相似，二阶段生产者在第一个生产周期作出的误判将通过消费体验事后作出识别，误判只会出现一次，因此在后续生产周期中，只可能是新的误判，未将提供合格产品或服务的一阶段生产者确认为“真”。因此，每一生产周期中的一、二阶段生产者获得的损益不变，只是被误判的个体发生了改变。

第四，四象限各主体损益分析。随着各轮生产周期中二阶段生产者正确地识别出提供劣质品或劣质服务的一阶段生产者并将其剔除出交易和支付体系，主动选择提供劣质品或劣质服务的一阶段生产者理应越来越少，则二阶段生产者获得的损益为：$U_2\left[(1-f)^n y_1\right]-P(1-f)^n y_1-y_2+Py_2+(1-f)\ R$，相应一阶段生产者获得的损益为：$U_1(f^n y_2)-Pf^n y_2$。

四、模型均衡解及分布式节点的选择

（一）第一个完整生产周期中的均衡解

1. 当一阶段生产者提供合格产品或服务时

对于作为信息确认者的二阶段生产者来说，当一阶段生产者选择提供合格产品或服务时，二阶段生产者一定会选择作出正确判定，将一阶段生产者的生产、支付和交易信息确认为“真”。这是因为，由损益矩阵可得，当 $U_2(fy_1)-Pfy_1+fR>0$，则二阶段生产者确认为“真”时获得的收益更大，而二阶段生产者从一阶段生产者处获得的效用一定大于支出，因此 $U_2(fy_1)>Pfy_1$，同时二阶段生产者误判比率 $f>0$，信息确认报酬 $R>0$。

因此，当一阶段生产者选择提供合格产品或服务时，二阶段生产者一定会作出正确判定，将一阶段生产者的生产、支付和交易信息确认为“真”。

2. 当部分一阶段生产者提供劣等品或劣质服务时

当部分一阶段生产者提供劣等品或劣质服务时，二阶段生产者能否作出正确判定，不将一阶段生产者的生产、支付和交易信息确认为“真”，取决于所能获得的信息确认报酬 R 的大小。这是因为，由损益矩阵可得，当 $Pfy_1-fR>0$，则二阶段生产者未确认为“真”时获得的收益更大，即当 R 较小时，二阶段生产者作出正确判定的可能性更大。但是 R 是二阶段生产者作为信息确认者的激励手段，若 R 过小，则二阶段生产者缺乏确认信息的激励。

因此，当部分一阶段生产者提供劣等品或劣质服务时，二阶段生产者未必会有意愿成为信息确认者，或者难以作出正确判定，将提供劣等品或劣质服务的一阶段生产者的生产、支付和交易信息不确认为“真”。

3. 当二阶段生产者将信息确认为“真”时

当二阶段生产者将信息确认为“真”时，一阶段生产者一定会选择提供劣等品或劣质服务。这是因为，由损益矩阵可得，当 $U_1(y_2)-Py_2-\left[U_1(fy_2)-Pfy_2\right]-y_1<0$，则一阶段生产者提供劣质品或劣质服务的收益更大，而根据边际效用递减原则，一阶段生产者的效用与支出之差随着消费量的增大而减小，上述不等式成立。

4. 当二阶段生产者未将信息确认为“真”时

当二阶段生产者未将信息确认为“真”时，一阶段生产者是否选择提供劣等品或劣质服务，取决于二阶段生产者认为其提供劣等品的比率 f。这是因为，由损益矩阵可得，当 $U_1(y_2)-Py_2-\left[U_1(fy_2)-Pfy_2\right]-y_1+P(1-f)\ y_1<0$ 时，则一阶段生产者提供劣等品或劣质服务的收益更大，而根据边际效用递减原则，一阶段生产者的效用与支出之差随着消费量的增大而减小，同时 f 越大，上述不等式成立的可能性越大。

即未将信息确认为“真”将给一阶段生产者带来提供劣等品或劣质服务的激励。

5. 第一个完整生产周期中的均衡解分析

根据上述分析，基于假设 4，应赋予二阶段生产者一定的信息确认报酬作为激励，此时，（确认为“真”，提供劣等品或劣质服务）是该博弈矩阵的纳什均衡，此时的损益组合为：$U_2\left[(1-f)\ y_1\right]-Py_1-y_2+Py_2+R$，$U_1(fy_2)-Pfy_2+Py_1$。

在纳什均衡下，仅考虑当期收益的二阶段生产者更有激励将信息确认为“真”，从而获得相应报酬，仅考虑当期收益的一阶段生产者将部分地倾向于提供劣等品或劣质服务，从而享受销售产品或提供服务的收入，但较少地付出成本。可见，激励机制应针对各类主体的短视行为做出优化，通过构建多生产周期的博弈模型求解长期均衡。

（二）后续生产周期中的均衡解

1. 当一阶段生产者提供合格产品或服务时

由于当一阶段生产者选择提供合格产品或服务时，损益矩阵在形式上与第一个生产周期相同，因此均衡点也相同，二阶段生产者一定会选择作出正确判定，将一阶段生产者的生产、支付和交易信息确认为“真”。

即当一阶段生产者选择提供合格产品或服务时，二阶段生产者一定会选择作出正确判定，将一阶段生产者的生产、支付和交易信息确认为“真”。

2. 当部分一阶段生产者提供劣等品或劣质服务时

当部分一阶段生产者提供劣等品或劣质服务时，二阶段生产者能否选择作出正确判定，不将一阶段生产者的生产、支付和交易信息确认为“真”，取决于提供劣等品或劣质服务的一阶段生产者比率 f，以及所能获得的信息确认报酬 R 的大小。这是因为，由损益矩阵可得，当 $U_2\left[(1-f)^n y_1\right]-U_2\left[(1-f)\ y_1\right]-P(1-f)^n y_1+Py_1-fR>0$，则二阶段生产者未确认为“真”时获得的收益更大，即当 f、R 均较小时，二阶段生产者作出正确判定的可能性更大。但同样地，f 的大小较难掌控，R 过小将导致二阶段生产者缺乏确认信息的激励。

因此，当部分一阶段生产者提供劣等品或劣质服务时，二阶段生产者未必会有意愿成为信息确认者，或者难以作出正确判定，将提供劣等品或劣质服务的一阶段生产者的生产、支付和交易信息不确认为“真”。

3. 当二阶段生产者将信息确认为“真”时

由于当二阶段生产者将信息确认为“真”时，损益矩阵在形式上与第一个生产周期相同，因此均衡点也相同，一阶段生产者一定会选择提供劣等品或劣质服务。

4. 当二阶段生产者未将信息确认为“真”时

当二阶段生产者未将信息确认为“真”时，一阶段生产者是否选择提供劣等品或劣质服务，取决于二阶段生产者在多少个生产周期 n 中担任信息确认者，以及二阶段生产者认为其提供劣等品的比率 f。这是因为，由损益矩阵可得，若二阶段生产者长期担任信息确认者，则可能由于剔除出交易及支付体系的一阶段生产者过多，导致经济中消费不足，$U_1(y_2)-Py_2-\left[U_1(f^n y_2)-Pf^n y_2\right]$ 可能先负后正，但随着二阶段生产者认为一阶段生产者提供劣等品的比率 f 的增大，$-y_1+P(1-f)\ y_1$ 的值也将随之减小，则 $U_1(y_2)-Py_2-\left[U_1(f^n y_2)-Pf^n y_2\right]-y_1+P(1-f)\ y_1<0$ 成立的可能性更大。

即未将信息确认为“真”、长期担任信息确认者将给一阶段生产者带来提供劣等品或劣质服务的激励。

5. 后续生产周期中的均衡解分析

根据上述分析，（确认为“真”，提供劣等品或劣质服务）是该博弈矩阵的纳什均衡，此时的损益组合为：$U_2\left[(1-f)\ y_1\right]-Py_1-y_2+Py_2+R$，$U_1(fy_2)-Pfy_2+Py_1$。

在纳什均衡下，二阶段生产者更有激励将信息确认为“真”，随着其在多个生产周期中担任信息确认者，二阶段生产者更有激励对“对”的交易和支付进行确认，当然同时也将虚假交易和支付的生产者剔除出去，确认为“真”将获得相应的报酬。一阶段生产者将部分地倾向于提供劣等品或劣质服务，从而享受销售产品或提供服务的收入，但较少地付出成本。

（三）分布式节点的更优选择

由上述不完全信息多期博弈分析及均衡结果可看出，从个人参与者的角度来看，由二阶段生产者担任信息确认者，将面临是否由其连续多期担任信息确认者的矛盾：若仅在少数几个生产周期中担任信息确认者，则存在过多确认为“真”以获取报酬的可能；若在连续多个生产周期中担任信息确认者，则存在导致经济中消费不足的风险。同时，一阶段生产者也容易受到提供劣等品或劣质服务的激励。

因此，一种更优的选择是尝试由可信的金融中介机构等作为经许可的分布式节点。以系统重要性银行为代表的可信金融机构有明确动机识别提供劣等品或劣质服务的生产者，同时也可避免为获得信息确认报酬而虚假确认为“真”的问题。在此机制下，不再由二阶段生产者兼任信息确认者的角色，而是由掌握厂商更多信息的商业银行等可信金融机构承担确认信息的职能，其中交易信息可通过关联智能合约的形式确认，交易信息与银行账户一致即可确认为“真”。基于 Permissioned DLT 的数字货币分布式节点优化方案如图 3 所示。

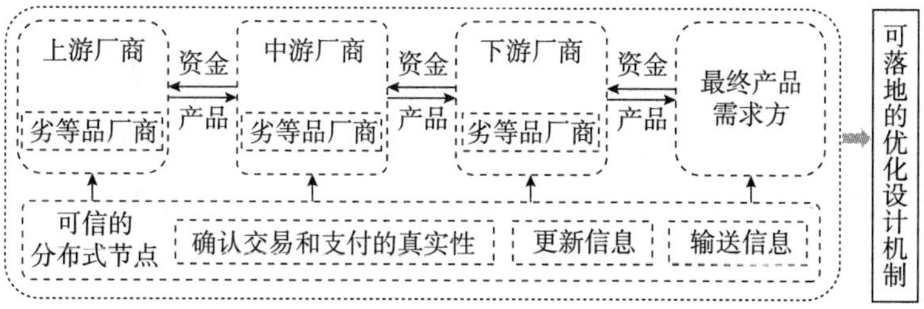

图 3 基于 Permissioned DLT 的数字货币分布式节点优化方案

五、结论

货币与信用之间密不可分，货币必须具有良好的信用基础，同时货币又依托信用履行基本职能。随着分布式账本技术的创新发展，货币对信用的要求可能得到进一步满足。本文尝试探求了货币、信用与账本之间的紧密关系，为从账本的视角解决货币中的信用问题提供理论上的一种解释。基于分布式账本技术与货币基本职能的高度契合关系，通过构建二主体单期和多期博弈模型，分析数字货币分布式节点的激励机制并得出均衡解。通过本文的研究发现，若以最终产品的生产者或最终服务的提供者作为经许可的分布式节点，则可能引发过度确认及导致经济中消费不足的风险。在此基础上，本文针对上述可能发生的问题，并结合我国数字货币发行的实际，提出数字货币分布式节点的最优化选择，由可信的金融中介机构等作为经许可的分布式节点，尝试为我国数字货币的研发和在经济金融中的实践提供参考依据。

参考文献

[1] 韩扬 . 金融危机自实现机制与政策调控研究 [D]. 东南大学，2019.

[2] 马理，范伟 . 应对疫情冲击的货币政策调控机制研究 [J]. 经济科学，2021（2）：19-32.

[3] 江晶晶 . 厘清数字货币的本位问题 [J]. 金融会计，2020（11）：67-70.

[4] 姚前 . 区块链与可信数据 [J]. 中国金融，2021（3）：51-53.

[5] 张杰 . 中国的货币本位困境：历史根源与演进机理 [J]. 东岳论丛，2009（8）：5-25.

[6] Brown，M.，Trautmann，S. T.，Vlahu，R. "Understanding Bank-run Contagion" [J]. *Management Science*，2016，63（7）：2272-2282.

[7] Carlsson H.，Van Damme E. "Global Games and Equilibrium Selection" [J]. *Journal of the Econometric Society*，1993，61（5）：989-1018.

[8] Hakenes，H. "Schiephake E. Bank Stability and the Allocation of Liquidity in the Banking System" [R]. *Verein für Socialpolitik/German Economic Association*，2017.

[9] He，Z.，Manela，A. "Information Acquisition in Rumor-Based Bank Runs" [J]. *The Journal of Finance*，2016，71（3）：1113-1158.

[10] Kocherlakota，Narayana，K. "Money Is Memory" [J]. *Journal of Economic Theory*，1997，81（2）：232-251.

［11］Kocherlakota, Narayana and Wallace, N., "Incomplete Record-Keeping and Optimal Payment Arrangements"［J］. *Journal of Economic Theory*, 1998, 81（2）: 272–289.

［12］Morris, S., Shin, H. S. "Coordination Risk and the Price of Debt"［J］. *European Economic Review*, 2008, 48（1）: 133–153.

［13］Morris, S., Shin, H. S. *Risk-taking Channel of Monetary Policy: A Global Game Approach*［M］. Princeton University, 2014.

［14］Morris, S., Shin, H. S. "Social Value of Public Information"［J］. *American Economic Review*, 2003, 92（5）: 1521–1534.

［15］Morris, S., Shin, H. S. "Unique Equilibrium in a Model of Self-fulfilling Currency Attacks"［J］. *American Economic Review*, 1998, 88（3）: 587–597.

［16］Nosal, E., Rocheteau, G. *Money, payments and liquidity*［M］. China Financial Publishing House, 2015.

北京市文化惠民消费券政策效用评价及其对策研究

苗议丹　吴承忠 *

（对外经济贸易大学文化和休闲产业研究中心）

摘要：本文在构建北京市文化惠民消费券政策效用评价指标体系的基础上，进一步构建了 AHP-模糊综合评价模型，利用问卷调查法，分析了北京市文惠券政策效用并提出相应的对策建议。研究表明：北京市文化惠民消费券基本上发挥了政策目标中应有的作用，发挥了一定的乘数效应，带动了北京市居民的文化消费，但仍存在着诸多不足亟待解决。

关键词：文化惠民消费券；政策效用；评价体系；评价模型；对策建议

一、引言

自 19 世纪末，商家以发放优惠券、代金券的形式吸引顾客前来消费，标志着消费券的诞生。20 世纪末，受金融危机影响消费券在欧美、日本等国家上升为国家政策，用于刺激国民消费、扩大内需。消费券在我国也非陌生概念，改革开放以来我国致力于社会主义市场经济体制的建设，不断激发市场活力、提升经济发展的质量水平，商家发布优惠券的形式花样迭出，自 2008 年世界金融危机后，我国部分地区的以政府为单位向特定的群体发放消费券以刺激地方消费、拉动内需。2020 年新冠肺炎疫情的全球肆虐对全球经济造成严重打击，在此背景下政府与企业纷纷向民众发放消费券，以恢复生产、刺激消费，其所带来的"乘数效应"立竿见影。消费券一直是各国政府为促进民间消费而设置的一种限时性辅助机制。

随着科学技术的代际更迭，"互联网 +"的大背景下，信息技术流与传统产业的碰撞激发出新的产业与新的模式，消费券发放的形式领域也不断更新。近年来还出现了向特定的行业产业倾斜的状况，促进产业行业的发展，北京市文化惠民消费券政策应运而生。多年来，北京市政府一直致力于促进文化消费，2014 年发布《北京市人民政府关于促进文化消费的意见》，明确了促进文化消费要加强北京地区文化消费供给、培育文化消费理念、引导文化消费行为、丰富文化消费业态、拓展文化消费空间的任务。[①] 2018 年 7 月，中共北京市委、北京市人民政府印发《关于推进文化创意产业创新的意见》通知，明确了文化创意产业的发展方向，并构建了由"两大主攻方向"和"九大重点领域环节"组成的文创"高精尖"内容体系。此外，意见明确指出北京市将连续五年向民众发放每

---

* 作者简介：苗议丹，政府管理学院硕士，文化与休闲产业研究中心主任助理，现任职解放军 305 医院。吴承忠（通讯作者），博士、教授、博士生导师，研究方向为国际文化产业规划与政策、国家文化公园和文化经济学。

年不低于5000万元的文化惠民消费券，从而充分促进文化消费，带动文化生产。文化惠民消费券由北京市国有文化资产管理办公室通过“北京文惠卡官方服务号”每年向群众发放，消费者凭个人有效身份证明免费领取用于文化产品购买，文惠券合作百余商户覆盖文化演出、图书音像、文化旅游、广播影视、教育娱乐、文创产品、文化体育等七大领域。2020年受新冠肺炎疫情影响，文化产业发展受到阻碍，尤其是影院、书店这一类线下文化消费场所。文惠券的发放顺应时局发展，在陆续复工复产后，除了通用券，还推出“京影券”“书香券”这一类针对专门细分产业的消费券，在8月影院重新开放后文惠券很大程度上促进了电影消费。文服公司数据显示，“京影券”发放的首个周末，两天发出21.26万张，发放金额401.93万元，首个周末核销张数达到9123张，带动文化消费约72.58万元。

二、文献综述

（一）文化产业政策相关研究综述

在文化产业政策的文献研究中，发现目前国内外已经形成一个系统性的庞大体系，涉及案例分析、聚焦某类政策、政策的制定与执行以及政策演变等多方面，研究内容丰富、方法多样。国外的文化产业政策侧重于研究政策对城市的塑造作用，如Dominic Power（2009）分析了兴起于英国的文创产业对于北欧地区国家的影响，着重强调了文化创意产业对工业转型地区的塑造作用，Stuart Cunningham（2002）以不同的澳大利亚文创园区为研究对象，探讨文化产业政策对产业园区的创意升级作用；而国内的研究以案例居多，李明超（2008）、王长松（2014）等梳理了英国创意城市的兴起以及文创产业的壮大历史，李京文（2006）、饶世权（2020）分别以中国、日本为对象，梳理各年段国家文化产业政策的特点与演变脉络趋势。在聚焦某类文化产业政策中偏重于文化产业财税金融政策的研究，马衍伟（2008），齐勇锋、季森（2008）等将中外文化产业税收政策进行对比，并提出政策的对策建议，如稳步拓展税基等，由于文化消费券政策是近年来产生的为专门产业量身定制的消费券政策，所以相关的研究较少，且关于文化消费券政策评价体系的构建也较为空白。

（二）消费券相关研究综述

由于消费券发放主体的差异，国内外的研究方向有所差异。国内既有以政府为发放主体的消费券为研究对象的，也有企业为主体和政企结合的，集中在三个方向，分别是消费券投放、消费券经济效用以及消费券效用影响因素的研究，较为经典的研究有汪侠、甄峰、吴小根（2012）通过抽样调查、方差分析、相关分析等方法，以杭州市旅游消费券为例，从消费券发放对象、使用流程、消费券设计三个维度展开7个方面探讨影响效用的因素及其成因，汪侠（2012）以杭州旅游消费券效用为研究对象，构建评价指标体系，采用结构方程模型对杭州市旅游消费券的效用逐一评价，并对该政策的设计、执行、发放等环节提出政策建议。其他国家的研究对象更集中于商业消费券，设计消费券与消费意愿的关系、消费券设计等多方面，如Nizar Souiden（2019）以零售快餐业为例，采用平行分布式处理理论、交换理论和信任理论，在加拿大依据地理位置设计了模拟优惠券，对228名消费者进行了在线调查，发现顾客对于这种地理位置导向的消费券的消费意愿由折价率、便利程度驱动。但消费券的影响不仅体现在刺激消费上，更是体现在涉及社会、政治、经济等多方面，尤其是文化消费券这样本身就带有社会效益色彩的产业消费券，目前国内外关于文化消费券并无统一的评价体系构建，相关研究也较为空白。

（三）关于政策评价指标体系的研究综述

政策评价体系是根据政策特点、政策目标并综合多方面现实因素构建起来的有机系统，评价体系指标的选择以及赋予权重都对评价体系的有效性、客观性至关重要。关于指标权重赋予重要采用主观赋权法（专家赋权）、客观赋权法（基于数据与资料）和主客观结合赋权法。在指标权重的赋予上，目前层次分析法与熵值法较多，也有少部分研究将二者结合使评价体系具有科学性与权威性。易颖、刘美伶（2019）针对我国“三农”信贷政策，基于公共政策评估相关理论，从农村金融机构、“三农”、政府三个利益相关层面构建评价指标体系，利用主成分分析法、层次分析法进行权重赋予并衡量开展现状，最后提出改进建议；刘祥（2019）、刘刚（2010）分别以江苏省体育消费券和我国大学生创业政策为研究对象，参考前人研究并结合实际情况建立起政策评价指标体系并进一步建立模糊综合评价模型，对政策效果进行多维度评价并提出政策建议。

三、北京市文化惠民消费券政策效用评价指标体系构建

（一）文化惠民消费券政策评价指标初步筛选

政策效用包含政策对预定目标的完成程度以及预期之外的影响，还包括政府行动引起的环境变化和政策本身的直接成本、间接成本。托马斯·R. 戴伊提出，政策效用是指某项政策对现实世界产生的所有效果，主要包括对目标情形或群体产生的影响、对目标外情形或群体产生的影响，直接成本和间接成本等。贠杰、杨诚虎在《公共政策评估：理论与方法》中对政策效用评估作出如下定义：政策效用评估是特定的评估主体按照标准的步骤，从政策的体系构成、政策质量与实施效果等要素出发进行全部或局部的衡量与分析，最后得到相关政策结论的过程。贾凌民提出公共政策效用评估主要是针对政策全过程的投入与产出对比，这一过程的关键在于方法选择的有效性、流程制定的规范性以及指标选取的一致性。总的来看，学者关于政策效用的研究都集中体现了两方面的原则方向：一是对于政策效用的评估应该以政策结果为导向；二是政策效用的评估应围绕着公众对于政策的满意度展开。所以在我们的政策效用评价体系构建上也应该坚持“结果导向”和以“公众满意度”为核心。本文将根据科学性、系统性、层次性的原则，以政策效用理论为基础，参考前人研究中的政策评价指标，与北京市文化惠民消费券政策所承载的目标任务，初步构建北京市文化惠民消费券政策评价指标体系，如表 1 所示。

表 1　北京市文化惠民消费券政策评价体系指标初步筛选

一级指标	二级指标
惠民效用	对文惠券政策的了解程度
	对文惠券政策的参与程度
	对文惠券政策的满意度

续表

一级指标	二级指标
经济效用	对定点单位经济收入的拉动作用
	对定点单位的品牌塑造作用
	对相关文化产业的拉动作用
社会效用	引导文化消费行为
	培育健康的文化消费理念
	引导文化产业单位规范化运营
文化效用	丰富文化业态
	营造良好文化氛围
溢出效用	保障与改善民生
	对其他相关产业的拉动作用

（二）北京市文化惠民消费券政策效用评价指标体系构建

为了使评价体系更为专业，本研究从 2020 年 8 月 1 日起向所邀专家发放问卷，严格遵照德尔菲法要求按步骤进行问卷调查。本次研究邀请了 6 位北京市某高校专家以及 6 位文化和旅游部相关部门的专家作为问卷调查的对象，以网络问卷的形式发放，回收率 100%。在收回问卷后，对结果进行了数据处理，利用 SPSS 对专家评价指标进行了和谐系数分析，其中专家权威程度是衡量专家的专业水平的指标，在本研究的问卷中，以判断依据（Ca）和熟悉程度（Cb）作为依据，计算公式为：

$$Cr = \frac{Ca + Cb}{2} \tag{1}$$

满分频率（Ki）是对于一项指标的评价结果，给出满分的专家数 mi' 与总专家数 mi 之比，计算公式为：

$$Ki = \frac{mi'}{mi} \tag{2}$$

重要性均值（Ci）实为每项指标专家打分的算数平均数，可体现专家对于同一指标的打分情况的集中程度。按照德尔菲法要求，重要性均值 Ci 大于 3 的指标方可保留，若小于 3 则说明该指标不具有选取意义。

变异系数是衡量一组数据离散程度的重要指标，在德尔菲法中则是衡量专家对同一指标重要程度认识上的差异，变异系数越小则说明各位专家打分的协调性更高，意见出入更小，各个指标的变异系数应小于 0.5，否则指标不予保留。计算公式为：

$$\text{Vi} = \frac{Si}{Ci} \tag{3}$$

肯德尔和谐系数是计算多个等级变量相关程度的一种相关量，也是能够较为客观地检验各位专家的评分意见是否趋于一致的一项指标，其中 W = (0,1)，W 越大则说明专家的评分意见越趋于一致。

一级指标评分结果详见表 2，综上所述，惠民效用、经济效用、社会效用的重要性均值均大于 4，说明专家充分认可这三项指标，而文化效用、溢出效用虽不大于 4，但是符合德尔菲法要求，所以所有指标均予以保留。经过变异系数、肯德尔和谐系数的检验，发现各位专家的意见较为一致，差异程度较小、可信度较高，且此轮问卷调查专家无建议新增指标，因此五项一级指标均采纳。

表 2　一级指标专家问询结果统计分析

一级指标	专家权威程度（Cr）	满分频率（Ki）	重要性均值（Ci）	变异系数（Vi）	肯德尔和谐系数（W）	渐进显著性检验（P）
惠民效用	0.82	0.83	4.83	0.08	0.57	0.009
经济效用	0.73	0.67	4.67	0.10		
社会效用	0.85	0.17	4.17	0.09		
文化效用	0.81	0.00	3.83	0.10		
溢出效用	0.71	0.17	3.83	0.18		

二级指标评分结果详见表 3，综上所述，本研究初步构建的 13 个二级指标重要性均值均大于 3，且变异系数小于 0.2，说明指标得到了专家的充分认可且专家意见相对趋于一致，差异较小，协调性较高、可信度较高，因此将 13 个二级指标均予以保留。在本次专家问询中，无专家提出新增二级指标的建议，因此初步构建的评价体系予以采纳，并将应用于后续研究之中。

表 3　二级指标专家问询结果统计分析

二级指标	专家权威程度（Cr）	满分频率（Ki）	重要性均值（Ci）	变异系数（Vi）	肯德尔和谐系数（W）	渐进显著性检验（P）
对文惠券政策的了解程度	0.73	0	3.67	0.13	0.49	0.001
对文惠券政策的参与程度	0.72	0	3.67	0.13		
对文惠券政策的满意度	0.75	0.17	4.17	0.09		
对定点单位经济收入的拉动作用	0.81	0	3.83	0.10		
对定点单位的品牌塑造作用	0.74	0	3.83	0.10		
对相关文化产业的拉动作用	0.79	0.5	4.50	0.11		

（三）层次分析法确定各级指标权重

层次分析法（AHP），是指将与决策总是有关的元素分解成目标、准则、方案等层次，在此基础之上进行定性和定量分析的决策方法。本文特邀专家为文惠券政策评价体系指标权重进行评分，采用两两比较法来构建判断矩阵，请各位专家依据个人专业知识对指标进行评分选择，由 a_{ij} 构成比较判断矩阵 $A = (a_{ij})$。即：

$$A=\begin{bmatrix} 1 & a_{12} & \cdots & a_{1n} \\ \frac{1}{a12} & 1 & \cdots & a_{2n} \\ \cdots & \cdots & 1 & \cdots \\ \frac{1}{a1n} & \frac{1}{a2n} & \cdots & 1 \end{bmatrix} \text{为判断矩阵} \tag{4}$$

按照层次分析法要求，计算各判断矩阵进行一致性检验，计算其一致性比例 CR，判断该矩阵的误差是否在可接受范围之内。由计算可结果知，四个判断矩阵的 CR 均小于 0.1，说明全部通过了一致性检验，可以进入层次排序阶段。本文采用算数平均法，借助 Excel 表格对六个判断矩阵进行数据处理，按照不同层级对各个指标进行层级排序，从而得出权重。

假设判断矩阵

$$A=\begin{bmatrix} a_{11} & a_{12} & \cdots & a_{1n} \\ a_{21} & a_{22} & \cdots & a_{2n} \\ \cdots & \cdots & \cdots & \cdots \\ a_{n1} & a_{n2} & \cdots & a_{nn} \end{bmatrix} \tag{5}$$

那么权重向量

$$\omega_i=\frac{1}{n}\sum_{j=1}^{n}\frac{a_{ij}}{\sum_{k=1}^{n}a_{kj}} \tag{6}$$

将各矩阵进行归一化处理，并计算权重得出表 4。

表 4　　北京市文化惠民消费券政策效用评价体系权重

目标层	一级指标	权重	二级指标	权重
北京市文化惠民消费券政策效用	惠民效用	0.264	对文惠券政策的了解程度	0.191
			对文惠券政策的参与程度	0.507
			对文惠券政策的满意度	0.303
	经济效用	0.272	对定点单位经济收入的拉动作用	0.521
			对定点单位的品牌塑造作用	0.284
			对相关文化产业的拉动作用	0.195
	社会效用	0.247	引导文化消费行为	0.517
			培育健康的文化消费理念	0.327
			引导文化产业单位规范化运营	0.156
	文化效用	0.150	丰富文化业态	0.600
			营造良好文化氛围	0.400
	溢出效用	0.068	保障与改善民生	0.789
			对其他相关产业的拉动作用	0.211

至此构建起北京市文化惠民消费券政策效用 AHP- 模糊综合评价模型，如图 1 所示。

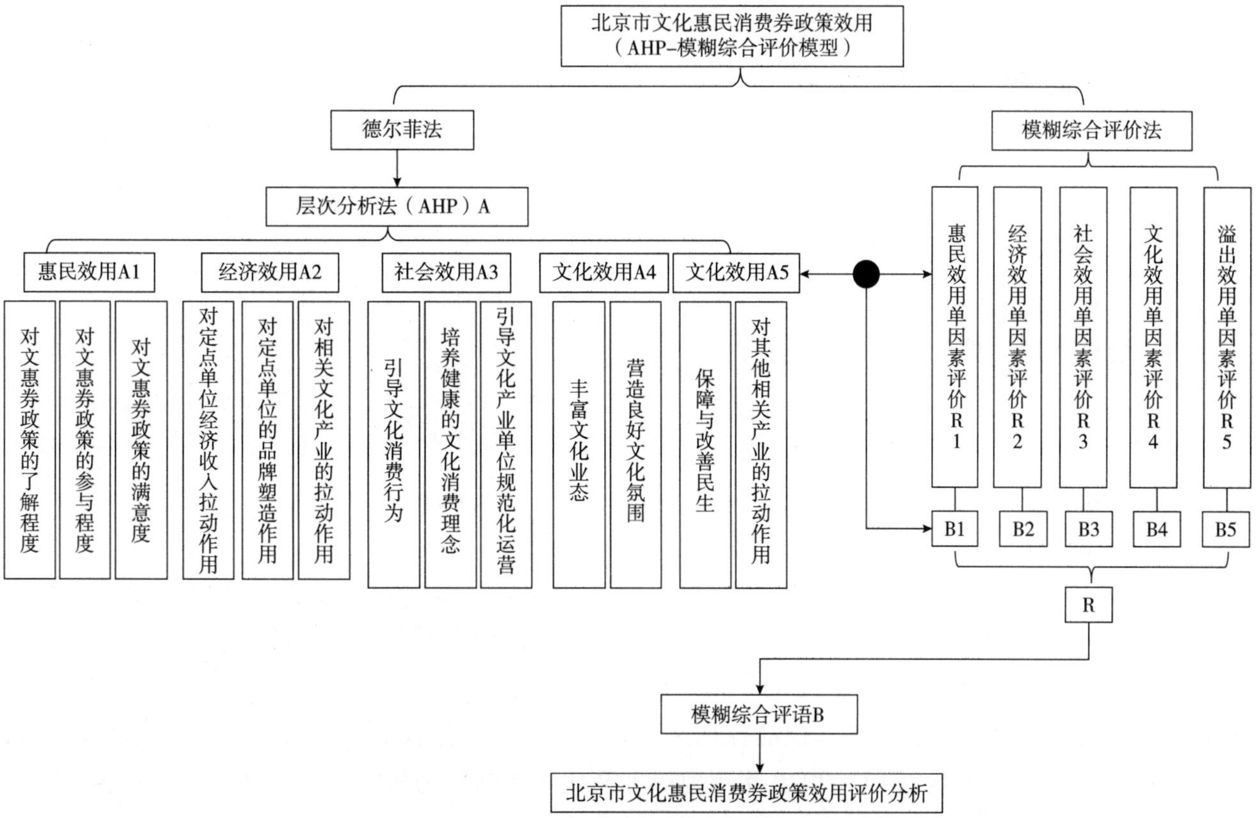

图 1 北京市文化惠民消费券政策效用 AHP- 模糊综合评价模型

四、北京市文化惠民消费券政策效用实证研究

（一）问卷调查情况综述

本文采用问卷调查的形式，对北京市文化惠民消费券政策效用情况进行群众调查，运用 AHP-模糊综合评价模型的原理，按照其规定的计算步骤，对北京市文化惠民消费券政策效用评价体系指标完成情况进行逐一评价，并计算出综合评语评估整体的完成情况。结合文惠券合作商户行政区域地理位置分布情况和笔者的实际可控操作能力，选取合作商户较为集中的西城区、东城区、朝阳区和海淀区四个行政区为问卷主要发放的区域。综合考虑 4 个行政区域各自的文惠券合作商户行业分布数量，对各个行政区内的合作商户进行编号，采取随机抽样的方式从中选出 8 个图书音像实体店铺、4 家电影院、3 家剧院、3 家文创体验店以及 2 家文旅商家作为问卷调查的总对象。参考前人研究并结合本研究实际情况，拟共发放 400 份问卷，每个行政区域 100 张，其中每个区域向北京文惠券合作商户的工作人员发放 20 张、向使用文惠券的消费者发放 50 张、向随机前来消费的消费者发放 30 张。本次问卷发放采取线下发放与线上发放结合的形式，共向群众发放了 400 份问卷，共收回有效问卷 367 份，有效率 91.75%。其中按照问卷发放行政区域分析，西城区共收回 86 份有

效问卷、东城区共收回 91 份有效问卷、朝阳区共收回 94 份有效问卷、海淀区共收回 96 份有效问卷。按照问卷发放对象分类进行分析，向合作商户工作人员共发放 80 份问卷，收回有效问卷 76 份；向使用消费券的消费者发放 200 份问卷，收回有效问卷 183 份；向随机消费者共发放 120 张问卷，收回有效问卷 108 份。

（二）北京市文惠券政策效用 AHP- 模糊综合评价模型实证研究

借助 SPSS 按照模糊综合评价法步骤，对问卷结果进行处理，得出北京市文化惠民消费券政策效用评价的综合模糊评语为“高”，综合评价得分 3.368 分。接下来将从评价体系各个指标的维度并综合问卷调查的民众反馈对北京市文化惠民消费券政策效用进行逐一分析与讨论。

（1）惠民效用结果分析。

惠民效用综合模糊 B1=（0.057，0.153，0.286，0.340，0.165），根据最大隶属原则得出惠民效用综合模糊评语为“高”。惠民效用主要是为了衡量政策目标群体对于公共政策的所带来的权益或利益的总体认同度，包括对文惠券的参与度、认同度和了解程度。

（2）经济效用分析。

惠民效用综合模糊 B2 =（0.067，0.079，0.267，0.367，0.221），根据最大隶属原则得出惠民效用综合模糊评语为“高”。经济效用主要是指政策给目标群体或情形在经济方面所带来的有利影响。然而在后续的调查研究中，由于合作商户的财务信息不予以公开，无直接反映经济效用的数据来佐证本研究经济效用的客观性，仅能根据文惠券合作商户工作人员所反映的情况部分新闻报道，以及北京市统计局公布的 2017～2020 年规模以上文化产业数据为依据来作出评价，此处也是本研究的不足之处。

（3）社会效用结果分析。

社会效用主要是指该政策作用于目标群体或情形的社会影响。社会效用综合模糊 B3 =（0.040，0.115，0.377，0.363，0.106），根据最大隶属原则得出惠民效用综合模糊评语为“一般”。

（4）文化效用结果分析。

文惠券政策的文化效用，是指政策作用于文化方面的影响。文化效用综合模糊 B4 =（0.078，0.275，0.358，0.233，0.056），根据最大隶属原则得出文化效用综合模糊评语为“一般”。

（5）溢出效用结果分析。

文惠券政策的益处效用，是指政策作用于文化方面的影响。文化效用综合模糊 B5 =（0.072，0.125，0.391，0.314，0.098），根据最大隶属原则得出溢出效用综合模糊评语为“一般”。

五、结论与对策建议

（一）结论

本研究采用了文献资料法与专家调查法，借鉴学者关于旅游消费券、教育消费券等政策效用评价体系的评价指标，结合北京市文化惠民消费券政策的相关内容，初步构建了北京市文化惠民消费券政策效用评价体系，经过德尔菲法问询专家建议，最终确定了北京市文化惠民消费券政策评价体系，即 5 个一级指标下设 13 个二级指标，全方位评估文惠券政策效用。

邀请专家采用两两比较法对确定的北京市文化惠民消费券政策评价体系各指标进行权重打分，计算结果综合层次分析法和模糊综合评价法，确立了北京市文化惠民消费券政策效用 AHP- 模糊综合评价模型。通过问卷调查法、访谈法、实地考察法综合定量研究与定性研究，对北京市文化惠民消费券政策效用进行全方位、多层次的实证研究考察，最终得出北京市文惠券政策效用模糊评语集 B=（0.060，0.140，0.321，0.335，0.145），根据最大隶属原则对应评语集 V={ 很低，低，一般，高，很高 }，得出北京市文化惠民消费券政策效用的评语等级为“高”，综合得分 3.368 分。

综合群众意见与专家点评，北京市文化惠民消费券基本上发挥了政策目标中应有的作用，发挥了一定的乘数效应，带动了北京市居民的文化消费。尤其是在 2020 年文化产业遭受到新冠肺炎疫情严重的打击，文惠券政策有效带动了文化产业的复苏，文惠券政策也能随着事实变化推陈出新，针对最受打击的图书音像行业和电影行业推出了“京影券”“书香券”，尤其是在电影行业整合了使用率最高的四大网络购票平台，覆盖北京市 90% 以上的电影院，获得了较好的反响。

但是在调查过程中和问卷结果分析时，发现北京市文化惠民消费券政策存在着一些问题亟待解决：

（1）文惠券合作商户行业分布差距较大，出现了图书音像实体商户、电影观影行业占绝大多数的情况，其他文化产业行业分布极其不均衡，居民文化消费选择受到限制。

（2）文惠券合作商户地理位置分布不平衡，且多为实体线下文化消费选择，偏远地区的群众因交通受限很难享受到文惠券优惠。

（3）文惠券发放形式较为单一，老年人操作不便难以使用。

（4）文惠券知名度不够，群众了解文惠券政策相关信息的渠道有限。

（5）文惠券的优惠力度不够大，整合文化资源的能力有待进一步提高。

（6）文惠券政策执行监管不够严格，合作商户自我要求不够高。

本研究结合定量与定性研究，综合运用了 AHP- 模糊综合评价模型对北京市文化惠民消费券政策效用进行了全方位的评估，综合模糊数学的优点，对难以量化的政策效用评价进行模糊计算，最终得出较为客观的实际评价。希望可以为有关部门提供借鉴参考，以更好地让文惠券服务于普罗大众，丰富文化生活、营造良好的文化氛围、保障与改善民生！

（二）对策建议

综合 AHP- 模糊综合评价模型计算结果及专家建议，针对北京市文化惠民消费券政策现存问题提出如下建议：

（1）平衡文惠券合作商户所在文化行业，贴合群众的文化需求。针对目前文惠券政策合作商户所在文化产业失衡的现象，政府部门应积极拓展其他文化行业的商户，给予特定优惠吸引商户积极参与，可参考“书香券”“京影券”的形式，针对目前发展较为薄弱的行业推出特定的行业优惠券，如购买文创工艺品这一类的文化消费，可以专门设置大额消费券，从而吸引更多工艺品收藏爱好者前来消费。

此外，除了积极拓展线下实体商铺，也可以参考“京影券”的形式，积极拓展整合网络平台，与文化产业电商进行合作（如当当书城、故宫文创等），拓展文惠券的使用范围为消费者提供更加便利的文化消费选择。

（2）平衡文惠券合作券地区分布，承担扶贫保障民生责任。除了要积极拓展主城区的文惠券合作数量外，其他城区也要平衡，目前丰台区除了电影院外无其他合作商户，其他行政区仅有电影院和实体图书音像商店。可采取每个区域设立文惠券合作商户示范单位，确保每个区域都至少有一家文惠券政策所涉及的七大文化行业，以点带面，用示范单位的正面力量去带动地区文化产业蓬勃发展。

除此之外，作为一项普惠形文化产业政策，文惠券政策也承担着保障与改善民生的重要任务，应承担起扶贫济困、改善民生的责任。可以在贫困地区联络当地旅游景点，发展成文惠券合作单位并进行宣传报道从而吸引游客前往贫困地区旅游消费，带动当地的文化产业发展。对于贫困地区的群众，可设立专门的扶贫文惠券，减轻贫困群众的文化消费负担。

（3）采取线上线下结合的文惠券发放形式，拓宽使用人群。目前，文惠券的发放仅限于网络平台，不会使用智能手机的老年人难以享受到优惠，而老年人又是线下图书音像商店的消费主力军，因此建议政府可采取线上线下相结合的文惠券发放形式，在各个实体店铺，发放纸质版文惠券可以及时为不会使用智能手机的老年人提供优惠与帮助。

此外，还应积极拓展线上发放渠道，目前仅仅是微信公众号领取并进行消费，还可以拓展支付宝、本地生活号等更多的平台进行发放，这样更方便易取，同时还可以提高文惠券政策知名度，让更多的人享受文惠券所带来的便利。

（4）加大政策宣传力度，多渠道传达文惠券相关信息。充分利用传统媒体、新媒体等各个宣传平台对政策进行大力宣传，目前文惠券官方客服会每周为消费者提供北京当地文化消费优惠信息，此外建议增设对文惠券合作商户的宣传板块，增设使用文惠券进行消费的探店体验分享，增加合作商户的网络曝光度，提高知名度。

在合作商户店铺内部，也应设立提示文惠券合作商户的指示牌，既是对政策本身的宣传也是可以让消费者积极参与使用文惠券，享受文惠券所带来的实惠；也可以授予合作商户“文惠券合作定点单位”的牌匾，既是合作商户荣誉的宣传体现也侧面让政府为商户信誉背书，从而为消费者提供更好的文化服务。

（5）加大文惠券资金投入，让消费者享受到更多价格实惠。目前北京市每年向群众发放不低于5000万元的文惠券，此外应加大资金投入，在使用消费金额不变的前提下提升消费券面值，让消费者享受到更多的价格实惠。在面对黄牛低价售卖和盗版图书音像制品的价格诱惑时，可以保持清醒理智的头脑，培育健康的文化消费理念，有利于提高大家参与使用文惠券的积极性。

（6）加强政府监管力度，建立合作商户自查机制。政府应加强监管力度，一方面，对合作商户的经营状况、财务状况等进行定期检查，一经发现违规行为取消合作商和资格对其进行严惩；另一方面，还要加大对黄牛和盗版图书音像制品的打击力度，维持文化产业市场的秩序，保护消费者和商家的合法权益。同时，也应借助官方账号向使用文惠券进行消费的市民发放政策反馈问卷，以便更好、更及时地了解政策效用情况并明确未来政策的改变方向。

此外，建议各位合作商户建立自查自纠机制，每一季度按照北京市国资委所提供的合作商户资质要求进行自查自纠，及时发现问题进行改正，并与有关部门及时沟通。除此之外，消费者的满意度调查也不容忽视，建议向在本商店消费后的消费者发放满意度调查问卷，从而能够及时了解消费者的反馈及时作出调整以提升服务质量。

参考文献

[1] 北京市人民政府. 北京市人民政府关于促进文化消费的意见（京政发［2014］44号）[A/OL].（2014-12-30）[2020-10-30].

[2] 中共中央，北京市委，北京市人民政府. 关于推进文化创意产业创新发展的意见：中共中央北京市委发［2018］33期［A/OL].（2018-06-21）[2020-10-23].

[3]“京影券”两日发出21万余张　千万张“书香券”本周末发放［EB/OL]. 新浪网，http://k.sina.com.cn/article_6456450127_180d59c4f020016833.html，2020-08-28.

[4] Dominic Power. Culture，Creativity and Experience in Nordic and Scandinavian Cultural policy [J]. *International Journal of Cultural Policy*，2009，15：4.

[5] Stuart Cunningham. From Cultural to Creative Industries：Theory，Industry and Policy Implications [J]. *Media International Australia*，2002（102）：1.

[6] 李明超. 创意城市与英国创意产业的兴起［J]. 公共管理学报，2008（4）.

[7] 王长松，田昀，刘沛林. 国外文化规划、创意城市与城市复兴的比较研究——基于文献回顾［J]. 城市发展研究，2014（21）.

[8] 李京文. 中国文化产业发展的现状、走势及政策选择［J]. 沿海企业与科技，2006（10）.

[9] 饶世权. 日本的文化产业政策及其对我国的启示［J]. 出版科学，2020（28）.

[10] 马衍伟. 税收政策促进文化产业发展的国际比较［J]. 涉外税务，2008（9）.

[11] 齐勇锋，季淼，王建梅，张志强，马明，周环飞. 文化产业税收政策调研报告［J]. 中国文化产业评论，2008（8）.

[12] 汪侠，甄峰，吴小根. 旅游消费券效用差异及其成因分析［J]. 财经问题研究，2012（8）.

[13] 汪侠. 旅游消费券效用的模糊综合评价［J]. 统计与决策，2012（20）.

[14] Nizar Souiden. Walid Chaouali，Mona Baccouche. Consumers' Attitude and Adoption of Location-based Coupons：The Case of the Retail Fast Food Sector，Elsevier Ltd.，2019：47.

[15] 易颖，刘美伶. 我国“三农”信贷政策评价指标体系构建［J]. 时代金融，2019（29）.

[16] 刘祥. 江苏省体育消费券政策效用评价体系构建与实证研究［J]. 南京体育学院，2019.

[17] 刘刚. 大学生创业政策效用评价研究［D]. 天津大学，2016.

[18] 托马斯·R. 戴伊. 自上而下的政策制定［M]. 吴忧译. 北京：中国人民大学出版社，2002.

[19] 贠杰，杨诚虎. 公共政策评估：理论与方法［M]. 北京：中国社会科学出版社，2006.

[20] 祝慧琳. 消费券的经济学效应分析［J]. 科技创新导报，2013（33）.

[21] 刘嘉穗. 基于XGBoost和CatBoost相结合的消费券精准投放研究［D]. 广东工业大学，2019.

[22] Wendy Su. To Be or Not to Be? —China's Cultural Policy and Counterhegemony Strategy Toward Global Hollywood from 1994 to 2000 [J]. *Journal of International and Intercultural Communication*，2010：3.

文化产业推进音像版权资产证券化：发展历程、典型模式与关键要素

叶文乐　王　辉　鲍新中 *

（北京联合大学）

摘要：文化产业和金融的有效融合，可以充分发挥金融资源配置，更好地满足文化产业的投融资需求。而版权资产证券化就是文化和金融融合的有效途径。本文基于国内外经典的音像版权资产证券化案例的比较分析，梳理出音像版权资产证券化的发展历程，然后提出音像版权资产证券化的经典模式，在此基础上对音像版权资产证券化实施过程中要解决的关键问题进行阐述，并提出可实施的具体举措，以推动我国音像版权资产证券化的发展。

关键词：音像版权；资产证券化；典型模式；关键要素

Cultural Industry Promotes the Securitization of Audio-visual Copyright Assets: Development History, Typical Models and Key Elements

Ye Wenle　Wang Hui　Bao Xingzhong

(Beijing Union University)

Abstract: The effective integration of cultural industry and finance can give full play to the allocation of financial resources and better meet the investment and financing needs of the cultural industry. The securitization of copyright assets is an effective way to integrate culture and finance. Based on the comparative analysis of classic audiovisual copyright asset securitization cases at home and abroad, this paper sorts out the development process of audiovisual copyright asset securitization, and then proposes a classic model of audiovisual copyright asset securitization. On this basis, the implementation process of audiovisual copyright asset securitization The key

* 作者介绍：鲍新中（通讯作者），电话：13910834831，邮箱：xinzhongbao@vip.sina.com，通讯地址：北京市朝阳区北四环东路 97 号北京联合大学管理学院。

issues to be solved are expounded, and specific measures that can be implemented are proposed to promote the development of audiovisual copyright asset securitization in China.

Keywords: Audio and video copyright; Asset securitization; Typical model; Key elements

随着文化产业的壮大，其日益成为国民经济支柱性产业，文化产业和宏观经济环境及金融环境的关系越来越紧密。促进文化产业和金融的有效对接，可以满足文化产业发展的融资、投资、交易、风险管理等需求，是文化产业实现跨越式发展、提升软实力、扩大影响力的有效途径之一。目前我国版权市场初具规模，但由于版权轻资产的特点，拥有版权的中小企业面临融资难的问题。为了解决拥有版权的中小企业融资难的问题，不少学者对利用版权等知识产权进行融资的模式做了一些研究，其中版权资产证券化是利用版权等知识产权进行融资的基础模式之一。

版权资产证券化是指原始权益人将其具有可预期现金流入的版权进行资产重组，组建成基本资产池，然后转移给一个特设载体机构（SPV），再由 SPV 以基础资产为担保，经过增信设计以及信用评级后发行可流通的证券，以此达到融资的作用。长期以来，版权证券化是知识产权证券化的重大项目之一。随着我国版权证券化的交易越来越频繁，操作步骤逐步规范，使文化传媒公司以及出版业等文化产业通过版权证券化筹集到资金，解决了融资难的问题。同时，版权证券化也吸引了学者在版权证券化模式以及风险管理等关键问题的研究和探讨。赵家俊（2020）通过对知识产权证券化成功案例的分析，明确指出我国目前已经初步具备了电影资产证券化的条件，电影版权证券化的未来发展值得关注。王前（2017）从音乐作品版权证券化发起人、原始债务人、SPV 和中介服务机构四方面分析音乐作品证券化的风险，通过相应的法律方法控制风险。张长明（2016）阐述了风险的形成机制，可通过严格选择版权资产、实行参与方分担风险以及建立健全的公示制度来控制版权证券化的风险。徐斌（2015）从电影联合摄制的法律实践出发，认为电影的知识产权价值包含众多市场化的不确定元素，增加了价值评估的难度和风险，导致电影证券化发展缓慢。刘景琪针对我国版权证券化的基础资产选择及资产池构建进行了探索。上述研究为本文打下了坚实的基础，但鲜有学者研究以音像制品版权作为基础资产的音像版权资产证券化。音像版权资产证券化不仅是知识产权融资的技术创新，也是版权证券化的表现形式之一。音像版权资产证券化不仅拥有一般知识产权证券化的共同风险，还具有版权价值不稳定性、权利归属问题以及法律适用依据缺失等特殊性问题。本文针对音像版权资产证券化为视角，对音像版权资产证券化模式以及问题和举措进行阐述。

一、音像版权资产证券化的发展历程

（一）国际音像版权资产证券化的发展历程

1. 美国音像版权资产证券化的发展历程

资产证券化起源于 20 世纪 70 年代的美国，由政府国民抵押协会首次发行了以住房抵押为担保的抵押贷款支持证券（MBS），开创了资产证券化的先河，并成为国际金融领域的重要金融创新之一。1997 年，摇滚歌星大卫·鲍伊发行了以音乐作品版权为基础资产的债券，学术界普遍认为美国的“鲍伊债券”拉开了知识产权证券化的序幕，也开创了版权证券化的先河。1998 年，普尔曼集团在发行鲍伊债券之后，由作曲家爱德尔、布莱恩和拉蒙特三人组合将其 300 多首歌曲经穆迪公司评级后，出售给法内斯托克公司，成功完成了第二单许可使用费证券化。同年，普尔曼集团为蓝调音乐家阿什福德和辛普森以《不管山有多高》等歌曲的许可使用费收入为基础资产发行债务证券，成功融资 1100 万美元。虽然美国知识产权证券化起源于“鲍伊债券”的音乐版权领域，但知识产权证券化的发展壮大是在电影版权领域。2002 年，梦工厂将其 36 部电影的版权收益打包给 DW Funding，成功发行了 10 亿美元的循环信用债券，信用评级 AAA 级。2004 年，美林证券全球结构金融部门与派拉蒙公司签署了麦尔罗斯合作基金，为派拉蒙投资拍摄的 26 部电影募集到 2.31 亿美元。相比电影版权证券化的发展，音乐版权证券化在“鲍伊债券”发行后基本处于停滞的状态。但 2005 年，迈克尔·杰克逊以自己的音乐作品为基础资产，并以披头士唱片专辑中收益的 50% 作为担保，进行版权证券化交易，成功向美国堡垒集团融资 2.7 亿美元。2006 年，迈克尔·杰克逊又以 4000 首披头士歌曲的收益为担保，委托给索尼公司成功融资 3 亿美元。迈克尔·杰克逊音乐作品版权证券化的成功极大地鼓舞了投资者对音乐作品版权证券化的信心。2008 年，美国爆发了金融危机，金融界和学界普遍认为危机源头在于资产证券化，但失败案例未涉及版权领域。随着科技和互联网的发展，近年来美国市场上出现了高效运作的交易平台，为音像版权资产证券化的发展注入了活力。

2. 欧洲音像版权资产证券化的发展历程

欧洲的版权证券化已广泛地运用在电影产业、音乐产业以及体育产业等领域。除美国外，欧洲也逐步向知识产权证券化领域探索。1999 年，一家意大利制片厂以 007 系列影片等一千部影片收入和许可电视台转播的费用为基础资产发行了著名的邦德证券。2001 年，英国的蚕蛹音乐集团以近 5 万首音乐作品的版权为基础资产发行证券，成功融资 6 亿英镑。2008 年全球金融危机爆发后，资产证券化市场规模明显缩减，资产支持证券发行规模大幅度下降，2011 ~ 2016 年才逐步回升。欧洲也凭借其自身发达的金融服务体系、较完善的证券化法律制度及市场调节能力，成为世界上除美国以外的第二大资产证券化市场。

3. 日本音像版权资产证券化的发展历程

相比欧美国家，日本的版权证券化发展比较全面，在法律、技术和制度方面都有所涉及（见图 1）。日本的知识产权证券化开始于 1993 年的《信托业特别规制法》，2000 年《资产证券化法》的修订将版权视为可证券化资产，为版权证券化奠定了基础。2002 年日本明确了“知识产权立国”的国家战略，开始了从“技术立国”到“知识产权立国”的转变。随着版权法的不断完善以及版权证券化的积极开展，2002 年三井住友以美国电影版权为基础资产，以日本动漫电影《千年女优》的未来收益作为担保，以润瑞银行为发行平台发行融资债券。同年，以电视剧《男人命真苦》的放映权为基础资产，以电视作品放映费、电视改编权等版权收益为担保的债券发行。虽然日本的音像版权资产证券化晚于美国，但经过长期的探索，其在动漫领域的版权证券化值得借鉴。

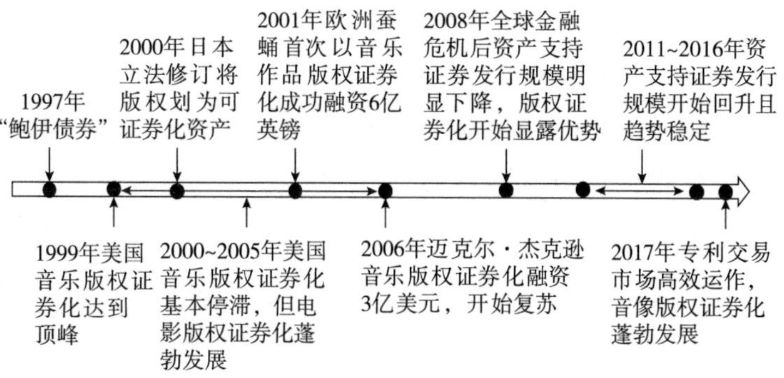

图 1　美日欧音像版权资产证券化发展简览

（二）国内音像版权资产证券化的发展历程

相比欧美和日本，我国音像版权资产证券化的发展较晚。我国音像版权资产证券化经历过三个阶段，分别是类证券化产品探索阶段、面向单个企业的证券化阶段以及面向多企业组合的证券化阶段。中国的资产证券化（ABS）市场经过 16 年的积累，现已发展成为全球第二大市场。截至 2020 年 12 月 31 日，我国资产证券化市场累计发行 6108 单 ABS 产品，累计发行规模 106366.58 亿元。2020 年度发行单产品增长 44.05%，发行规模同比增长 24.19%，该年度实现净融资规模 9607.61 亿元。

1. 探索阶段——类证券化产品

我国的知识产权证券化最初在电影版权证券化方面开始尝试。在知识产权证券化的市场中，音乐版权证券化仅次于电影版权证券化。随着电影版权证券化的发展，我国在探索初期和实践过程中产生了多种类证券化产品。如动画电影《大鱼海棠》和《大圣归来》采用电影众筹这一类证券化模式，通过“点名时间”等互联网平台进行众筹，同时免费为电影做宣传和营销。《叶问 3》也采用 P2P 电影项目网络借贷的类证券化模式，以电影版权为基础资产在互联网借贷平台进行融资，遗憾的是，该电影虽利用高票房收入在多家 P2P 平台机构融资成功，但由于票房造假导致最终无法兑付。2011 年，电影《大唐玄机图》发行方在深圳前海金融资产交易所采用文交所电影权益拆分的类证券化模式募集资金 8000 万元。文交所电影权益拆分是指文化交易所将电影版权产生的收益进行拆分并规定每一份的价格，其权益份额可以在交易所平台进行自由转让。2014 年 5 月，11 位资深影视制作人将影视作品版权的未来收益权转让给天德文化产权交易所，并以此为基础资产发行证券化产品，成功融资 1.3 亿元。音像版权类证券化以及其他以音像版权为基础设计的融资方式是我国音像版权资产证券化的初步探索，并不是真正意义上的版权证券化。我国电影证券化正在实现从类证券化到证券化的转变，这一过程仍有许多需要改进的地方，以推动音像版权资产证券化的发展，促进文化产业与金融的有效融合。

2. 发展阶段——面向单个企业的音像版权资产证券化产品

在发展初期，音像版权资产证券化大部分面向单个企业的证券化。面向单一企业的证券化是指底层资产由同一企业（或机构）的知识产权构成的知识产权证券化项目。在面向单个企业的证券化的阶段，其底层资产由单一的企业所提供，以减少不确定性从而使得风险容易控制。虽然 2019 年

4 月，在证监会发布的《资产证券化监管问答（三）》中明确表明，不得以电影票款、不具有垄断性和排他性的入园凭证等未来经营性收入作为资产证券化产品的基础资产现金流来源，但在此之前，也有相关案例出现。如 2015 年 8 月，星美控股在深交所发行资产支持证券，以其未来票房收入为基础资产通过信托贷款将信托收益权打包，发行证券并成功融资 13.5 亿元，实现了首单票房证券化；2016 年 1 月，华谊兄弟以其下属的 15 家全资影院未来 5 年的票房收入应收账款为基础资产通过信托贷款将信托收益权打包发行证券，成功融资。

3. 未来趋势——面向多企业组合的音像版权资产证券化产品

随着音像版权资产证券化的发展和我国资产证券化制度的不断完善，我国音像版权资产证券化进入了面向多企业组合的证券化阶段。面向多企业组合的知识产权证券化是指底层资产由多家企业（或机构）的知识产权组合构成的知识产权证券化项目。面向多企业组合的知识产权证券化更加适用于拥有知识产权的中小企业，有助于其缓解融资难问题。2018 年 12 月，奇艺世纪知识产权供应链金融资产支持证券作为我国首笔知识产权供应链金融资产支持证券，成功地开启了我国版权行业资产证券化的新篇章。以北京奇艺世纪科技有限公司为服务对象，以多家影视内容制作企业转让给奇艺世纪科技有限公司的影视类知识产权的未来应收账款为基础资产，天津聚量商业保理有限公司作为原始权益人发行了奇艺世纪知识产权供应链金融资产支持专项计划（以下简称“奇艺世纪 ABS”），融资 4.7 亿元。2018 年 12 月，以文化科技领域多个细分行业的中小型企业为服务对象，以知识产权售后回租的租金形成的应收债权为基础资产，北京文化科技融资租赁股份有限公司作为原始权益人发行了第一创业 – 文科租赁一期资产支持专项计划（以下简称“文科一期 ABS”），成功融资 7.33 亿元。文科一期 ABS 中，多家企业将 51 余项版权、专利权构成知识产权资产池，其中版权主要集中在影视作品、舞台剧、美术作品、动漫、网络游戏等领域，专利权则涉及实用新型专利、发明专利等。我国音像版权资产证券化发展与典型案例基本情况见表 1。

表 1　我国音像版权资产证券化发展与典型案例基本情况

类别	类证券化产品探索阶段			面向单个企业的证券化阶段		面向多企业组合的证券化阶段	
案例简称	电影《大唐玄机图》类证券化	电影《大鱼海棠》类证券化	电影《叶问 3》类证券化	星美控股 ABS	华谊兄弟 ABS	奇艺世纪 ABS	文科一期 ABS
获批时间	2011 年 5 月	2013 年 6 月	2015 年 6 月	2015 年 7 月	2016 年 12 月	2018 年 12 月	2018 年 12 月
项目全称	—	—	—	星美国际影院信托受益权资产支持专项计划	建投华谊兄弟影院信托受益权资产支持专项计划	奇艺世纪知识产权供应链金融资产支持专项计划	第一创业 – 文科租赁一期资产支持专项计划
发行地区	深圳	全国	全国	中国香港	北京	海南	北京

续表

类别	类证券化产品探索阶段			面向单个企业的证券化阶段		面向多企业组合的证券化阶段	
项目标签	我国首个电影版权证券化资产包，以“权益共享”的模式募集资金	以互联网众筹的模式募集资金	以 P2P 电影项目网络借贷的模式募集资金	我国第一家以票房作为抵押成功发行的资产证券化产品	以票房作为抵押成功发行的资产证券化产品	我国首只知识产权供应链金融证券化产品	我国首只知识产权证券化标准化产品
底层资产规模或融资规模	6 亿元	158.27 万元	4000 万元	13.5 亿元	不超过 12 亿元	4.7 亿元	7.33 亿元
承销商	深圳前海金交所	点名时间	苏宁众筹平台	安信证券	中信建设证券	信达证券	第一创业证券
底层资产标的物	《大唐玄机图》版权	《大鱼海棠》版权	《叶问 3》版权和票房收入	电影版权票房收入	电影版权票房收入	影视版权若干	51 项专利、著作的组合
原始权益人（发起人）	深圳市世纪领军影业投资有限公司	彼岸天文化有限公司	金鹿财行公司	华宝信托有限责任公司	华宝信托有限责任公司	天津聚量商业保理有限公司	北京文化科技融资租赁有限公司
底层资产获得方式	文交所电影权益拆分	众筹	P2P 电影项目网络借贷、众筹	信托贷款	质押贷款	供应链融资	售后回租
基础资产	《大唐玄机图》版权产生的应收账款	《大鱼海棠》版权产生的应收账款	《叶问 3》版权产生的应收账款	以其所经营电影院的票房收入应收账款	知识产权质押贷款形成的债权	内容制作公司向奇艺世纪提供影视版权产生的应收账款	知识产权售后回租的租金为基础形成的应收债权
差额支付承诺或担保	无	无	10 亿票房保底	北京名翔担保、覃辉担保，星美控股担保	华信质押担保	中证信用增进股份有限公司	文科租赁、文投集团

二、音像版权资产证券化的典型模式

音像版权资产证券化的模式按照不同的标准有多种分类。按照 SPV 类型的不同，可以分成信托型 SPV、公司型 SPV 以及基金型 SPV 模式；按照政府参与程度的分类，可以分成政府主导、市场主导、政府主导和市场主导结合模式；按照底层资产种类的分类，可以分成票房收入证券化、电影版权证券化、音乐版权证券化、动漫版权证券化以及电视节目版权证券化等。本文以这三种分类展开论述音像版权资产证券化的典型模式，并阐述其各种的优劣。

（一）按照 SPV 类型的分类

根据特殊目的主体（SPV）的不同，音像版权资产证券化可以分为信托型 SPV、公司型 SPV 以及基金型 SPV 模式。在选择 SPV 的类型之前要先明确其目的，根据音像版权资产证券化的具体要求和条件，组建恰当形式的特殊目的载体。以下是对选择不同 SPV 类型的利弊的探讨：

1. 信托型 SPV

信托型 SPV 是指在电影版权证券化过程中由原始权益人将电影版权转移给 SPV 并形成信托关系，或直接由信托投资公司作为 SPV 发行信托产品，分离并组合基础资产中的风险以及收益要素，发行基于以该收益权未来产生稳定的现金流为支撑的证券。采用信托型 SPV 优势在于更少的经营要求和设立，以及不涉及企业所得税。但由于信托法等相关的制度未健全，可能无法将破产风险与原始权益人完全隔离。因此，健全版权信托制度有利于实施版权证券化和保障原始权益人利益。

信托型 SPV 是我国目前电影版权证券化采取的模式，例如星美 ABS 是直接由信托投资公司作为 SPV 发行信托产品。华宝信托与原始权益人签订《信托合同》，将 13.5 亿元委托给华宝信托并划至信托计划账户，使原始权益人拥有信托收益权。华宝信托与借款人签订《信托贷款合同》，以影院未来 5 年的票房收入应收款质押给华宝信托并作为信托贷款的还款来源，同时成功融资了 13.5 亿元。

2. 公司型 SPV

公司型 SPV 是指电影公司将其旗下的电影作品版权打包，将其版权收益权以真实销售的方式转让给一个远离破产风险的特殊目的的公司（SPV），然后发行证券融资。相比于信托型 SPV 模式，公司型 SPV 模式的优势是以公司的形式进行融资，避免了与信托公司目标不同带来的冲突，并且实现了破产隔离。但现有的法律制度大多建立在对传统企业认知的基础上，对于特殊目的公司来说难以适用，因此公司型特设载体会在债券发行时遇到限制发行的困难，同时会面临双重征税的问题。

目前国内公司型电影版权证券化没有实操操作，仅限于理论探讨。但国外已有案例，如美国好莱坞将旗下公司所属的 27 部电影版权转让给 Village Roadsbow Films Ⅱ，并以电影版权的收入为基础资产，由保证人提供保险等方式进行增信评级后，成功融资 9 亿美元。

3. 基金型 SPV

基金型 SPV 是指通过金融机构和电影制造公司共同设立一只合作基金，将基金分为不同等级的证券品种吸引投资者，投资者通过投资该基金为电影制作公司提供一定比例的资金支持，同时将会享有相应比例的收益权。目前好莱坞电影融资普遍采用该项模式。其优势在于容易吸引大量的闲置资金，从而使筹资速度快，以及结构安排灵活。该基金模式一般适用于财力雄厚、连续长期盈利、营业收入好的大公司，且融资速度快。

基金型 SPV 在美国有实践经验，如美林证券全球结构金融部门与派拉蒙公司签署了麦尔罗斯合作基金，通过穆迪对派拉蒙电影的历史表现以及未来的预期电影名单分析，同时由信用等级 AAA 级的派拉蒙的母公司维亚康姆公司提供支持保证，穆迪评定该证券等级，为派拉蒙募集到 2.31 亿美元。由于基金型 SPV 多数为风险投资基金，缺乏外部机制以及制度支持，因此我国尚未具备设立电影投资基金的条件，这也是版权证券化未来值得探索和试点的方向。

（二）按照政府参与程度的分类

音像版权资产证券化按照政府参与程度的不同，可以分为政府主导、市场主导以及政府主导和市场主导结合三种模式。我国处于版权证券化的初步探索阶段，由于现行的法律法规缺少对证券化资产的风险控制和知识产权保护意识，因此倾向于借鉴以政府主导的模式。日本采用的是以政府主导的模式，该模式下原始权益人移交的版权由政府发起设立的 SPV 经营，政府在版权证券化过程中起到主导作用。采用政府主导型模式对于增加信用度和提升应对能力具有一定作用，但不利于发展金融工具，偏向保守。美国采用的是市场主导模式，由于具备相关联的资产证券化法律体系且其证券化市场化程度较高，使市场能够及时反映版权证券化的需求，并提供相应的市场供给。英国和澳大利亚也属于市场主导模式，由于其证券化的产生和发展完全是市场化运作，政府在证券化过程中只是提供了一个证券化的法律框架。采用市场主导模式有助于促进金融创新以及创造良好的市场氛围，但容易受资本市场的波动影响。

（三）按照底层资产种类的分类

音像版权资产证券化产品的底层资产种类和数量繁多，按照底层资产种类的选择，可以分成票房收入证券化、电影版权证券化、音乐版权证券化、动漫版权证券化以及电视节目版权证券化等。在音像版权资产证券化的初步探索阶段，以票房收入证券化以及版权证券化的形式为主。以票房收入作为底层资产会受诸多因素的影响，如既包括电影的排档期、影院的质量和地理位置以及演员阵容等容易判断的因素，也包括上映影片受观众的喜爱程度、上映影片的质量以及疫情的发生等难以预测的因素。对于不可预测性较强的底层资产而言，为了控制风险可以通过增信设计等措施来增加底层资产的可靠性。随着音像版权资产证券化的产品种类的日益丰富，从而更好地实现风险对冲，推动版权证券化的发展。

三、音像版权资产证券化实施要解决的关键要素

资产证券化的成功实施涉及诸多关键要素，学者也进行了相关研究。下面结合实践案例对我国当前实施音像版权资产证券化要解决的一些关键要素进行探讨分析，以促进音像版权资产证券化业务和文化产业的发展。

（一）基础资产的构建

保证未来现金流的稳定，是音像版权资产证券化成功的基础。由我国音像版权资产证券化的实践可知，探索前期主要以面向单个企业的证券化为主，但会存在一些问题。首先是未来现金流有限以及不稳定的问题，例如星美控股 ABS 的基础资产是以成都润运文化传播公司运营的 23 家子公司全部影院未来 5 年特定期间的票房收入应收账款；华谊兄弟 ABS 的基础资产是华谊兄弟旗下 15 家全资影院未来 5 年的票房收入应收账款，二者的现金流主要依托于单一的借款人的经营情况。其次是借款人存在的经营不善以及破产风险，可能对信托贷款的偿付造成不利影响，进而影响音像版权资产证券化的本金和收益的实际兑付，对单一企业的影响会更加恶劣。因此要鼓励音像版权资产证

券化面向多个企业的证券化发展，使基础资产多元化而实现风险对冲，进而确保未来现金流独立性、充足性以及稳定性。

（二）价值评估

价值评估是版权证券化必不可少的重要环节。而现阶段知识产权价值评估机构的短板以及价值评估体系的不成熟都是版权证券化的价值评估环节的潜在风险。音像版权价值不稳定，会受不可预测的因素影响，使价值随市场变化而变化。对于电影版权而言，其版权价值不仅取决于明星阵容、导演品牌以及营销手段，还会受社会环境、居民消费水平以及自然灾害等宏观环境的影响。关于价值评估方法，无形资产价值的基本评估方法包括市场法、收益法和成本法。音像版权开发和推广过程中难以精准核算成本，且目前国内行业中难以找到能够与被评估资产相似的交易案例或参考对象，因此比较分析发现音像版权价值评估更适用收益法。例如文科一期 ABS 采取收益法作为无形资产价值的评估方法，根据市场未来的发展、其经营历史等综合情况进行合理预测未来净收益，并按照一定的分成率确定其收益额，然后采用适当的折现率折现确定基础资产的评估价值。基于以上分析，版权价值的不稳定性、评估手段滞后、评估方法单一以及缺乏版权自身评估模型等因素一定程度上导致版权证券化不能适应变化无常的市场要求，限制了版权证券化的发展壮大。

（三）法律问题

版权盗版问题、版权的权利归属问题以及构成应收账款的“真实销售”等是版权证券化亟待解决的法律问题。首先，版权盗版、假冒以及版权归属争议等违法行为影响了版权的收益，打击了文化产业从业者的积极性，限制了版权证券化的发展。且音像版权资产证券化在我国出现不久，我国现有的版权保护规则不够完善，与音像版权资产证券化的配套法律机制不够健全。其次，发起人虽将应收账款的所有权转让给 SPV，但是否做到“真实销售”是值得争议的法律问题。究其原因，是由于“真实销售”的判断标准是不统一的。判断是否“真实销售”的因素有：对转让人的追索权的程度，债务人的赎回权以及对剩余价值享有的权利、转让资产的定价、账款收取以及账户管理等因素。例如著名的美国安然事件中，其设置数以百计的 SPV 机构，但并没有“真实销售”给 SPV，而是通过交易操纵来转移和隐瞒债务，最终破产。为了使投资者重拾对版权证券化的信心，美国政府通过了《萨班斯法案》，该法案提出了要加强 SPV 的独立性以及表外交易情况的披露。我国音像版权资产证券化大多是采用信托型 SPV，但《信托法》没有明确规定可以根据哪些因素辨别出是“真实销售”还是担保交易等其他经济活动。总之，目前我国版权证券化的立法亟待完善，缺乏成熟稳定以及有法可循的法制环境。

（四）风险管理与增信设计

由于音像版权具有可重复性授权和未来价值的波动性等特性，以及存在借款人破产风险、担保人履约风险等多种风险，所以为了有效防范和控制风险，增信设计是版权证券化过程中的关键一步。音像版权资产证券化的增信设计包括内部信用增级和外部信用增级。内部信用增级包括优先级和次级证券结构化分层。根据基础资产的收益水平以及风险等级进行分级设计，可以划分成优先级债券和次级债券，将其发行给不同的风险偏好以及资金能力的投资人。由于优先级债券优先偿还利息、资产质量优，承担风险低，使更容易被评为较高的信用级别。而次级债券这部分的承担风险大，可以通过外部信用增级设计达到降低风险的作用。外部信用增级包括在交易结构中引入担保公司或者有国资背景的企业进行担保，从外部进行商业化信用增级；或者原始权益人或者政府部门作为差额支付承诺人承担补足的义务，在预计票房收入不足以支付优先债券的本息时提供流动性支持和差额补充等措施。

基于前文案例的研究，例如星美 ABS 以质押担保、北京名翔（作为担保人）、覃辉及星美控股保证担保、信托业保障基金、优先级 / 次级产品结构分层机制为信托贷款和专项计划提供信用增级。奇艺世纪 ABS 的信用增级方式，其内部增信方式包括超额抵押、设置信用触发机制；外部增信方式包括差额补足等。文科一期 ABS 的信用增级方式，包括优先 / 次级分层、差额支付承诺、现金流转付机制和信用触发机制。不同信用增级措施分别有不同的触发条件，并在不同情况下依次发挥其作用，具有层层递进、从整体上发挥增级效果的叠加作用。

四、音像版权资产证券化实施的具体举措

音像版权资产证券化在实施中面临许多困难，包括基础资产的构建、价值评估、法律问题、风险管理和增信设计等。针对这些关键问题，提出实施过程中相应的具体举措，以推动音像版权资产证券化的发展。

（一）明确基础资产池的遴选标准

基础资产的构建需要通过专业的尽职调查以及全面的专业评估，从而剔除掉有明显风险和缺陷的版权资产，以提高版权资产的质量和降低风险。在选择高质量的版权资产为标的资产之后，构造一个能产生稳定现金流并具备抗风险的资产池就成了版权证券化成功至关重要的一步。在构造资产池中，一方面要注重基础资产的种类选择，尽量选择不同题材、风格以及优势互补的音乐、影视版权资产进行多元化的组合，促进同产业内的知识产权相互许可，以实现内部风险对冲，从而降低构造资产池的风险；另一方面要注重基础资产的变现期选择，尽量将在证券存续期内可近期变现、中期变现、远期变现的资产按照一定的比例合理地组合搭配，以确保每个时期都有稳定持续的现金流，从而使版权证券化更好地运行。

（二）构建统一的价值评估体系

由于国内的版权价值评估体系不够健全，以及影响版权价值的因素复杂，造成版权价值评估困难。一方面应构建起科学合理的价值评估体系，而且在评估参数的选择方面，根据核实企业的基本情况、国家行业政策、市场情况、发展前景等因素，将参数进行多维度的修订，使得评估结果更加贴合版权真实价值。在价值评估的同时可以充分运用大数据以及计算机技术，设计出版权现金流的预测模型，将版权价值评估具有可操作性。另一方面由于音像版权证券化处于发展阶段，价值评估方法和规则仍不够成熟，需要国家知识产权局、资产评估行业协会等主管部门和组织机构进行探讨研究，参考借鉴国内外音像版权资产证券化的经验和案例，制定出音像版权资产证券化评估标准和工作指引，构建起统一的价值评估体系。

（三）完善相关的法律建设

目前由于音像版权资产证券化的法律规定不完善以及配套法律机制不健全，会造成缺乏法律界定以及明确规范，从而难以为音像版权资产证券化实施过程提供法律保障。对于盗版问题，可以运用反盗版监测技术等手段以及加大惩戒力度，打击侵权盗版行为。由于版权存在可重复性授权的特点以及缺乏一个完善的版权转让查询平台，使存在版权归属争议的法律问题。对于版权归属争议问题，可以通过立法明确分割版权的归属以及签订合同约定版权的归属，从而减少版权归属风险。同时，利用版权大数据分析、云计算等信息技术，构建起版权网络查询平台，将版权交易登记以及转让信息等进行整合起来，提高公示的透明度。对于 SPV 的设计，要健全破产隔离制度以及明确规定“真实销售”的判断标准，避免发起人控制或者拥有 SPV。同时，SPV 要有经济实力做支撑，避免发生 SPV 破产的情况。如果 SPV 发生破产，那么无法实现破产隔离的作用。在版权证券化过程中，为了避免发生 SPV 破产的风险，在设立时应该规定 SPV 不得从事与音像版权资产证券化无关的活动，以及限制对外举债的程度和担保的数量，以减少发生相关债务的可能性。

（四）设计多层的增信层级

建立起多层的增信设计，可以有效防范音像版权资产证券化过程中的多种风险。一方面，在设计增信方式时，应该由单一的全额担保向夹层增信、差额补足以及现金流转付机制等多层次信用设计进行转变，提高增信资源的使用效率。同时，将内部增信和外部增信相结合，商业化信用增级以及政府信用增级相结合，从而增强投资者的信心。另一方面，要将增信方式与工具进行创新研究，可利用区块链技术中智能合约和电子合同解决增信业务中参与方的协作互信问题，将重要交易信息以及信用主体信息形成分布式记账，组成不可以篡改以及真实可靠的信息链条，构建起信任机制。总之，增信设计没有优劣之分，SPV 根据自身的特点和需求选择适合自身的增信设计，可以通过多层的增信设计，提高版权证券化产品的信用等级，进而降低投资者的风险。

五、结论

音像版权资产证券化是提高知识产权使用效率，并解决拥有版权的中小型文化企业融资难的重要途径。本文通过梳理国内外文化产业推进音像版权资产证券化的发展历程，然后将国内外经典的音像版权资产证券化案例进行对比分析，最后总结了我国音像版权资产证券化的经典模式，并提出关键问题以及具体举措。通过研究得出以下结论：

（1）在总结国外音像版权资产证券化发展经验的基础上，我国音像版权资产证券化的发展经历过三个阶段，分别是类证券化产品探索阶段、面向单个企业的证券化产品阶段以及面向多企业组合的证券化产品阶段。面向多企业组合的音像版权资产证券化业务的发展为我国中小型企业解决融资难问题提供了一条有效途径，也是我国音像版权资产证券化发展的未来趋势。

（2）按照特殊目的主体设置的不同，音像版权资产证券化分为三类典型模式，即信托型资产证券化、公司型资产证券化和基金型资产证券化，三种模式各具特点，实际工作中可以根据自身特点和需求选择适宜的模式。

（3）基于我国音像版权资产证券化经典案例的分析发现，我国音像版权资产证券化在实践中面临一些关键要素，包括基础资产的构建、价值评估、法律问题以及风险管理与增信设计等，解决好这些关键要素是我国音像版权资产证券化业务发展中需要重点关注的问题。

（4）针对我国音像版权资产证券化实施要解决的关键问题，提出实施过程中相应的具体举措，包括明确基础资产池的遴选标准、构建统一的价值评估体系、完善相关的法律建设以及设计多层的增信层级，推动我国音像版权资产证券化的发展，进而促进我国文化产业的发展和其与金融的有效融合。

参考文献

[1] 赵家俊．电影版权证券化文献综述［J］．合作经济与科技，2020（4）：44-45.

[2] 王前．音乐作品版权证券化的风险及其法律控制［D］．广州：华南理工大学，2017.

[3] 张长明．版权证券化的模式与风险分析［J］．湖南大学学报（社会科学版），2016，30（6）：141-145.

[4] 徐斌．电影证券化的实践模式与法律框架——以联合摄制为中心［J］．当代电影，2015（11）：80-84.

[5] 刘景琪．我国版权证券化基础资产选择及资产池构建［J］．中国出版，2019（13）：24-26.

[6] 鲍新中，陈柏彤．中国情境下知识产权证券化模式及关键要素设计——基于多案例的比较分析［J］．经济体制改革，2021（5）：136-143.

寻找价值源泉：数字化转型中文化企业价值创造转变

温　强*

（北京联合大学管理学院）

摘要：文化需求及其满足是人类社会永恒的话题。在前数字时代，受技术制约，文化企业的价值创造主要以物质实体的方式承载文化内容，或提供以物质实体为基础的文化服务。如此，文化企业的价值创造是围绕物质实体展开，此时的文化价值创造与物质实体生产制造不可分离并主要遵循物质生产的规律。在数字时代，随数字技术快速创新与扩散，文化内容被提取为数据并以独立形态保存、传输、加工和使用，文化内容与其所依附的物质"外壳"分离。文化企业、消费者和其他主体，以及技术、物质产品共同构成的文化场景，定义了文化价值的内涵和形式。文化企业在数字时代的价值创造面临范式转变。

关键词：数字化转型；价值创造；文化企业；转变

Value Source Seeking: Valuation Transformation of Cultural Business Under Digital Transformation

Wen Qiang

(Management School, Beijing Union University)

Abstract: Cultural demand and its meeting is a forever topic for human beings. In pre-digital time, under restriction of technology, value creation of cultural business is mainly conducted through production of material goods, and materials-based service. In doing so, value creation of cultural business is around and never separated from production of material goods and follows its principles. In digital time, with rapid innovation and spread of digital technology, cultural content

---

* 作者简介：温强（1972—），男，汉族，山西太原人，北京联合大学管理学院副教授，硕士，研究方向为组织管理、数字化转型，通讯地址：北京市朝阳区北四环东路 97 号，邮政编码：100101，电话号码：010-64900231，E-mail：gltwenqiang@buu.edu.cn。

is extracted to become data and saved, transmitted, produced and used in independent state. Cultural content is separated from its material shell. It is the context jointly created by cultural business, consumer, other agents and technology, material goods that really determines the meaning and form of cultural value. There is a prompt value creation transformation for cultural business in digital time.

Keywords: Digital transformation; Valuation creation; Cultural business; Transformation

2021 年，文化和旅游部在《“十四五”文化和旅游发展规划》中明确指出，将加大推进文化、科技融合发展力度，促进文化产业新业态提速。国家统计局数据显示，据对全国 6.8 万家规模以上文化及相关产业企业调查，2022 年上半年，上述企业实现营业收入 56052 亿元，按可比口径计算，比上年同期增长 0.3%。2022 年 5 月，中共中央办公厅、国务院办公厅印发的《关于推进实施国家文化数字化战略的意见》提出，到“十四五”时期末，基本建成文化数字化基础设施和服务平台，形成线上线下融合互动、立体覆盖的文化服务供给体系。

随着文化产业数字化战略的深入实施，近年来以数字技术和互联网为依托的新型文化业态蓬勃兴起。数字孪生、虚拟结合、跨模态交互、跨时空等新技术的应用，产生了各具特色的数字文创产品，带来了全新的文化消费体验，满足了各类群体多样化的沉浸式体验需求，形成了文化产业和文化企业快速发展的局面。

新时代，我国文化产业发展迈入了数字发展新阶段，经济社会快速发展、科技日新月异、人民群众的精神文化需求日益多元多样等，使文化产业和企业如何顺应时代文化与科技融合新态势，已成为重要研究课题。本文拟从价值创造角度对数字化转型中文化企业价值创造转变做一个初步探讨。

一、概念简述

“文化”是一个被高频提及、广泛使用但内涵却很宽泛的概念，中外学者对文化的定义有很多，但仍缺乏一个较为严格、精确并得到共识的、相对统一的定义。这种情况限制了在共同基础上对相关问题的讨论。江小涓（2021）针对数字时代文化特点，在综合了国内外学者的观点后认为：文化指人类发展过程中所创造的精神财富及其物质载体，以及与之相适应的日常行为习惯和制度形态。①

“文化产业概念最早出现于阿多诺（Theodor Adono）和霍克海默（Max Horkheimer）在 1947 年出版的《启蒙辩证法》一书中。”② 戴维·斯洛斯比（David Throsby，2001）认为文化产业“是通过具有创意的生产活动提供的文化产品与文化服务，它们具有知识产权与传递某些社会意义的功能”。③ 他把文化产业和与文化有关的产业表达为一个三层嵌套的同心圆，其中处于核心层的是“创意和创造”，第二层是对创意加以开发，形成的具有高度文化内涵的相关文化产品，第三层是具有

① 江小涓 . 数字时代的技术与文化［J］. 中国社会科学，2021（8）：5-34.

② 孙连才 . 文化产业教程［M］. 北京：中国传媒大学出版社，2012：16.

③ Cavid Throsby. *Economics and Culture*［M］. New York：Cambridge University Press，2001.

文化属性和文化内容的其他有关产业。

英国曼彻斯特大学教授贾斯廷·奥康纳（Justin Oconnor）认为：“文化产业是指以经营符号性商品为主的那些活动，这些商品的基本经济价值源自于它们的文化价值。”①

在国家统计局 2018 年 4 月 2 日发布的《文化及相关产业分类（2018）》中，文化及相关产业定位为：为社会公众提供文化产品和文化相关产品的生产活动的集合。具体范围包括两部分：①以文化为核心内容，为直接满足人们的精神需要而进行的创作、制造、传播、展示等文化产品（包括货物和服务）的生产活动。具体包括新闻信息服务、内容创作生产、创意设计服务、文化传播渠道、文化投资运营和文化娱乐休闲服务等活动。②为实现文化产品的生产活动所需的文化辅助生产和中介服务、文化装备生产和文化消费终端生产（包括制造和销售）等活动。

赫希（Hirsch，1972）认为，文化产品是“由大众消费的、作为一种美学的或表达性的，而非一种具有清晰的实际用途的非物质产品”。② 同时，劳伦斯和菲利普斯（Lawrence and Phillips，2002）认为文化产品是通过解释活动来进行消费的。③

综合以上可以概括出上述定义的共同部分，即文化产业指以人的创意为基础和核心，所创造出的直接满足人的精神需要的符号性产出，以及将这些符号性产出加工成更为商业化的产品的过程和成果的总称。而文化产品是具有满足人的精神、情感需要的符号性的、表达性的产出，这种产出可以是物质的、非物质的，甚至二者的结合。

二、工业时代文化产品价值创造

文化需求及其满足是人类社会永恒的话题。在工业时代，人类无穷的创造力叠加几次工业革命期间新出现的各种技术和制品，创造出了丰富多彩、形式各异的文化产品和服务。这些文化产品和服务的形式有：书籍、期刊、博物馆、画作、艺术展览、乐器、戏剧、音乐、电影、电视等。总体上，这个时期的文化产业可以分为硬件和软件两个方面。硬件方面包括文化产品，软件方面包括有关文化的服务，如各种演出等。

作为硬件的文化产品，其实就是实体的产品或商品，如书籍、乐器、期刊、艺术品等。按照其生产所依循的原则，又可以分为由生产线进行标准化、大批量生产的文化产品，如书籍、画片、乐器等，以及由专业人员，如画家手工制作的文化产品。

无论是可以流水线、大批量生产的文化产品，还是由手工生产的文化产品，其满足人类精神需要的价值，都要依靠物质实体的生产——流水线、大批量的产品生产和手工产品生产。脱离了物质实体的生产，文化产品及相应的文化产业就无所依靠、无法存在。因此，工业时代的文化产品，其价值的创造就转化为物质产品的价值创造和实现。

作为软件的文化服务，同样离不开“硬件”的支持，需要围绕“硬件”展开。如音乐的创作、发布和传播，需要依靠造纸业、乐器生产业、演奏场所的设施等的支持。没有这些物质实体的支持，

① 贾斯廷·奥康纳．欧洲的文化产业和文化政策［EB/OL］. http://www.mmu.ac.uk./h-ss/mipc/iciss/reports/.

② Hirsch, P. Processing Fads and Fashions：An organization-set Analysis of Cultural Industry Systems［J］. *American Journal of Sociology*, 1972，77（4）：639-659.

③ Lawrence, T. and Phillips, N. Understanding Cultural Industries［J］. *Journal of Management Inquiry*, 2002，11（4）：430-441.

音乐演奏服务是无法完成的。

总结工业时代文化产业和文化产品的价值创造逻辑，其主要特点包括：

第一，产品主导逻辑。在传统的商业环境中，企业主要通过协同和整合组织资源来满足消费者的需求，形成以单向供给为主的价值提供模式，反映了工业经济时代产品主导逻辑下的价值创造方式。① 刘江鹏（2015）认为在产品主导逻辑下，组织间协作、产品化、规模化、中心化和强化控制等是企业成功的关键因素。②

第二，产品具有明确的属性和能满足消费者实际需要的某种特定功能。此时的文化产品以物质产品的形式和以物质产品为基础的服务的形式出现。

第三，以物质实体作为文化的“外壳”或载体。离开了物质实体，文化难以表达和传递。

第四，厂商生产价值，并将价值传递给消费者。消费者不参与文化产品价值的成长，只是被动的、价值的享用者。价值的生产、消费截然分开。

流水线、标准化、大批量是这一时期文化产品价值创造和文化产业遵循的主要规律。可以看出，这个规律正是工业时代产品生产的规律。因此，可以说，工业时代的文化产品的价值创造逻辑是从属于物质产品价值生产的逻辑。

三、数字时代文化产品价值形成基础

世界正在向数字时代迈进，数字技术的飞速发展和扩散、数字工具的普遍使用，使数字时代出现了与以往工业时代截然不同的特征。这些特征包括：

第一，数字化的技术本质，是把数据从万物中提取出来，以 0 和 1 形式表达出来，并在网络中传播开来。数字化使得数据脱离了物质载体的“外壳”，成为“独立”的实体。文化的符号性、意义性和对人精神需求的满足的特性，使文化从信息的角度看，其和数据、信息紧密联系。当信息产业的发展程度还不能很好地体现文化的上述属性时，其还不足以支持文化产业快速发展。即文化产业要求信息技术具备一定的发展程度后才会高速发展。在数字化转型过程中，数字技术的快速发展和扩散，使得文化借助数字技术，获得了充分地、多样性和更能体现其本性的表达。

第二，互联网的普及使得“万物互联”。通过个人信息终端和互联网，人可以随时在线、随时身处网络空间，随时保持连接，进而形成全天候的在线状态和全新的虚拟空间和世界。这创造出无数的、过去没有的全新场景。这些场景各有内容和意义，形成了不同的文化内涵。

第三，芯片、算法和算力等技术的快速发展，创造出强大的数据抓取、存储、传输、计算和分析能力，由此在数字终端、网络端创造出丰富多彩的应用形式、快速的迭代更新和全新的功能和组合，由此极大地丰富了虚拟空间的内容。

第四，物质商品和服务的供给、网络应用的供给大大增加，增加了消费者的选择难度。文化产品源自人们的创意，这些创意是无穷无尽的。因此，文化产品具有几乎无限的多样性。创意的本质和市场对独特性的需求，导致各式产品大量供给，这给消费者带来了选择困难。消费者必须依靠相

① Vargo S. L. and Lusch R. F. Evolving to a New Dominant Logic for Marketing［J］. *Journal of Marketing*, 2004，68（1）：1-17.

② 刘江鹏．企业成长的双元模型：平台增长及其内在机理［J］．中国工业经济，2015（6）：148-160.

应的选择系统，才能帮助其对价值进行辨识、确认和决定。

四、数字化转型过程中文化产品价值形成

（一）价值的场景化

价值的创造源于对特定用户在特定的时刻、特定的地点、特定的事件背景下需求的精准满足。在数字化环境中，消费者的消费诉求改变巨大，对数字化体验的依赖度和需求越来越高，呈现出需求个性化、场景多元化等特征。

场景原本是指戏剧、电影中的画面、场面，是指在一定的时间、空间内发生的一定的任务行动，或因人物关系所构成的具体生活画面。在价值创造领域，场景则是指在特定的时间、特定的地点、特定的场合、特定的情感等元素构成的特定场景中，即时提供产品或服务满足用户需求并增强体验，由企业、用户及其他相关主体间的关系、行为所构成的具体画面或特定过程。

例如，作为一种一般在夏季消夏、解暑的“小吃”——雪糕原本平淡无奇，其价格从最低的一元钱到几十元都有。无论消费者从任何一家便利店的冰柜里取出哪种雪糕,都不会有其他什么想法。但如果把雪糕放在特定的空间——比如故宫，如果把雪糕放在特定的时间——消费者在游览故宫的时候，再如果雪糕的形状，甚至颜色具有特定的形制——如故宫的神兽，此时，雪糕就不再仅仅是一支雪糕了，它因为具有上述的特质，而“摇身一变”成为一款文化产品。当然，这个文化产品也只有在特定的时间、空间才具有相应的特质，而一旦脱离了这个场景，雪糕仍只是雪糕，而不是文化产品。类似的“场景雪糕”有很多，如故宫的神兽、圆明园的荷花、景山的牡丹、玉渊潭的樱花、北京的长城、火焰山的芭蕉扇、灵山的大佛手掌等。

2019 年 9 月 20 日，时任海尔集团董事局主席、首席执行官的张瑞敏在参观 COSMOPlat 工业互联网平台时，提出物联网时代企业的生存之道在于把握“场景”：5G 等物联网技术，都要为用户交互服务，最后落脚到一个词就是场景。没有场景，就没有物联网。虽然张瑞敏说的是制造业物联网时代的发展前景，但他对“场景”的强调其实是把握住了万物互联时代的核心。文化产业和文化产品也要以场景为核心。

（二）情感赋予创造价值

在数字时代，人的情感除了作为自身情绪、心理等状态的表达外，还通过“晒”、点赞、评价、讨论等互动行为表达，这也成了现在人们社交的方式，即在数字时代，情感的内涵已经脱离了个人，具有了社交属性和话题特质，因而也具有了赋予事物文化内涵的能力。

例如，经常会有“90 后”的办公室小白领，在办公桌上摆上一溜多肉植物。在产品层面，这种植物属于多肉植物大类，种类繁多。据不完全统计，多肉植物共分为 100 多科，如仙人掌科、景天科等。但除了分属不同科目的多肉植物具有不同的外观外，办公室白领们更多地会赋予它“天然呆萌”的情感特质。如此，多肉就成了孤单时陪伴的“治愈系萌物”，也成了“生活可以很简单”的精神寄托。养殖多肉的白领们还会加入多肉群，互相秀自己的成果，交流心得，组织线下聚会。虽然种植、照料多肉要花钱、花时间，但养它的人会觉得乐此不疲，因为它会伴随和见证自己的成

长，具有了情感归属的文化含义。因此，普通的多肉植物，在数字时代借助数字技术和相应的行为，变成了一款年轻人群喜欢的文化产品。

（三）价值的意义化

赫希（Hirsch，1972）认为，文化产品是“由大众消费的、作为一种美学的或表达性的，而非一种具有清晰的实际用途的非物质产品”，①同时，劳伦斯和菲利普斯（Lawrence and Phillips，2002）认为文化产品是通过解释活动来进行消费的。②这些文化产品，例如电影、音乐、视觉艺术、时尚、电子游戏和表演艺术，虽然形式各异，但具有共同的重要特点，且对它们的价值有直接的影响。

第一，文化产品价值的核心来源是内嵌其中的意义，而不是其用来解决消费者实际问题的用途。换句话说，文化产品的价值是由消费者或其他人能够以一种有价值的方式解释其而产生的。

第二，文化产品的价值高度模糊，因为它几乎全部建立在意义之上，具有高度的独特性、个性化和难以被解释的特征。因此，模糊性就是以美学和表达性而非实际用途为目的的产品的内在属性。③

第三，价值上的模糊性，使得文化产品的品质具有较为明显的不确定性。即这些文化产品或是文化服务和体验，它们的内在品质和价值在被消费前或消费后都众所周知地难以确定。④⑤这对文化产品的消费造成一定困难。

第四，凯夫斯（Caves，2000）认为文化产品依靠强烈的社会传播效应。⑥文化产品在消费过程中经常被作为娱乐和时尚进行传播，因此具有需求的群体效应，即一个人的文化消费决策会强烈地受到其他人决策的影响。当消费者对文化产品的价值不确定、无法判断时，他们会模仿别人进行选择。

价值模糊、品质不确定和几乎无限的产品种类，这些都使得文化产品的价值难以判断。因此，文化产品的估值判断需要一套选择系统来帮助消费者完成这个过程。⑦⑧⑨

文化产业中现有三种选择系统：市场选择、同行选择和专家选择。市场选择即由市场中的消费者做出选择，其中生产者是被选择方，消费者是选择方。同行选择即由同一群体中的部分成员做出选择，进而影响其他成员，其中的选择方和被选择方都是同一群体中成员。专家选择指具有专业知

---

① Hirsch, P. Processing Fads and Fashions: An Organization-set Analysis of Cultural Industry Systems [J]. *American Journal of Sociology*, 1972, 77 (4): 639-659.

② Lawrence, T. and Phillips, N. Understanding Cultural Industries [J]. *Journal of Management Inquiry*, 2002, 11 (4): 430-441.

③ Lampel, J. and Shamsie, J. Critical Push: Strategies for Creating Momentum in the Motion Picture Industry [J]. *Journal of Management*, 2000, 26 (2): 233-257.

④ Karpik, L. *Valuing the Unique: The Economics of Singularities* [M]. Princeton, N. J. Princeton University Press, 2010.

⑤ Wijnberg, N. M. and Gemser, G. Adding Value to Innovation: impressionism and the Transformation of the Selection System in Visual Arts [J]. *Organization Science*, 2000, 11 (3): 323-329.

⑥ Caves, R. E. *Creative Industries* [M]. Cambridge, M. A.: Harvard University Press, 2000.

⑦ Beckert, J., Rossel, J. and Schenk, P. Wine as a Cultural Product: Symbolic Capital and Price Formation in the Wine Field [J]. *Sociological Perspectives*, 2017, 60 (1): 206-222.

⑧ Wijnberg, N. M. .Selection Processes and Appropriability in Art, Science and Technology [J]. *Journal of Cultural Economics*, 1995, 19 (3): 221-235.

⑨ Wijnberg, N. M. and Gemser, G. Adding Value to Innovation: Impressionism and the Transformation of the Selection System in Visual Arts [J]. *Organization Science*, 2000, 11 (3): 323-329.

识的专家做出的评价和选择，其中，选择方既非生产者又非消费者，而是有能力凭借特定知识或能力进行选择的人。

专家选择的一个例子如前故宫博物院院长，自称“故宫守门人”的单霁祥，他是文物研究、保护领域的专家，利用自己的专业知识和经验，在不同场合大力解释、讲解故宫的文化和历史，借由众多媒体传播，使得故宫在数字时代成为一个文化 IP 的网红，并由此创造出了故宫角楼摄影、观赏故宫猫、逛故宫、消费故宫雪糕等故宫文化场景，受到了众多消费者的追捧。

综上所述，数字时代文化产品价值的创造过程如图 1 所示。其特点如下：

第一，文化场景取代具体、单一的产品和服务，成为数字时代文化产品价值的载体。该场景是由包括文化企业、消费者在内的众多主体一起构筑的。

第二，意义成为文化产品价值的核心。意义由三种选择系统赋予：专家系统、同行系统、市场系统。

第三，文化场景构成了文化企业创造和实现价值的平台。在平台上，各个主体贡献自己的资源，经融合过程形成价值。

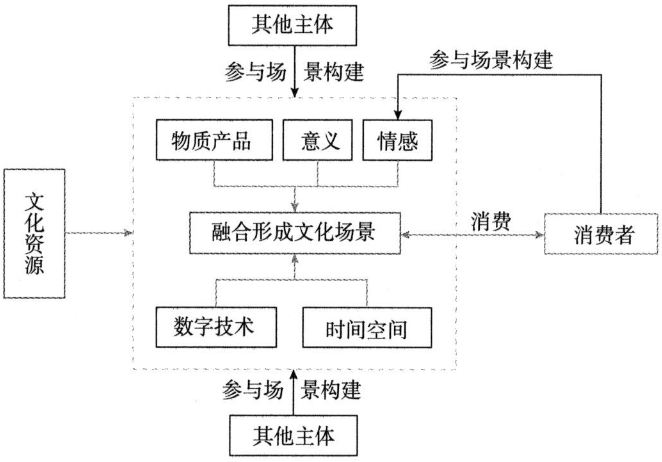

图 1　数字时代基于场景的文化产品价值创造

资料来源：作者绘制。

五、数字化转型中文化企业价值创造策略

当前在数字化转型过程中，文化企业的运营和管理应当依循文化产业和文化产品价值创造的特征和规律，进行针对性的变革。

第一，把企业价值创造的重点从传统的提升效率、降低成本和开发新产品，转移到文化资源的开发，意义的发掘、整理和赋予，进行意义管理。

第二，把重点从传统的、具体的产品开发，转到文化场景的创新设计上。产品概念属于工业时代，数字时代的文化价值的载体和恰当描述是场景。

第三，文化场景的创新设计，是一个多主体参与、多种技术手段介入、实体产品和服务融合的过程。同时，最后的设计成果也是包含前述要素的综合系统，而绝非是一个或几个产品的堆积。

第四，场景的文化价值，和消费者的情感高度相关。文化企业通过和消费者互动来了解消费者的情感变化规律，进而通过综合设计的文化场景，引导、调适消费者情感变化过程，帮助消费者建立积极、乐观和美好的情感，增进消费者的文化体验价值。

第五，文化产业和文化企业的商业模式，是以创新的文化场景为价值主张的商业系统。这个商业系统相较以前，包括数量更多的参与者或主体，如文化资源的拥有者、文化企业、文化主管部门、物质产品生产者、文化服务提供者、文化场景经营的主导企业、消费者、数字技术供应方等。因此，文化企业需要设计一套新商业模式的治理体系，合理确定各参与方的权利、义务，以及利益分配等。

参考文献

[1] 江小涓．数字时代的技术与文化［J］．中国社会科学，2021（8）：5-34.

[2] 孙连才．文化产业教程［M］．北京：中国传媒大学出版社，2012：16.

[3] David Throsby. *Economics and Culture*［M］. New York：Cambridge University Press，2001.

[4] 贾斯廷·奥康纳．欧洲的文化产业和文化政策［EB/OL］. http://www.mmu.ac.uk./h-ss/mipc/iciss/reports/.

[5] Hirsch，P. Processing Fads and Fashions：An Organization-set Analysis of Cultural Industry Systems［J］. *American Journal of Sociology*，1972，77（4）：639-659.

[6] Lawrence，T. and Phillips，N. Understanding Cultural Industries［J］. *Journal of Management Inquiry*，2002，11（4）：430-441.

[7] Vargo S. L. and Lusch R. F. Evolving to a New Dominant Logic for Marketing［J］. *Journal of Marketing*，2004，68（1）：1-17.

[8] 刘江鹏．企业成长的双元模型：平台增长及其内在机理［J］．中国工业经济，2015（6）：148-160.

[9] Lampel，J. and Shamsie，J. Critical Push：Strategies for Creating Momentum in the Motion Picture Industry［J］. *Journal of Management*，2000，26（2）：233-257.

[10] Karpik，L. *Valuing the Unique: The Economics of Singularities*［M］. Princeton，N. J.：Princeton University Press，2010.

[11] Wijnberg，N.M. and Gemser，G. Adding Value to Innovation：Impressionism and the Transformation of the Selection System in Visual Arts［J］. *Organization Science*，2000，11（3）：323-329.

[12] Caves，R.E. *Creative Industries*［M］. Cambridge，M. A.：Harvard University Press，2000.

[13] Beckert，J.，Rossel，J. and Schenk，P. Wine as a Cultural Product：Symbolic Capital and Price Formation in the Wine Field［J］. *Sociological Perspectives*，2017，60（1）：206-222.

[14] Wijnberg，N. M. Selection Processes and Appropriability in Art，Science and Technology［J］. *Journal of Cultural Economics*，1995，19（3）：221-235.

村民参与农村公共文化治理的行动结构及其影响因素 *

——基于河南83个民间文化组织546位成员的调查研究

李国东 **

摘要：鼓励和引导民间文化组织、民间文化艺人参与农村公共文化治理，是实现农村公共文化共同富裕和可持续发展的重要途径。作为民间文化组织成员的村民，他们参与农村公共文化治理的行动结构，将深刻影响农村公共文化治理的趋向。研究借鉴帕森斯"行动体系的单位"理论分析框架，通过对河南83个民间文化组织546位成员的调查问卷和实地访谈发现：个人主体性价值建构是村民参与农村公共文化治理的主要价值取向；村民参与农村公共文化治理达到了个体性逻辑与系统性逻辑的统一；民间文化组织多功能环境实现了个体性功能与社会性功能的有机统一。民间文化组织管理不善等，是影响村民参与农村公共文化治理的因素。提升民间文化组织自我管理能力，塑造村民参与公共文化事务的意识等，是促进村民参与农村公共文化治理的有效途径。

关键词：农村公共文化治理；行动结构；影响因素；民间文化组织

The Action Structure of Villagers' Participation in Rural Public Culture Governance and Its Influencing Factors

—Based on the Investigation of 546 Members of 83 Folk Culture Organizations in Henan Province

Li Guodong

Abstract: Encouraging and guiding folk culture organizations and artists to participate in rural

---

* 基金项目：本文系教育部人文社会科学研究青年项目"新时代我国社会主要矛盾转换中的分配正义问题研究"（项目编号：19YJC710071）阶段性成果。

** 作者简介：李国东（1980—），男，汉族，河南省驻马店人，信阳师范学院历史文化学院讲师，管理学博士，主要从事公共文化服务、文化与科技融合研究。通讯地址：河南省信阳市南湖路237号信阳师范学院历史文化学院，邮编：464000，联系方式：13277087186；E-mail：tfylgd@163.com。

public culture governance is an important way to achieve common prosperity and sustainable development of rural public culture. As members of folk cultural organizations, the action structure of villagers' participation in rural public cultural governance will profoundly affect the trend of rural public cultural governance. Based on parsons' theory of "unit of action System", the study found that the value construction of individual subjectivity is the main value orientation of villagers' participation in rural public cultural governance through questionnaires and field interviews with 546 members of 83 folk cultural organizations in Henan province. Villagers' participation in rural public culture governance has reached the unity of individual logic and systematic logic. The environment provided by folk culture organizations has realized the organic unity of individual and social functions. Poor management of folk cultural organizations is the factor that affects villagers' participation in rural public cultural management. It is an effective way to promote villagers' participation in rural public cultural governance to enhance the self-management ability of folk cultural organizations and shape villagers' awareness of participating in public cultural affairs.

Keywords: Rural public cultural governance; Action structure; Affecting factors; Folk culture organization

党的十八届三中全会明确提出推进国家治理体系和治理能力现代化，并强调培育文化非营利组织参与公共文化服务体系建设。[①] 随后，相继出台的《关于加快构建现代公共文化服务体系的意见》《关于做好政府向社会力量购买公共文化服务工作意见的通知》《公共文化服务保障法》《"十四五"公共文化服务体系建设规划》等都提出要鼓励和支持公民、社会组织参与公共文化服务体系建设。同时，《关于实施乡村振兴战略的意见》《中华人民共和国乡村振兴促进法》等文件也明确要求搭建社会参与平台，动员、鼓励、引导和支持社会组织、人民团体、公民等参与乡村振兴。可以看出，中国农村公共文化治理结构正由传统的体制内"单中心"治理向党建引领下的"多元"治理结构转变[②]，参与式治理、多元化治理、协同治理、合作治理将是我国农村公共文化未来治理的主要模式。

一、文献回顾和理论框架

（一）研究现状及理论回顾

无论是何种类型的社会组织、社会力量、社会团体等，都是由许多"个体"组合而成。公民只有借助于组织才能参与到社会治理之中。"组织是通往政治权力之路"[③]，公民的个体性参与是政府难以面对的，而公民只有把自己纳入到民间社会组织之中才能解决社会治理的参与问题。[④]"在任何地方和任何有效的实践中，个人只有在组织化群体中并通过组织化活动才能满足其兴趣和需求，

① 中共中央关于全面深化改革若干重大问题的决定［N］. 人民日报，2013-11-16（001）.

② 李友梅等 . 当代中国社会建设的公共性困境及其超越［J］. 中国社会科学，2012（4）：125-139.

③ 塞缪尔 · P. 亨廷顿 . 变化社会中的政治秩序［M］. 王冠华等译 . 北京：生活 · 读书 · 新知三联书店，1989.

④ 张丹丹，沈关宝 . 公民社会的发育与形成——民间社会组织的培育与公民的有序参与［J］. 学术界，2011（6）：216-222+282.

并展开其任何有效的行动。”① 个体的“人”只有通过“组织”这一载体（平台），才能实现参与社会治理、政府公共事务的目的。通过梳理当前研究，公民参与社会治理主要有以下几种观点：

（1）服务效能提升论。从当前研究成果来看，公民参与社会治理是提升社会公共效能的有效途径。罗森布罗姆（Rosenbloom）认为：“在现代政府治理中，缺乏公民参与会降低政治体系的代表能力和回应能力。”② 公民参与公共治理、社会治理不仅有助于提升政府的回应能力，还会达到社会善治的目的。“善治有赖于公民自愿的合作和对权威的自觉认同，没有公民的积极参与和合作，至多只是善政，而不会有善治。”③ 还有学者认为，民主和效率，是政府在公共事务管理中推动公民参与的两个主要的价值取向。④ 而参与式治理通过增进公共服务供给与受益者之间的匹配性，有助于提高公共服务的效益和可持续性。⑤ 从政府—公民—需求者三者关系来看，公民参与社会治理不仅可以提高公共服务的效率，满足不同群体的公共服务需求，提升公共服务供给与需求的匹配度，还“倒逼”政府由“管理”职能向“服务”⑥ 职能转变。“参与式治理迫使地方政府更具有参与性和责任性、产生了社会资本、增强了地方集体行动的能力、改善服务受益人的目标定位、使提供的服务更符合受益人的期望、增强了提供服务的能力。”⑦ 当前，也有学者认为公民参与是公民分享行政机构的部分权力、参与公共事务管理的行为。⑧

（2）价值取向多元化。学者普遍认为，公民参与社会治理的价值取向是多元的。有学者通过对村民参与体育活动价值取向分析得出：“村民参与体育的价值取向主要体现在‘身体’和‘消遣娱乐’两个维度。”⑨ 与公民参与性质、参与目的相比，志愿者参与志愿服务主要是为了获得自我价值实现、学习机会、自我成就等。⑩ 也有学者提出，利益说只能解释部分公众参与的逻辑起点，行动后的价值感体现是越来越多公众参与的价值取向。⑪“公共利益最大化、个人利益最大化、群体利益优先化是公民参与虚拟社会治理的主要价值取向。”⑫ 当然，自我效能感也是村民参与公共用品供给的主要价值取向之一。⑬

（3）行动逻辑多重性。从个体和系统区分的角度来看，治理主体行动逻辑可分为个体性逻辑和

---

① 马林诺夫斯基．科学的文化理论［M］．黄剑波等译，北京：中央民族大学出版社，1999.

② 戴维·H. 罗森布罗姆，罗伯特·S. 克拉夫丘克．公共行政学：管理、政治和法律的途径［M］．北京：中国人民大学出版社，2002.

③ 俞可平．治理与善治［M］．北京：社会科学文献出版社，2000.

④ 张菊梅．公共治理转型中的公民参与：现实检视与未来政策趋势［J］．广州大学学报（社会科学版），2018，17（3）：41-46.

⑤ Ackerman，J. Co-Governance for Accountability：Beyone “Exit and Voice”［J］. *World Development*，2004，32（3）：447-463.

⑥ 新公共管理理论认为，政府的主要职能是服务，而不是掌舵．参见登哈特．新公共服务：服务，而不是掌舵［M］．丁煌译．北京：中国人民大学出版社，2010.

⑦ Sue Goss. *Making Local Governance Work: Network*，*Relationships and Management of Change*［M］. New York：Palgrave，2001.

⑧ Nancy Roberts. Public Deliberation in an Age of Direct Citizen Participation［J］. *The American Review of Public Administration*，2004（4）：315-353.

⑨ 姚磊等．村落农民体育参与者的价值取向：基于社会分层视角的分析——安徽省小岗村、小井庄和落儿岭三村的实证研究［J］．天津体育学院学报，2010，25（3）：210-213.

⑩ 戴香智，李建权．发展型社会政策视角下志愿者参与动机分析［J］．理论探索，2010（6）：85-89.

⑪ 闵学勤．行动者的逻辑——公众参与的阶层化与结构化研究［J］．江苏社会科学，2013（4）：47-53.

⑫ 陶鹏．公共利益最大化：多元主体参与虚拟社会治理的价值取向及其实现［J］．广州大学学报（社会科学版），2015，14（2）：33-37+96.

⑬ 周春晓，严奉宪．乡村振兴背景下农村居民减灾公共品供给参与意愿研究——受灾经历、自我效能感和价值取向的作用［J］．当代财经，2019（7）：37-46.

系统性逻辑；从治理主体行动基本依据变动与否的角度着眼，则又可分一般性逻辑和情境性逻辑。[①]从内外部条件来讲，政治经济条件（包括外部制度环境、社区公共议题）和公民社会要件（包括居民的认知、态度、能力）是促进居民参与的重要因素。[②]还有学者对“返乡”青年参与乡村振兴研究发现，青年“返乡”参与乡村振兴主要基于国家政策号召、社会责任担当、个人意愿的实现三种逻辑。[③]俞志元等则认为，服务学习式参与是青年社区参与的行动逻辑。[④]

丰硕的研究成果为我们探究村民参与农村公共文化治理的社会行动结构提供了多元化视角，以及理论和实践支撑。但同时我们也看到，当前的研究还存在一定的不足：一方面，学界对公民参与社会治理视作一个政治问题，忽略了公民参与社会治理作为一种治理技术的社会维度。政府实施公民参与社会治理并不直接取决于政体性质，而是受到村民的价值取向、行动目标和民间组织结构等社会因素影响。[⑤]另一方面，当前学界对中国村民参与社会治理套用“理性行为理论”解释农村治理的各种现象，缺乏对村民社会行动结构的深入理解，不仅不能客观解释农村社会治理状况，还会误导农村社会治理政策的制定。

激发村民参与农村公共文化治理的主体性，是实现农村公共文化服务共同富裕和高质量发展的突破口。而民间文化组织则为村民主体性建设提供了有效载体（平台）。由于村民的分散性制约了其主体性的发挥，以组织化的形式将村民聚集，能够为其参与农村公共文化治理提供参与途径。当然，组织作为个体的集合体，个体的行动结构将深刻影响组织的发展。也就是说，对组织结构的研究要建立在对个体行动结构分析基础之上。脱离了对组织个体行动结构的分析，也就无法真实、全面、深入地了解组织参与社会治理的真实目的。因此，对组织个体行动结构的分析显得尤为重要。鉴于此，本文以河南 83 个民间文化组织的 546 位成员问卷调研数据和实地访谈为基础，以帕森斯（Parsons）的“行动体系的单位”为分析框架，探究村民参与农村公共文化治理行动时“理性行为”以外更为广泛的因素，从行动者的角度出发，以民间文化组织为体系单位，识别村民参与农村公共文化治理的关键因素，进而为政府制定社会力量参与农村公共文化治理政策提供支撑。

（二）研究对象

本文研究对象为民间文化组织及其成员。因此，厘清“组织”的内涵尤为必要。帕森斯认为组织是一个存在的实体，这个实体并没有具体的空间或以其他形式独立存在，而只是从某个参照系角度来看可以把它设想为一个单位。[⑥]首先，组织作为一个实体或单位，其存在必须以某个物、某个活动、某个事件等作为参照系；其次，这个实体没有具体的空间，是一种临时性、松散型的组织或单位；最后，组织不受外界干扰。而协同学理论创始人赫尔曼·哈肯（Hermann Haken）对“自组

① 李齐．治理主体行动逻辑的“四维分析框架”——兼论乡村治理中乡镇政府行动逻辑演变及趋向［J］．政治学研究，2020（4）：82-94+127-128.

② 邱梦华．城市基层社会组织发展中居民参与的行动逻辑［J］．学习与实践，2017（9）：94-100.

③ 罗敏．从“离乡”到“返乡”：青年参与乡村振兴的行动逻辑——基于 H 省 Z 市 1231 名青年的问卷调查分析［J］．中国青年研究，2019（9）：11-17.

④ 俞志元．服务学习式参与：需求 - 互惠视角下青年社区参与的行动逻辑［J］．青年学报，2020（1）：59-68.

⑤ 岳经纶，刘璐．公众参与实践差异性研究——以珠三角城市公共服务政策公众评议活动为例［J］．武汉大学学报（哲学社会科学版），2018（2）：175-188.

⑥ 塔尔科特·帕森斯．社会行动的结构［M］．张明德等译．南京：译林出版社，2012.

织”的定义也与其有相似之处：“如果系统在获得空间的、时间的或功能的结构过程中，没有外界的特定干预，我们便说系统是自组织的。这里‘特定’一词是指，那种结构和功能并非外界强加给系统的，而且外界是以非特定的方式作用于系统的”①，具有“非政府性、自主性和自愿性的特征。”②根据帕森斯和哈肯的研究，本文将民间文化组织定义为具有相同的兴趣爱好，以及共同意愿的民间文化艺人，自发组织起来的农村非营利性文化组织，是一种松散型组织结构，包括广场舞队、戏剧班、腰鼓队、皮影戏班、高跷队、秧歌队等。具有以下特点：一是管理上实现自我管理、自我协调、自我组织。二是活动上不受时间、地点、空间的限制。三是较强的灵活性、自愿性、随意性。本文所研究的村民是指具有一定文化技艺，并且参与民间文化组织，是民间文化组织成员，为农村社会无偿提供文化服务或文化活动，包括民间文化艺人、离退休人员、自由职业者、所在地教师、村干部等。

（三）理论框架

从村民与民间文化组织的发展环境来看，他们是一种社会关系。因此，应从社会学的角度，以社会学的想象力分析村民参与农村公共文化治理的行动结构。社会学的想象力即鲍曼所说“个人困扰”和“公共问题”之间的转换技艺。③换言之，我们缺乏私人生活和公共生活之间的有效纽带或桥梁，缺乏一种如齐格蒙·鲍曼（Zygmunt Bauman）所说的“将私人忧虑转换为公共问题，以及反过来，从私人麻烦中洞悉并指示其公共问题的性质”的有效方式或者说“转换技艺”④，而当前关于公民参与公共治理主要以他组织作为研究对象，忽略了自组织内部行动者的行动结构，缺乏对组织成员参与公共治理的价值取向和行动逻辑相关研究。⑤

马克斯·韦伯（Max Weber）提出：“要想考察任何有意义的人类行动的根本成分，首先应从‘目的’和‘手段’这两个范畴入手。”⑥作为结构功能主义理论的主要代表人物，帕森斯批判性地继承了马克斯·韦伯关于人类行动的分析框架。帕森斯提出：“社会行动在逻辑上应包含：①行动者；②行动的目的；③行动的处境（条件和手段）；④规范性取向（观念和符号）四项元素。”⑦德国著名社会行动理论家理查德·芒奇（Richard Münch）认为帕森斯使理论与经验、逻辑与实践相互渗透成为可能。⑧正如美国学者查尔斯·卡米克（Charles Camic）提出：“帕森斯在处理科学选择时，

---

① H. 哈肯 . 信息与自组织［M］. 本书翻译组译 . 成都：四川教育出版社，2010.

② 俞可平 . 治理与善治［M］. 北京：社会科学文献出版社，2009.

③ C. 赖特·米尔斯 . 社会学的想象力［M］. 北京：北京师范大学出版社，2017.

④ 齐格蒙·鲍曼 . 寻找政治［M］. 洪涛等译 . 上海：上海人民出版社，2006.

⑤ 帕森斯认为，作为行动系统的集体，无论在特定的分析中是主体还是客体，都不是参与其中的个体行动的简单总和。它是由他们行动的各个部分组成的，具体来说，是他们行动的那些面向这个集体的部分。对于个体行动者来说，集体是一个取向对象，也就是说，一个社会对象（因此是一种改变），而集体的行为本身可能是个体行动者更具体的取向对象。但是，当集体被视为行动者——主体时，这些个人（集体成员）的行动，只要他们是面向集体的，就是集体的行动。他进一步阐释道，当将行动者视为与对象世界交互系统中的一个单元时，我们的抽象忽略了这个单元的内部结构和过程，而只考虑它与情境的关系。然而，这个单位的任何特定行为实际上可能是一个非常复杂的内在人格因素的结果。当这些内在的复杂因素成为研究对象时，人格就不只作为一个行动者，而是作为一个行动系统来对待。在一个系统中，人格内部各要素之间的相互作用就像社会系统中人与人之间的相互作用一样多。参见 Talcott Parsonst，Edward A. Shil. *Toward a Genera Theory of Action*［M］. Massachusetts：Arvard University Press，1962.

⑥ 塔尔科特·帕森斯 . 社会行动的结构［M］. 张明德等译 . 南京：译林出版社，2012.

⑦ 塔尔科特·帕森斯 . 社会行动的结构［M］. 张明德等译 . 南京：译林出版社，2012：48-50.

⑧ Talcott Parsons und die Theorie des Handelns Ⅰ：Die Konsititution Kerns［J］. *American Journal of Sociology*，1981（86）：709-739.

他主要强调的不是对象的这种选择性构成，而是在假定各学科形成一个统一的理论体系，并逐渐与具体现实更加一致的情况下作出的……他补充了完全非韦伯式的条件，即这些价值观在数量上是有限的，是可以穷尽的。”① “帕森斯的社会行动理论虽然存在着不足，但他对于行动和系统的分析为当代社会理论提供了深刻的启示。”② 鉴于此，本文以帕森斯的“行动体系的单位”为研究框架，分析村民参与农村公共文化治理的行动结构（见图 1）。

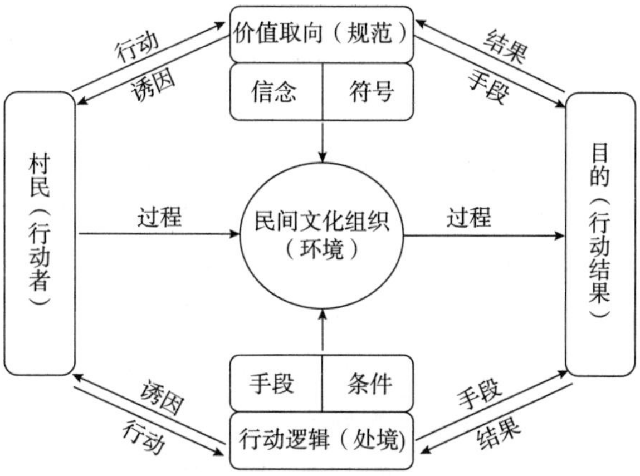

图 1　村民参与农村公共文化治理的行动结构

根据帕森斯的行动体系单位理论，每一个民间文化组织都存在四个基本要素：行动者、行动目的、行动处境和组织环境。行动者是组织中最基本、最核心的要素，他们的行为目的受行动处境和规范性取向的影响。行动目的是行动者在组织中行为的最终取向。行动处境为行动者行动的价值取向提供手段和条件。规范性取向为行动者规定了行动的原则，它将行动者的价值取向变为具体的行为准则。组织环境是行动者行动的客观条件，它影响着行动者目标和手段的选择（见表 1）。

表 1　村民参与农村公共文化治理的组成元素

价值取向	交友	行动逻辑	团队知名度高	组织环境	传承文化遗产
	展示自己的才能		团队管理有序		保护文化遗产
	为社会贡献力量		活动内容丰富		培养文化遗产传承人
	消磨时间		活动与自己兴趣相符		丰富农村文化生活
	展示文化遗产		能为自己提供展示平台		承接政府文化活动
	传承文化遗产		团队氛围轻松自由		提供免费文化服务
	健身				进行有偿文化活动
					宣传文化政策
					培育民间文化青年骨干

① Charles Camic. The Making of a Method：A Historical Reinterpretation of the Early Parsons［J］. *American Sociological Review*, 1987（4）：412-439.

② 高宣扬 . 当代社会理论［M］. 北京：中国人民大学出版社，2005.

二、村民参与农村公共文化治理的行动结构

村民参与农村公共文化治理的价值取向、行动逻辑和民间文化组织的环境之间有着密切联系。一方面，村民参与农村公共文化治理的价值取向，受行动处境（手段和条件）的限制。另一方面，民间文化组织的业务范围和功能（环境），是村民参与农村公共文化治理的价值取向、行动逻辑的关键性因素。

（一）价值取向：个人主体性价值构建与社会性公共价值构建的对立

抛开经济学意义，“价值”是一个哲学范畴。在帕森斯看来，价值体现在观念、表现符号中，体现在行为规律中，体现在道德规范和审美规范中。无论一种价值在某一特定时期的表现是由认知因素主导还是由引导因素主导，两者都是存在的。① 从个人、集体、动机等因素来讲，“价值是个人奉行和支持集体系统的、因而派生出他们自己在集体中的角色的特定方向或类型的行动的信仰”。“价值首先是个性的信仰，是作为他自己个性的动机需要。”“价值依据方面还有价值‘意义’的尺度，这种尺度关系到价值在个性的整合，关系到满足与剥夺的平衡和涉及能否达到职业价值的个人成功与失败的平衡。”② 因此，价值是多样化、多元化的，价值体现在参与社会行动的结果；价值与个人的行动动机有着密切的关系。也就是说，行动者的行动动机将影响其价值取向；行动者的价值与行动单位紧密关联。

行动者价值取向实现的过程，是将个人行为与相关要求、标准、规范融合的过程。“价值取向是行为人取向的某些方面，当他处于允许（并要求）他做出选择的偶然情况下，这些方面使他遵守某些规范、标准和选择标准。”③ “价值取向模式是组织相对于行动系统的所有主导因素的焦点，通过认知适应现实，行动者的利益满足，对表现性象征主义模式的承诺，以及社会相互关系系统的功能需求。”④ 参与社会系统的不同个体行动者各自有着不同的角色，其具体目标和认知取向也随之不同。在人格系统内的动机取向可能因具有相同期望的不同个体而不同。⑤ 调查问卷统计显示：21～30 岁、61 岁以上的村民，参与农村公共文化治理“交友”的价值取向高于其他选项；而 41～60 岁的村民价值取向则以“健身”为主，然后才会考虑其他。初中文化程度村民以“交友”为主要的价值取向，而“健身”是小学及其以下文化程度村民的主要价值取向。农民、个体工商户的主要价值取向是“健身”，自由职业者的主要价值取向是为了“交友”，教师的主要价值取向是“展示才能”。

当个人价值取向和集体价值取向发生冲突时，如何判定行动者的最终价值取向？帕森斯认为应该从行动者行动是倾向于自我利益和个人目标，还是群体利益和目标的程度。⑥ 简而言之，个人目标和群体利益的选择度，是判断行动者参与农村公共文化治理的主要标准。通过对调查问卷统计，村民参与农村公共文化治理的价值取向主要以实现个人的休闲娱乐为主。有学者将之称为“自娱自

①③⑥ Talcott Parsonst, Edward A. Shil. *Toward a Genera Theory of Action* [M]. Massachusetts：Arvard University Press，1962.

② T. 帕森斯 . 现代社会的结构与过程 [M]. 梁向阳译 . 北京：光明日报出版社，1988.

④ Talcott Parsons. *The Social System* [M]. London：Routledge Press，1991.

⑤ Talcott Parsonst, Edward A. Shil. *Toward a Genera Theory of Action* [M]. Massachusetts：Arvard University Press，1962.

乐”或“俱乐部产品”。[①] 47%的受调查者加入民间文化组织的目的是交友，42.6%的受调查者加入民间文化组织的目的是健身，38.4%的受调查者加入民间文化组织的目的是展示才能，32.5%的受调查者加入民间文化组织的目的是消磨时间。但也有一小部分村民将公共价值取向放在第一位。23.2%的受调查者加入民间文化组织的目的是向社会贡献一份力量，18.5%的受调查者加入民间文化组织的目的是传承文化遗产，仅9%的受调查者加入民间文化组织的目的是展示文化遗产。

村民参与民间组织的价值取向是一个辩证问题，而选择什么作为“参照系”是关键。若以政府为参照系，政府鼓励村民参与农村公共文化服务体系建设的主要目的，是实现农村公共文化治理的善治和共同富裕。上文的分析则显示，村民参与民间文化组织的价值取向是以实现个人主体性价值构建为主，显然与政府的政策导向背离。费孝通认为：“在中国‘私’不能简单划入人本范畴，而跟‘群己、人我的界线怎样划法的问题’联系在一起，因此应放在‘整个社会结构的格局’中来认识。”[②] 若以行动者为参照系，村民参与农村公共文化治理，个人价值取向实现是第一位的，是为了健身、交友、展示才能等。但是以消费者和行动单位同为参照系，村民在健身、交友、展示才能的过程中，潜意识下实现了政府创新农村公共文化治理的目的。

（二）行动逻辑：个体性逻辑与系统性逻辑的统一

帕森斯指出：“分析任何社会系统结构的主要参考点是其价值模式。因为价值模式决定了所在处境[③]中组织的社会取向，并引导参与者个人的行动逻辑。”[④] 在社会系统中的任何社会组织，价值模式在决定其所在“处境”中社会取向的同时，还是引导参与者的行动逻辑的重要因素。帕森斯进一步指出，“行动者行动应该被理解为一个以目的为导向的过程。它发生在有条件的处境中，行动者在追求其特定目的时必须根据和利用这些处境”。[⑤] 也就是说，行动单位的“处境”是行动者在实现价值取向过程中行动逻辑的关键因素。

“单位行动指的是具体的实际行动，单位行动的‘成分’指的是构成单位行动的具体实体”，[⑥] 即行动者和行动条件。行动者“价值取向的行动逻辑包括对处境条件的各种认同。通过这些条件，可以评估一个或一类对象的命题的适当性或一致性……更确切地说，这些条件旨在给我们一些规则，来判断一个给定的对象、顺序或模式是否具有直接的令人满意的意义”。[⑦] 民间文化组织作为村民参与农村公共文化治理的行动单位，他的“处境”（即村民行动的“条件”）决定了村民价值取向的行动逻辑。调查显示，民间文化组织的“处境”与村民行动的价值取向高度统一：活动内容与自

---

① 王瑞华．社区自组织能力建设面临的难题及其成因［J］．城市问题，2007（4）：64-69；赵巍，齐绩．中国城市社区非营利组织面临的问题与发展趋势［J］．社会主义研究，2004（4）：117-119.

② 李友梅等．当代中国社会建设的公共性困境及其超越［J］．中国社会科学，2012（4）.

③ 这种处境可以分解为两类成分：一类是行动者所不能控制的，就是说不能根据自己的目的加以改变或者防止它们被改变，也即是行动的“条件”；另一类是行动者能够控制的，也叫作行动的“手段”。参见塔尔科特·帕森斯．社会行动的结构［M］．张明德等译．南京：译林出版社，2012.

④ Parsons, T. Suggestions for a Sociological Approach to the Theory of Organizations［J］. *Administrative Science Quarterly*, 1956, 1（1）: 63-85.

⑤ Holmwood J. M. Action, System and Norm in the Action Frame of Reference: Talcott Parsons and His Critics 1［J］. *Sociological Review*, 1983, 31（2）: 310-336.

⑥ 塔尔科特·帕森斯．社会行动的结构［M］．张明德等译．南京：译林出版社，2012.

⑦ Talcott Parsonst, Edward A. Shil. *Toward a Genera Theory of Action*［M］. Massachusetts: Arvard University Press, 1962.

己兴趣相符占被调查者的 60.5%，其次是氛围轻松自由（49.1%）、为行动者提供一个展示自己的平台（45%）；民间文化组织活动内容丰富（31.9%）也是引导村民行动的一个重要因素。

从民间文化组织的内部“规范”来看，知名度、管理规范等因素，对村民参与农村公共文化治理行动逻辑影响较小：16.4% 的被调查者选择管理有序，14.9% 的被调查者选择知名度。实际上，民间文化组织由于内容管理机制不规范导致公共文化参与不足、村民参加积极性偏低等是普遍现象，也是当前迫切需要解决的问题。非政府组织中的公民参与很大程度上依赖于该组织的公信力和社会动员能力与水平。①

民间文化组织的包容性，是村民参与农村公共文化治理行动逻辑关键性因素。帕森斯在分析行动单位时指出，行动单位是具有包容性的，因为其中一个集体可能比另一个小，因此它的所有成员都在后者……在包容性的单位中，成员的角色结构，在形状上就像洋葱，一个角色适合另一个角色，以此类推。② 在包容性的单位体系中，不仅指成员之间具有高度的协调性、有序性，单位与成员之间的有序性、协同性是促使行动者行动逻辑的关键。协同理论也提出了相似观点：“协同行为是系统自组织性的演化形成相对的有序结构的必要条件。也就是说，在自组织现象发生的过程中，参与自组织过程创生的各个部分、系统或元素之间存在着某种协同作用，使系统发生一种新的有序性行为。”③ 事实上，由于受环境条件的影响和限制，许多民间组织都具有很强的包容性和协同性，否则就难以维系。调查发现，相当一部分村民同时参与多个民间文化组织。若以民间文化组织为参照系，不同类型民间文化组织吸纳不同职业、不同学历、不同年龄、不同性别的村民是一种普遍现象（见表 2）。

表 2　　不同民间文化组织吸纳村民情况

村民	广场舞队	戏剧班	腰鼓队	舞龙舞狮队	高跷队	秧歌队	歌唱班	其他
农民	22.5	4.8	2.4	6.1	1.3	9.3	0.6	3.3
村干部	1.5	2.8	0.0	0.0	0.2	0.7	0.2	0.2
离退休人员	2.0	1.3	0.6	0.4	0.0	0.6	0.0	0.2
自由职业者	5.6	3.2	0.9	1.1	0.0	0.6	0.4	1.7
个体工商户	3.9	1.3	0.4	0.4	0.2	0.6	0.4	0.7
教师	3.5	1.1	0.9	0.0	0.0	1.7	1.1	0.4
其他	3.7	1.1	1.1	0.4	0.2	0.6	1.3	0.7
合计	42.8	15.6	6.3	8.4	1.9	13.9	3.9	7.2

社会行动结构（体系单位）之间存在着同时性的、多向的相互交换即相互依存关系。具体的社会实体都融合多种功能需求（functional needs）（以一种或数种功能为主）。④ 在实地访谈中了解到，

① 马长山．非政府组织中的公民参与［J］．求是学刊，2009，36（1）：70-75.

② Talcott Parsonst，Edward A. Shil. *Toward a Genera Theory of Action*［M］. Massachusetts：Arvard University Press，1962.

③ 孙志海．自组织的社会进化理论——方法和模型［M］．北京：中国社会科学出版社，2004.

④ 丁学良．华人社会里的西方社会科学——误解的三个根源［J］．香港社会科学学报，1977（10）.

无论是民间文化组织管理者还是普通村民、民间艺人等，都表示只要村民愿意，都可以加入任何民间文化组织。只是根据村民的艺术特长,在民间文化组织的角色（承担工作）存在差异。可以看出，民间文化组织与村民是一种相互依存、相互促进的关系，村民需要借助于民间文化组织实现自身价值取向，而民间文化组织也需要村民参与才能保持其生存和发展。

通过以上分析可以看出，村民参与农村公共文化治理的行动逻辑已经清晰：高度包容性的民间文化组织为村民实现价值取向提供了处境，即条件和手段；休闲主义文化及平台搭建为村民参与农村公共文化治理提供了规范性因素。在由处境和规范性因素构成的行动体系单位中，民间文化组织与村民形成了相辅相成的依存关系。行动者借助于民间文化组织，努力实现自身行动目的；民间文化组织在村民的支持下，在保持存在的基础上实现其社会功能。

（三）组织环境：个体性功能和社会性公共功能的有机统一

帕森斯认为："行动者对环境的定位可以分解成一组分析的元素。这些要素在定位过程中并不是独立的，它们可以被看作是这一过程的不同方面或不同组成部分。它们可以被分为两个独立的类别：价值取向一类的元素（认知标准、审美标准、道德标准）和动机取向的一类要素（希望、欲望、计划）。"[①] 根据帕森斯体系单位环境的组成元素，及前文对村民价值取向及其行动逻辑的探讨，民间文化组织的认知标准、道德标准也是其功能体系和业务范围。是指在实现村民个人价值取向的基础上，参与农村公共文化治理，为农村社会免费或有偿提供各类文化产品（服务）。主要包括保护和传承农村文化遗产、培养文化传承人、进行有偿文化演出、丰富农村文化生活、承接政府委托的文化演出等。

以民间文化组织成员为参照系，关于民间文化组织的功能和业务范围：79.9% 的成员选择丰富农村文化生活，45.8% 的成员选择免费为村民提供文化服务，30.8% 的成员选择传承文化遗产，20.3% 的成员选择保护文化遗产。"环境的迫切需要和生物的迫切需要一样，是绝不可忽视的；更确切地说，这种需要所采用的形式，是因活动的性质和活动进行所在的社会系统结构的性质而异的。"[②] 结合上文分析，村民参与民间文化组织主要是满足个人交友、健身和保护文化遗产，而社会性公共价值则表现得较弱。民间文化组织的环境则进一步体现了此现象：19.8% 的成员选择进行有偿文化演出。而宣传文化政策（13.9%）、承接政府出钱委托的文化演出（11.0%）、培养文化遗产传承人（7.9%）和青年文艺骨干（7.5%）都在 15% 以下。

"一个集体绝不是单一功能的,而总是多功能的。"[③]"集体是从事角色活动的个人的群体或组织，这些群体或组织在它们作为局部所处的系统中有某种功能意义。"[④]"社会组织既是公共物品提供方式的'非营利部门'，还是参与者及行动者的'价值的所在'（locus of values），包含了志愿精神、多元主义、利他主义和参与共享等价值理念。"[⑤] 农村民间文化组织作为一个集体、一个社会组织，

---

① Talcott Parsonst, Edward A. Shil. *Toward a Genera Theory of Action* [M]. Massachusetts：Arvard University Press, 1962.

② T. 帕森斯 . 现代社会的结构与过程 [M]. 梁向阳译 . 北京：光明日报出版社，1988.

③ 塔尔科特·帕森斯，尼尔·斯梅尔瑟 . 经济与社会 [M]. 刘进等译 . 北京：华夏出版社，1989.

④ T. 帕森斯 . 现代社会的结构与过程 [M]. 梁向阳译 . 北京：光明日报出版社，1988.

⑤ Di Maggio, P. J. and Anheier, H. K. The Sociology of Nonprofit Organizations and Sectors [J]. *Annual Review of Sociology*, 1990 (16): 137-159.

从其与成员的关系来看，它的功能和业务范围是为满足不同行动者的价值取向。行动者与行动单位之间的关系，通过农村社会文化或者社会符号来维系。“行动者们与组织环境的关系，包括他们彼此之间的关系，根据一种在文化上结构化的、共享的符号系统来确定和调解。”① 从民间文化组织的生长环境来看，构成行动者和体系单位的符号系统，主要体现在满足其成员的价值功能，以及组织的社会价值功能。通过调研，丰富农村文化生活和提供免费演出，是当前农村民间文化组织的主要功能；同时还承担着传承和保护农村文化遗产作用。

当然，不同民间文化组织其功能上也存在着一定的差异。传统的戏剧班、舞龙舞狮队、秧歌队不仅提供免费演出，还进行有偿文化服务。而腰鼓队、高跷队、歌唱班的功能主要就是为农村提供免费演出，丰富农村文化生活。在调查中了解到，由于民间文化组织规模、管理水平、业务技能存在一定的不足和问题，在承担政府公共购买公共文化服务、宣传国家文化政策、培育青年文艺骨干等政府性行为方面显得尤为不足。这也进一步表明了村民参与农村公共文化治理的价值取向，以及行动逻辑受民间文化组织环境的影响。

三、村民参与农村公共文化治理的态度及其影响因素

从当前研究来看，“多数关于公民参与的研究均假设个体先天具有很强的公民精神，会密切关注公共利益，然而有研究发现民众时常会缺乏参与倾向”。② 另外，“忽视了对公众参与多样性的因果解释，从而无法对改进地方民主化治理提供有针对性的意见”。③ 因此，对村民参与农村公共文化治理的影响因素进行探讨，有助于有针对性地提出改进措施，鼓励和引导社会力量参与农村公共文化治理。

（一）变量选择及分析框架

1. 变量选择

（1）因变量。本文主要分析村民为农村社会免费提供文化活动时的参与态度。因此将每次参与团队免费文化活动的态度作为因变量。并借助于李克特量表，对村民免费提供文化活动时的态度进行赋值。数值越小表示参与态度越高，数值越大表示参与态度越低。

（2）协变量。根据前文村民参与农村公共文化治理的价值取向、行动逻辑和组织环境，从行动体系单位的处境和行动者两个方面考察影响村民免费向社会提供文化活动时的态度影响因素。民间文化组织处境主要从活动点距离、固定活动场所、设施设备老旧程度、团队内部气氛、团队管理不善五个方面分析；行动者主要从村民的性别、年龄、学历，以及时间、兴趣爱好相不相符、特长展示、行动便利等方面。

2. 无序多分类 Logistic 回归分析

在本研究中，由于解释变量是多类别并且无序，因此采用无序多分类 Logistic 回归分析方法。

---

① 乔治・瑞泽尔．古典社会学理论（第 6 版）［M］．王建民译．北京：世界图书出版公司北京公司，2014.

② Lawrence C. Walters，James Aydelotte and Jessica Miller. Putting More Public in Policy Analysis［J］. *Public Administration Review*，2000，60（4）.

③ 岳经纶，刘璐．公众参与实践差异性研究——以珠三角城市公共服务政策公众评议活动为例［J］．武汉大学学报（哲学社会科学版），2018（2）：175-188.

无序多分类 Logistic 回归分析法用于分析变量为无序多分类的情况。无序多分类 Logistic 回归模型首先会定义因变量的某一个水平为参照水平，其他水平均与其相比，从而建立水平数 –1 个广义 Logit 模型。[①] 从当前研究来看，无序多分类 Logistic 回归广泛应用于社会学、经济学、管理学、教育学等领域相关影响因素分析。因此，村民参与团队免费文化活动的态度回归模型为：

$$Y = \beta_0 + \beta_1 X_1 + \beta_2 X_2 + \beta_3 X_3 + \beta_4 X_4 + \beta_5 X_5 + \beta_6 X_6 + \beta_7 X_7 + \beta_8 X_8 + \beta_9 X_9 \quad (1)$$

式（1）中，Y 代表每次参与团队免费文化活动的态度。X_1、X_2、X_3、X_4、X_5、X_6、X_7、X_8 和 X_9 分别代表活动地点距离较远、没有时间、与自己兴趣爱好不相符、没有固定的活动场所、设施设备老旧、团队内部气氛不融洽、无法展示自己的特长、团队管理不善和年龄较大，行动不方便。β_0 表示模型的常数项，$\beta_1 \sim \beta_9$ 分别表示所求各个变量系数。

（二）实证分析

1. 村民提供免费文化活动的态度

通过对问卷统计显示，民间文化组织成员每次提供免费文化活动的态度较高：53.7% 的被调查成员选择经常参加，10.3% 的被调查成员选择全部参加，29.5% 的被调查成员选择偶尔参加，很少参加和从未参加的分别只有 4.6% 和 1.8%。

一是低学历参与的积极性高于高学历的。从教育程度来看，学历越低，参与的积极性就越高。在经常参加中，初中及以下学历占 36.7%，本科及以上只占 4.1%，高中和大（中）专分别为 7.6%、5.4%。学历越高参与的积极性就越低。选择全部参加：初中及以下学历占 8.9%，而高中及以上学历共计 1.4%。

二是中老年参与的积极性高于青少年。统计显示，经常参加的占 53.7%，其中 50 ~ 60 岁的村民在经常参加中所占比例较高（16.8%），均高于 41 ~ 50 岁（13.7%）、31 ~ 40 岁（8.7%）、21 ~ 30 岁（6.5%）、20 岁及以下（2.7%）。年龄越小参与积极性就越低。

三是女性参与的积极性高于男性。问卷统计显示，无论是经常参加还是全部参加，女性参加的积极性显著高于男性。在被调查的女性中，经常参加的占 31.9%，全部参加的占 7.0%；而男性经常参加和全部参加分别占 21.8% 和 3.3%。

2. 影响村民提供免费文化活动态度的影响因素

通过对影响村民免费提供公共文化态度的变量无序回归，如表 3 所示为对模型中是否所有协变量回归系数全为 0 进行似然比检验，模型中未引入自变量时 –21nL 为 1087.497，引入自变量后减少至 918.961，二者之差等于 168.537，自由度为 100，$p < 0.001$。结果表明至少有一个协变量的偏回归系数不为 0，说明该模型具有统计学意义。

① 张文彤，董伟 . SPSS 统计分析高级教程［M］. 北京：高等教育出版社，2018.

表 3　　模型拟合信息

模型	模型拟合标准	似然比检验		
	–2 倍对数似然值	卡方	df	B
仅截距	1087.497	—	—	—
最终	918.961	168.537	100.000	0.000

通过无序多分类 Logistic 回归模型似然比检验结果（见表 4）可以看出：①村民免费提供文化活动的态度与没有时间、兴趣爱好不符、行动不便、职业呈显著正相关；与年龄、教育程度、能否展示特长没有显著关系。②村民免费提供文化活动的态度与团队管理不善呈显著正相关；活动距离、活动场所设施设备、团队内部气氛没有显著关系。

表 4　　似然比检验

效应	模型拟合标准	似然比检验		
	简化后模型 –2 倍对数似然值	卡方	df	B
截距	918.961[a]	0.000	0.000	0.000
年龄	940.604	21.643	24.000	0.601
受教育程度	943.635	24.675	16.000	0.076
职业	963.461[b]	44.500	24.000	0.007
活动地点距离较远	929.341[b]	10.380	4.000	0.034
没有时间	940.878[b]	21.918	4.000	0.000
与自己兴趣爱好不符	931.266	12.306	4.000	0.015
没有固定的活动场所	922.487[b]	3.527	4.000	0.474
设施设备老旧	923.142[b]	4.182	4.000	0.382
团队内部气氛不融洽	922.275	3.314	4.000	0.507
无法展示自己的特长	921.091[b]	2.130	4.000	0.712
团队管理不善	931.730[b]	12.770	4.000	0.012
行动不方便	928.682[b]	9.722	4.000	0.045

注：B 代表回归系数及对应的显著性水平，$p<0.05$；$p<0.01$；$p<0.001$。

卡方统计量是最终模型与简化后模型之间在 –2 倍对数似然值中的差值。通过从最终模型中省略效应而形成简化后的模型。零假设就是该效应的所有参数均为 0。

a. 因为省略效应不会增加自由度，所以此简化后的模型等同于最终模型。

b. Hessian 矩阵中有意外的奇异性。这表明应排除某些指示变量，或合并某些类别变量。

第一，从行动者的角度来看。职业、没有时间、兴趣爱好不符和行动不方便，是影响村民免费提供文化活动态度的因素。问卷统计结果显示：村民每次免费提供文化活动经常参加为 53.7%，其中农民占 26.2%，占经常参加的近 50% 左右。依次是自由职业者（6.3%）、教师（5.0%）。在实地调查中了解到，部分村民由于年龄较大和身体原因，导致行动不方便，最终影响参加活动的态度。也就是说，年龄的大小对参与态度没有显著影响，只要身体允许，就会积极参加。

回归结果显示，兴趣爱好不符是影响因素之一。根据前文研究，村民参与农村公共文化治理的行动逻辑的因素之一，是因为民间文化组织提供了与个人兴趣爱好相符的条件。因此，民间文化组织免费提供文化活动时的内容，如果与村民个人兴趣爱好相背离，村民参与态度就会大打折扣。年龄、教育程度、能否展示特长对村民免费提供文化活动的态度没有影响。

第二，从处境来看。团队管理不善是影响村民免费提供文化活动态度的主要因素。从这一结论来讲，与前文村民参与农村公共文化治理的行动逻辑呈现出悖论。活动点距离、没有固定场所、设施设备老旧、内部气氛不融洽对村民免费提供文化活动的态度不产生影响。内部气氛不融洽，未对村民免费提供文化活动的态度产生影响，也进一步证明了前文村民参与农村公共文化治理的行动逻辑。

四、基本结论和对策建议

民间文化组织的高度包容性，为村民参与农村公共文化治理提供了一个多样化的文化空间，实现了不同村民参与农村公共文化治理的价值取向。但是，个体因素和兴趣爱好的差异，影响村民参与农村公共文化治理的态度。因此，根据民间文化组织发展的现状和村民的实际，提升民间文化组织自我管理能力，塑造村民参与公共文化事务、农村公共文化治理的意识，是促进村民参与农村公共文化治理的有效途径。

（一）基本结论

（1）村民参与农村公共文化治理的行动结构。首先，村民参与农村公共文化治理的价值取向是为了个人主体性价值的构建。政府鼓励和引导村民参与农村公共文化治理，其目的是实现社会性公共价值的目的。但从调研结果来看，村民参与农村公共文化治理形成了个人主体性价值构建与社会性公共价值构建的对立。

其次，民间文化组织的包容性，为村民参与农村公共文化治理的价值取向提供了行动逻辑。如果民间文化组织所提供的条件和手段（处境），无法满足或实现村民参与农村公共文化治理的价值取向，村民也就不会加入民间文化组织。只有民间文化组织的处境达到个体性行动逻辑与系统性行动逻辑的高度统一，才能吸引村民参与农村公共文化治理。

最后，从民间文化组织的环境来看，达到了个体性功能和社会性功能的有机统一。从民间文化组织的功能和业务范围来讲，在为村民营造一个与其兴趣相符、能够实现村民价值的环境的同时，也为农村社会无偿提供了文化活动，丰富了农村文化生活。但宣传文化政策、承接政府文化活动等功能较弱。

（2）村民自身因素对其参与农村公共文化治理影响多于民间文化组织。通过前文分析，从行动者来看，职业、没有时间、兴趣爱好不符和行动不方便，是影响村民免费提供公共文化活动态度的主要因素。从行动单位来看，民间文化组织诸多要素中，只有管理不善对村民免费提供公共文化活动的态度产生影响。

（二）对策建议

一是加强民间文化组织的自身管理。从当前的研究成果和民间文化组织实际情况来看，民间文化组织管理不善，已经成为制约民间文化组织参与农村公共文化治理的瓶颈。一方面，基层政府和主管部门要有意识地引导民间文化组织规范化管理。首先，从外部引导。完善民间文化组织建设的规章制度；加强对民间文化组织各类活动的指导和监督。其次，从内部生成。加强对民间文化组织负责人管理知识的培训，增强负责人的管理意识，达到自我管理、自我规范、自我约束。民间文化组织要不断加强自身业务技能的提升，以业务技能提升促进组织管理。

二是提升民间文化组织的专业技能。由于民间文化组织在专业技术方面，缺乏系统化、规范化的训练和指导，与村民的兴趣爱好产生差距，最终影响村民的参与。文化馆、群艺馆定期或不期对民间文化组织专业技术指导、培训，对专业技能较好的成员或成员骨干进行集中培训，以此提升民间文化组织成员的专业技能能力，吸引更多村民参与民间文化组织，参与农村公共文化治理。

三是塑造村民参与农村公共文化治理公民性品格，提升村民的公共行动能力。村民民主意识的高低，成为其参与社会公共文化事务的关键。前文研究显示，村民参与社会公共文化事务的意识相对低下。“在创新社会治理体制的过程中，培育和提升公共参与意识是一项重要工作”①，要避免形成村民参与农村公共文化治理“公民唯私主义综合征”。②一方面，加强党和政府相关政策的宣传力度。借助传统的广播、电视，以及微信、QQ 等现代信息技术手段，加大对村民的宣传、教育力度，让村民知晓、了解党和政府的相关政策，提升公民参与的知晓权和知晓度。另一方面，政府应不断营造或创造新的公共文化领域，拓宽村民参与渠道。以互联网为平台、以智能手机为终端，建立数字化、信息化的公共文化领域，让村民对当前农村发展中的公共文化事务进行讨论、谋划，为各级政府发展农村文化建言献策。

① 高勇．积极构建中国特色的公民参与体系［N］．光明日报，2014-12-20（7）．

② 哈贝马斯．在事实与规范之间：关于法律和民主法治国的商谈理论［M］．童世骏译．北京：生活·读书·新知三联书店，2003.

旅游驱动下传统村落文化空间生产逻辑与价值回归*

李俊辰**

（武汉大学国家文化发展研究院）

摘要：传统村落是基于地缘、血缘、业缘发展起来的地域性乡村社会共同体，乡村文化空间在传统村落的变迁过程中起到了贮存集体记忆、促进民族认同、传承优秀传统文化的重要作用。本文以世界文化遗产地——安徽宏村为例，依托列斐伏尔空间生产理论，构建“生态—社会—精神”三位一体的乡村文化空间系统。旅游驱动下的现代性和流动性开始嵌入乡村，传统村落文化空间面临着解体与重构，以政府、企业、游客和原住民等为主的多元力量相互博弈，形成了新模式驱动的文化空间生产逻辑。解决乡村文化空间破碎化、脱域化、无序化等空间异化问题，要从优化景观空间，实现人地和谐；畅通治理路径，保证权力正义性；回归村民主体，提高社区参与能力等方面提出优化策略。

关键词：乡村旅游；传统村落；文化空间

The Production Logic and Value Return of Traditional Village Cultural Space Driven by Rural Tourism

Li Junchen

(National Institute of Cultural Development，Wuhan University)

Abstract: Traditional villages are regional rural social communities based on geography, blood and industry. Rural cultural space plays an important role in storing collective memory, promoting national identity and inheriting excellent traditional culture in the process of the

---

* 基金项目：国家社会科学基金艺术学重大项目“促进文化和旅游融合政策创新研究”（项目编号：20ZD01）；教育部人文社会科学项目“基于场景理论的城市创意街区空间生产机制与模式研究”（项目编号：19YJC760167）。

** 作者简介：李俊辰（1988—），男，汉族，安徽人，武汉大学国家文化发展研究院博士，研究方向为乡村旅游与空间生产。通讯地址：武汉大学文理学部别墅区 20 栋，电话：13260561407，E-mail：1030575747@qq.com。

change of traditional villages. Taking Hongcun, a world cultural heritage site, as an example, and relying on Lefebvre' s space production theory, this paper constructs a rural cultural space system of "ecology society and spirit" .The modernity and mobility driven by tourism began to embed in the countryside, and the cultural space of traditional villages was facing disintegration and reconstruction. Multiple forces, such as government, enterprises, tourists and aborigines, competed with each other, forming a cultural space production logic driven by the new mode. To solve the problems of spatial alienation such as the fragmentation, delocalization and disorder of rural cultural space, we should optimize the landscape space and realize the harmony between people and land; Smooth the governance path and ensure the justice of power; Return to the main body of villagers,, improve the ability of community participation and other aspects of optimization strategies.

Keywords: Rural tourism; Traditional village; Cultural space

传统村落是保存中华文明的基因库，拥有较丰富的传统资源，具有一定历史、文化、科学、艺术、社会、经济价值。[①] 中国传统村落旅游是伴随着改革开放而兴起的，自 20 世纪 80 年代后期起步以来，先后经历了兴起阶段、起步阶段、规范阶段、快速阶段、全面发展五个时期，新时代下随着文旅融合和乡村振兴战略的全面推进，传统村落的保护和活化开发又进入了新的阶段。2012 年，随着传统村落保护和发展专家委员会公布“传统村落”这一概念，传统村落以其独特的文化价值、历史价值、美学价值和经济价值成为乡村旅游热点和研究热点，传统村落旅游研究也开始向多角度发展转变。[②] 自 2017 年党的十九大提出“乡村振兴战略”以来，中共中央、国务院连续三年以“乡村振兴”为主题发布了中央一号文件，乡村旅游和传统村落保护作为重要内容也被写入文件之中。旅游开发的持续升温虽带动了传统村落的经济发展，扭转了传统村落的衰落局面，[③] 实现了“旅游减贫”的目标，但旅游所裹挟的现代性和资本扩张等因素也逐步渗透到乡村文化空间的演化当中，造成了空间内部的功能变迁与社会结构重组。乡村旅游所带来的社会资本、国家权力以及外来游客等复杂利益主体及其背后牵涉的各类现代性与流动性力量在短时间内快速、强势地涌向乡村空间，使乡村空间在激进的旅游开发与发展中呈现出明显的撕裂与解体趋势，破碎化、脱域化、无序化等乡村空间异化问题日益严重。[④]

鉴于此，本文基于乡村旅游的语境，以列斐伏尔的空间生产理论为基础，尝试探讨乡村文化空间的结构层次，构建旅游驱动传统村落乡村文化空间重构的整体性分析框架，以期有效化解乡村旅游发展中的空间异化问题，促进人地关系和谐发展，为实现乡村全面振兴提供理论指导与实践借鉴。在宏村近 40 年的旅游开发运营当中，通过政府主导，成立开发公司，居民广泛参与，以旅游带动

① 孙九霞．传统村落：理论内涵与发展路径［J］．旅游学刊，2017（1）：1-3.

② 罗萍嘉，郑祎．基于 CiteSpace 的中国传统村落旅游发展文献综述可视化研究［J］．地理与地理信息科学，2020，36（1）：129-135.

③ 车震宇，保继刚．传统村落旅游开发与形态变化研究［J］．规划师，2006（6）：45-60.

④ 周梦，卢小丽，李星明，张祥．乡村振兴视域下旅游驱动民族地区文化空间重构：一个四维分析框架［J］．农业经济问题，2021（9）：68-79.

整体经济发展模式进行，在游客、政府、企业和居民凝视之下，多元空间生产主体之间的矛盾日益加剧。乡村旅游开发作为权力与资本的结合，其旅游经济实现飞跃式发展背后所隐藏的空间矛盾与冲突具有较强的典型性，是中国大部分乡村地区发展旅游面临的普遍性问题，也为旅游驱动传统村落文化空间重构的研究提供了理想样本。

一、理论基础与研究进路

（一）中国传统村落研究基础

学界关于中国传统村落研究主要集中在传统村落数字化保护、旅游开发、空间形态、文化遗产、人居环境等方面，[①] 在针对旅游开发的研究当中，研究者从不同角度对传统村落与乡村旅游进行研究，大部分学者聚焦于传统村落旅游资源描述、可持续开发与保护策略以及传统村落旅游中社区参与等方面。刘沛林将传统村落资源属性与市场环境相结合，并综合考虑其目前乡村旅游开发所存在的问题，有针对性地提出乡村旅游产品开发路径。[②] 有学者从传统村落可持续发展角度论述了原生文化和自然在旅游开发过程中对村落风貌的利弊影响。[③] 吴文智以西递、宏村为例，揭示旅游开发模式和演进模式，最早为古村落有序发展提供了思路。[④] 卢松以世界文化遗产地宏村为例，探讨生活满意度和地方依恋的联系，[⑤] 同时构建了由人文系统和生态系统组成的古村落旅游可持续性评估模型，并利用该模型对宏村的生态旅游进行了实证研究。[⑥] 张建忠等则运用文化生态旅游理论探讨古村落旅游开发，提出了古村旅游发展要以文化生态为切入点，深入进行物态化、制度化和意态化“三态”文化的活化利用。[⑦] 但是目前的研究多关注“文化空间中的生产”而非“文化空间”本身，缺少对文化空间生产关系的哲学反思以及生产主体间行动逻辑的探讨，同时，针对旅游语境下传统村落文化空间伦理以及空间生产意义探讨不足。

（二）乡村文化空间类型研究

列斐伏尔对社会关系的存在性和资本主义及现代性的解释以欧洲的城市空间为研究背景，他对乡村生活以及其他国家的社会情况极少阐述，[⑧] 但是列斐伏尔早期关于乡村社会的研究也是其思想的重要组成部分。正如列斐伏尔本人也在书中写道，“如果我们将乡村视为城市的一种类型，而并非与城市对立的二元分类，该框架（概念三元组）可以被用于乡村”。[⑨] Phillips 最先以三重空间的

---

① 李伯华，罗琴，刘沛林，张家其．基于 CiteSpace 的中国传统村落研究知识图谱分析［J］．经济地理，2017，37（9）:207-214+232.

② 刘沛林，于海波．旅游开发中的古村落乡村性传承评价——以北京市门头沟区爨底下村为例［J］．地理科学，2012，32（11）：1304-1310.

③ 车震宇．旅游开发对传统村落风貌的利弊影响［J］．旅游研究，2016（3）：1-12.

④ 吴文智．旅游地的保护和开发——安徽古村落（宏村、西递）实证分析［J］．旅游学刊，2002，17（6）：49-53.

⑤ 卢松，陆林，徐茗等．古村落旅游地旅游环境容量初探——以世界文化遗产西递古村落为例［J］．地理研究，2005，24（4）:581-590.

⑥ 卢松，陈思屹，潘蕙．古村落旅游可持续性评估的初步研究——以世界文化遗产地宏村为例［J］．旅游学刊，2010，25（1）:17-25.

⑦ 张建忠，刘家明，柴达．基于文化生态旅游视角的古村落旅游开发——以后沟古村为例［J］．经济地理，2015，35（9）:189-194.

⑧ Unwin T. A. Waste of Space Towards a Critique of the Social Production of Space［J］. *Transactions of the Institute of British Geographers*, 2005（25）: 11-29.

⑨ Lefebvre H. Writings on cities［M］. Oxford Blackwell，1996.

逻辑解释了乡村绅士化的产生，象征意义和社会化过程。①Halfacree 则在思考英国乡村的真实性时提出了乡村空间的三元组框架，即乡村地方性空间实践、乡村表征空间表达和乡村生活的表征空间。② Frisvoll 提出了“交织权力”概念，从社会行动者和能动性角度出发，重新运用社会关系和社会实践解释乡村生活问题，继而阐述了话语和表征的作用和角色。③ 国内有关文化空间生产理论的研究成果集中于都市领域，强调空间的社会性、政治性，针对乡村文化空间生产的研究成果较少，对乡村文化空间生产的研究领域、研究视角、研究内容尚不足，然而国内亦有不少学者从对民族文化空间的概念辨析、乡村文化空间类型以及结构层次等方面做出了解读。

余压芳等从时空角度将少数民族村寨的“文化空间”分为地点主导型文化空间和时间主导型文化空间；④ 郭凌等从物质文化维、制度文化维、精神文化维三个维度分析了西昌泸沽湖社区在旅游开发导向下民族文化的生产过程、空间形态及文化空间生产的动力机制；⑤ 桂榕等提出“旅游物理空间、旅游景观符号空间、旅游参与体验空间”的民族文化旅游空间生产内容；⑥ 郭文提出以“旅游物理—地理空间（旅游空间实践）、旅游社会—经济空间（旅游空间再现）、旅游文化—心理空间（再现旅游空间）”为核心的旅游地生产“社会—空间”辩证分析范式；⑦ 周梦等提出了民族地区乡村文化空间的生产体系，即“物质景观空间—文化符号空间—社会关系空间”的乡村文化空间系统。⑧ 陶慧等基于“空间—主体”的双维动态框架，提出了“生产—生活—生态”的三生空间的主体价值互构。⑨ 可以看出，旅游驱动下乡村文化空间的生产与重构是一个持续、动态的过程，也是一个历史的范畴，这与列斐伏尔提出的将空间性、社会性与历史性相结合的“三元辩证法”相吻合。所以，乡村文化空间系统关注的不能仅限于具体的物质空间营造，而且要考虑空间作为一种社会关系的产物对整体文化意义的形成、社会权力的实现以及伦理价值的重塑所产生的深层次作用。

二、乡村文化空间生产的理论架构

列斐伏尔空间生产理论中最重要的研究成果是对空间三重性的划分，提出了空间生产的三元辩证法，即空间实践（spatial practice）、空间的表征（representations of space）和表征的空间（spaces of representation），这三重空间的特征从现象学上来看分别是感知的（the perceived）、构想的（the conceived）和生活的（the lived），从语言学上来看又分别对应着空间实践、空间再现和再现空间，三重空间之间辩证统一，分别对应着的物质空间、精神空间和社会空间。其中，“空间实践”强调

① Phillips M. The Production, Symbolization and Socialization of Gentrification：Impressions from Two Berkshire Villages [J]. *Transactions of the Institute of British Geographers*, 2002（27）：282–308.

② Halfacree K. Trial by Space for Aradical Rural：Introducing Alternative Localities [J]. *Representations and Lives*, *Journal of Rural Studies*, 2007（23）：125–141.

③ Frisvoll S. Power in the Production of Spaces Transformed by Rural Tourism [J]. *Journal of Rural Studies*, 2012（28）：447–457.

④ 余压芳，刘建浩. 论西南少数民族村寨中的“文化空间”[J]. 贵州民究，2011，32（2）：32–35.

⑤ 郭凌，王志章. 制度嵌入性与民族旅游社区参与——基于对泸沽湖民族旅游社区的案例研究 [J]. 旅游科学，2014，28（2）：12–22+48.

⑥ 桂榕，吕宛青. 民族文化旅游空间生产刍论 [J]. 人文地理，2013，28（3）：154–160.

⑦ 郭文. 空间的生产与分析：旅游空间实践和研究的新视角 [J]. 旅游学刊，2016，31（8）：29–39.

⑧ 周梦，卢小丽，李星明，张祥. 乡村振兴视域下旅游驱动民族地区文化空间重构：一个四维分析框架 [J]. 农业经济问题，2021（9）：68–79.

⑨ 陶慧，张梦真. 乡村遗产旅游地“三生”空间的主体价值重塑——以广府古城为例 [J]. 旅游学刊，2021，36（5）：81–92.

空间的社会生产和再生产具有物质形式；“空间的表征”可以理解为对空间的概念化，是科学家、规划师、城市主义者、技术官僚、社会工程师和某些艺术家虚构出的概念空间，它趋向一种文字的和符号的系统；“表征的空间”是通过相关的意向和符号而被直接使用的空间，是一种被社会主体实际占领和体验的空间，它与物质空间重叠并且对物质空间中的物体作象征（符号）式的使用。空间生产的三元辩证法中所蕴含的空间本体论与认识论为解决旅游语境下传统村落乡村文化空间结构异化问题，促使乡村空间文化与价值的回归注入思考与诠释的新模式，同样具有理论适用性。美国文化人类学家斯图尔德首次提出“文化—生态适应”理论，[①]以“解释那些具有不同地方特色的独特的文化形貌和模式的起源”。因此，综合运用空间生产理论和文化生态学范式来分析乡村文化空间，既可以从系统的角度突出文化研究的历史性和社会性，又可以从动态平衡的角度突出文化研究多线路之间的平衡。传统村落作为一个包含人、文化遗产、空间形态和人居环境等因素的文化生态实体，[②]在深入挖掘传统村落历史变迁“来龙”的基础上，突出具体的“去脉”路径，做到历史与逻辑、理论与现实的双重统一。[③]因此，本文基于文化生态学的理论背景，从空间生产的三元辩证法的视角去解构乡村文化空间生产，将有助于深入理解乡村文化空间的社会性、政治性、历史性，建构适合乡村文化空间生产的表征制度和发展路径与基于旅游开发背景下的生活场景“使用者”运作机制。

乡村空间本质上就是一个文化空间，传统村落文化空间是“长期生产、生活、聚居和繁衍在一个边缘相对清晰、特定地域中的农业人群所组成的空间单元”。[④]历史学家冯天瑜认为“文化生态学的使命是把握文化生成与文化环境的调适及其内在联系。”[⑤]因此，本文将乡村文化空间理解为是以“空间存在”的方式实现乡村地域精神意义上的建构，通过空间范畴为乡村地域主体精神世界的塑造与主体存在的确证提供本体性话语，实现乡村空间从功能空间到精神空间的拓展、从生产生活物质实践到场所精神感知的转向，以及对乡村地域中人与空间协调程度以及人的情感参与空间营造的深度的双重强调。[⑥]可以将乡村文化空间定义为：立足于乡村自然生态环境，以人的社会实践行为和人际交往为触媒，开展长期的农业生产活动与生活实践，以物态文化、制度文化、行为文化和心态文化为内核所形成的乡村文化符号与场所精神。

依照“文化生态三层次”结构化理论[⑦]将乡村文化空间的生态场域划分为“自然场域—社会场域—人文场域”三位一体的文化生态空间的环境基底，进而对生态自然环境、社会生产生活实践行为、人的精神世界产生整体性意义。传统村落是一个拥有自然环境和社会政治、经济、文化生活的活态社区和原生群落，人和文化同时置于村落环境系统中，构成了完整而平衡的内源自生本体文化空间。具体来说，以乡村生态三大场域为内核，传统村落在社会实践活动作用下，在物态文化层面

---

① J. H. Steward. *Theory of Culture Change*：*The Methodology of Multilinear Evolution*［M］. Urbana University of Illinois Press.

② 吴开松，郭倩．文化生态视域下传统村落活态保护研究［J］．湖北民族大学学报（哲学社会科学版），2022，40（3）：114-124.

③ 张晓琴．乡村文化生态的历史变迁及现代治理转型［J］．河海大学学报（哲学社会科学版），2016，18（6）：80-86+96.

④ 刘森林．中华聚落：村落市镇景观艺术［M］．上海：同济大学出版社，2011.

⑤ 冯天瑜，何晓明，周积明．中华文化史［M］．上海：上海人民出版社，2015.

⑥ 周梦，卢小丽，李星明，张祥．乡村振兴视域下旅游驱动民族地区文化空间重构：一个四维分析框架［J］．农业经济问题，2021（9）：68-79.

⑦ 傅才武．构建文化生态层次结构理论框架——冯天瑜教授《中华文化生态论纲》读后［J］．社会科学动态，2022（3）：124-126.

生产出生态文化空间，它承载于实体的地理环境，呈现出山地平原、河湖水系、生物物种、山林草木等乡村自然景观与传统建筑、田园景观、聚落格局等乡村人文景观的表征；在制度文化和行为文化层面衍生出的社会文化空间则形成于人的劳动生产实践中，主要表现为生产生活和人际交往两种形式，诸如村规民约、民俗节庆、民间礼仪、祭祀活动、生产技艺、农业生产、产品加工、社区营造等日常生活实践和旅游驱动乡村改造叠置而成的空间聚合体；传统村落在心态文化层面演化出精神文化空间，乡村精神文化空间以文化符号、文化记忆、文化象征、伦理道德、价值观念和地方认同为维系，在传统聚落空间内不同利益主体的集体协商和建构的过程中被生产，并伴随着争夺、协商、妥协、和谐等多种状态。上述“生态文化空间—社会文化空间—精神文化空间”三位一体的乡村文化空间系统是传统村落社会关系交往与互动中产生的情感与精神是客观存在的物理空间与主体意识交融的复合体，与列斐伏尔的“空间实践—空间的表征—表征的空间”三元辩证法相呼应，在满足村民生产生活基本需求的同时，更能满足情感、精神与伦理上的价值需求（见图 1）。

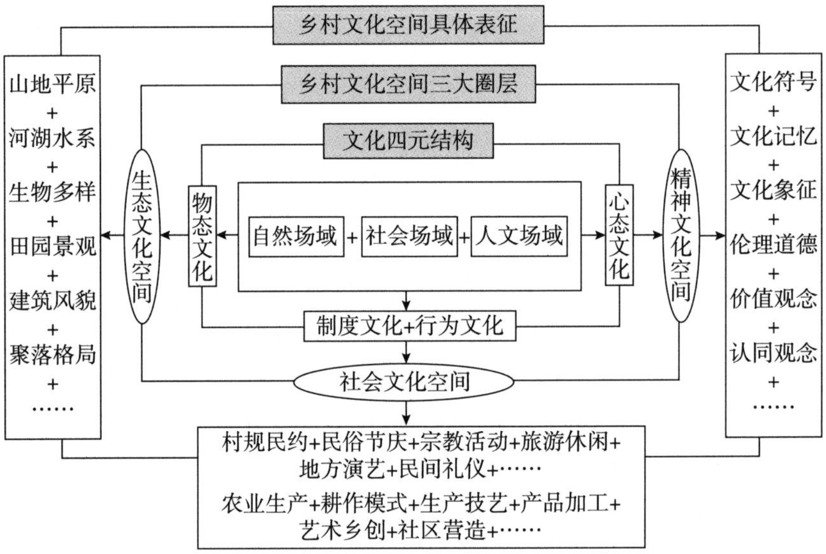

图 1 乡村文化空间结构与层次

三、旅游驱动下乡村文化空间生产框架：以宏村为例

宏村，作为一个拥有 891 年的中国传统村落，是旅游驱动乡村转型发展的典型案例。宏村承载着中国传统建筑文化内涵，形成独特物质空间和人文景观风貌，体现着天人合一的哲学思想，也是研究徽州封建宗法制度的解剖典型，集聚着传统乡土时代的所有美好想象。2000 年 11 月宏村被正式列入“世界文化遗产名录”，先后荣获“全国重点文物保护单位”“国家 AAAAA 级风景区”“中国首批历史文化名村”“全国生态文化村”“中国画里乡村”等诸多殊荣。宏村自 1986 年 10 月正式开发旅游至 1998 年 1 月，先后经由黟县旅游局、宏村镇政府、宏村村委会等不同主体参与运营管理，不同等级的政府部门成了旅游开发的主导者，宏村村民因旅游不同程度地受益，但旅游富民的效能较低。1998 年，随着黄山京黟旅游开发总公司开始运营管理和经营宏村旅游，正式标志着

宏村旅游开发进入到政府主导和资本运作以及村民参与的新阶段。2020 年 6 月徽黄旅游发展（集团）有限公司以股权重组的方式正式控股京黟公司，采用全域旅游发展理念对全县旅游景区进行整合。本文基于资本、权力和地方阶层裹挟之下多元利益主体的博弈，尝试构建旅游驱动下乡村文化空间生产解释框架。

（一）生产主体：政府、企业、游客和原住民

旅游场域作为社会场域中的特殊存在，可以视为围绕旅游活动形成的包括社会交往存在和流动网络空间在内的客观关系构型，“一个场域是由附着于某种权力（或资本）形式的各种位置间的一系列客观历史关系所构成”，① 其文化空间生产必将受到地方政府、开发商、游客以及原住民等多元主体的影响，多元主体根据自身占据的位置，依据自我的权力和习惯进行资本、权力和正义的竞争博弈，以共同推进旅游场域中社会关系的再生产。多元主体的空间凝视和旅游空间主导者的空间规制促成了“空间中的流动”，使“地方空间”（space of places）渐趋转变为“流动的网络空间”，并在新的空间中创造了一个关于旅游空间生产与消费、旅游生产与资本推进、旅游生产与权能、旅游管理与信息的多变的复杂社会网络关系，这种网络关系通过空间流动和规制而运动，成为旅游社会实践的利益主体。② 宏村的旅游开发模式是通过政府主导、市场运作和群众参与的方式进行，先后经历了不同阶段和不同主体的开发运营。

地方政府作为凝视主体的构成者之一，他们往往出于经济目的，或为地方经济的增长，或为利益集团获利，或以角色扮演体现在目的地空间的“产品化”和“商品化”中实现对目的地的规制。在宏村早期旅游开发实践中，黟县旅游局、宏村镇政府、宏村村委会作为地方权力的主体行使着规制、约束和管理的功能属性。

旅游开发商代表资本主体，常常在权力协调中成为旅游目的地的实际开发者，通过资金投入获取利润或参与股份成为控股主导者或直接代表政府进行开发，充当旅游目的地的积极推动者。自 1998 年后宏村旅游开发主体主要是黄山京黟旅游开发总公司和徽黄旅游发展（集团）有限公司，两大运营管理公司分别通过市场运作和全域整合的方式进行开发运营。

游客在旅游地游览活动造成的对当地文化与景观的影响作用力是一种凝视行为，游客凝视的欲望在地理空间上获得了延伸，他们是网络空间发育的起点和基本动因，其行为确立了目的地空间的位置及存在，当持续地凝视固化和物化时，乡村文化空间公共性和社会性便随之产生了。

原住民群体是空间中重要的活态文化和动的历史见证。政府及景区管理主体对村落的空间形态与秩序进行操纵，企图实践其构想中的空间表征（见表 1）。但居民并没有完全接受其控制，而是通过日常生活进行抗争，实现反抗性的表征空间。他们通过使用者的行动策略，重新满足了生活生产的空间需求，夺回了部分空间秩序改写的权力，并在空间实践的过程与结果中体现了生活性。③

---

① 皮埃尔・布迪厄 . 实践与反思——反思社会学导引［M］. 李猛等译，邓正来校 . 北京：中央编译出版社，1998.

② 郭文 . 旅游空间生产：理论探索与古镇实践［M］. 北京：科学出版社，2015.

③ 孙九霞，周一 . 日常生活视野中的旅游社区空间再生产研究——基于列斐伏尔与德塞图的理论视角［J］. 地理学报，2014（10）：1575-1589.

表 1　　2015～2021 年宏村游客量和门票收入统计

年份	2015	2016	2017	2018	2019	2020	2021
游客量（万人次）	186.00	204.51	227.03	250.83	275.89	132.36	129.36
门票收入（万元）	11310.99	11902.55	12991.72	14406.88	15860.81	5682.39	8201.81

（二）生产逻辑：资本增值、权力主导与阶层抵制

旅游驱动下传统村落文化空间重构逻辑可以概括为依靠资本增值、权力主导与阶层抵制模式主导下的游客、政府管理者、旅游开发商和原住民间的权力博弈来完成的，资本、权力和阶层是主要影响传统村落文化空间生产的政治经济和社会要素，这从根本上丰富和拓展了列斐伏尔“空间的生产”理论的内涵和外延。在列斐伏尔之后，西方研究者围绕资本、权力和阶层等因素解析了空间生产的机理，资本作为空间生产的内在动力，通过对“社会经济空间的生产”，来完成旅游场域中的空间的三级循环；权力则是依靠制度、规划和营销等行动途径，在资本运作中完成“制度规则空间的生产”；自从资本和权力结合之后，空间异化现象问题便产生了，随之而来的是利益分配不公和空间资源失衡，不同网络空间主体阶层便开始了对“社会公共空间的生产”抵制。资本增值、权力主导与阶层抵制所主导的旅游场域空间生产结构相辅相成，循环式地引发了新一轮空间的再生产。①

资本增值是“社会经济空间生产”的内在驱动力（见图 2）。哈维提出“资本的城市化”理论，认为空间的生产是资本投资于一般生产资料和消费资料的初级循环，投资于建成环境的第二级循环以及投资于科教和社会领域的第三级循环。② 资本的三重循环理论用于解决城市资本化问题，同样适用于旅游场域影响下的乡村文化空间，它总是通过资本增值的方式创造出与自身生产方式和生产关系相适应的空间联结。传统村落的旅游开发正是在空间生产资本逻辑影响下进行“地理—景观”上的空间开发和“交换和消费”所形成的符号性消费场所的初级循环，如旅游开发中的资金、人力、场地、设备等物质和非物质资源；从对传统村落“空间中的生产”向“空间生产”转变完成象征性第二级循环；依靠“带有福利性质的社会平衡调节”方式实现资本第三级循环。

权力主导为“制度规则空间的生产”提供外在动力。权力逻辑实质上是一种转换能力，最广义的“权力”在逻辑上先于主体性及行为的反思性监控的构成。权力作为一种保证集体组织系统中各单位履行有约束力的义务的普遍化能力。权力通过对个人、地方空间的控制，表现出一种强制性，通过对地方区域的制度环境、政治环境和文化环境的影响，达到控制个人或地方，进而为资本服务的目的。与资本所生产的具象的空间不同，权力空间的生产塑造的“政治—制度”空间虽然是非物质形态的，却可以通过制度和规范来约束和促进资本和市场的循环。“权力空间化”具体可以通过制度设计、行政规划和形象塑造来实现“空间的表征”实践。

① 郭文. 旅游空间生产：理论探索与古镇实践［M］. 北京：科学出版社，2015.

② Harvey D. *The Limits to Capita*［M］. Oxford Blackwell，1982.

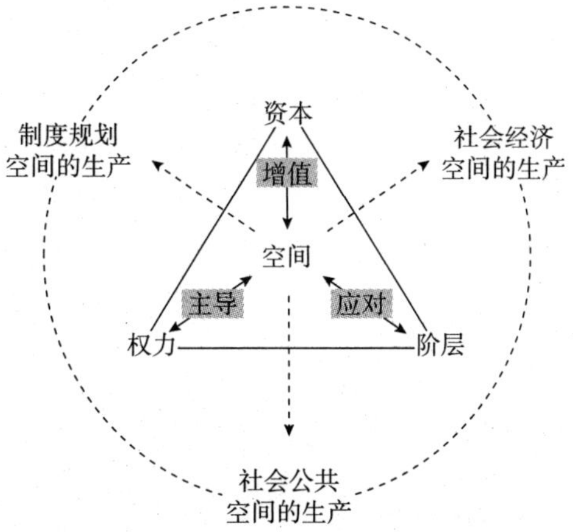

图 2 旅游场域中乡村文化空间重构逻辑

阶层抵制是“社会公共空间的生产”的反馈动力。阶层逻辑是从空间使用者的角度出发，反映的是社会阶层赋予意义的空间文本，是他们对于空间的地方感知和文化认同，是直接经历和生活的空间,属于“表征的空间”范畴。德塞图的“日常生活实践理论”为阶层抵制提供了一种行为指导，“抵制”作为“日常实践”的重要组成部分,指的是在宏观上服从强势群体所设立的主流空间秩序，却暗中突破防范，灵活随机地实施小规模的违规，主要通过以下几种方式实现[①]：一是人们运用日常的语言和文化来破坏占统治地位的权力体系，创造新的空间；二是“行走”；还有“抵制”和“权宜之计”。阶层抵制是对资本主导下空间生产过程中权力主导的反抗，最终通过日常生活的创造力与前述“空间的表征”实践共同建构出了旅游地的“表征的空间”。

四、空间异化：旅游驱动下乡村文化空间的生产困境

资本增值和权力主导的空间生产的“合谋”机制，因过分关注文化空间的经济价值而忽视历史文脉及传统文化价值，导致空间异化的产生。乡村旅游开发下的政府、企业、游客和原住民等新的利益主体组成的乡村文化空间生产主体日趋复杂多元，在旅游裹挟的流动性与现代性双重胁迫下和资本权力的扰动下，“地方性空间”向“异质化空间”转变加速，陷入空间异化的窘境。

（一）生态文化空间的破碎化：资本对原生空间的嵌入

“景观不仅是权力关系的符号化表征，更是实现文化权力的工具”，[②]资本在旅游开发中通过物质、人力、文化等基本生产要素，型塑着传统村落景观文化空间结构、空间形态和空间关系。宏村生态文化空间的景观化是基于物质景观和社会实践改造后所形成的社会关系网络，以资本实体化为手段，对建筑群落、街巷布局、历史风貌、生活居所、生态环境和旅游景观等进行加工、生产和形塑，进而生产出新的空间形态。宏村虽较好保存了风貌完整性和历史真实性，但经过资本介入的居民重置和功能重置后，生态文化空间破碎化特征日益明显。一是旅游开发所需土地的扩张使村落建设用地和生产用地急剧缩减，村周边的大量土地被改造，包括政府、开发商等在内的异质主体置换

---

① 孙九霞等 . 旅游社区的社会空间再生产［M］. 广州：中山大学出版社，2020.

② 葛荣玲 . 西方人类学视野下的景观与旅游研究［M］. 哈尔滨：黑龙江人民出版社，2011.

了以原住民为主体的格局形态，从而造成兼具多元性和异质性的居住形态空间不断出现。但是随着 2000 年成功申报世界文化遗产，村落空间的建设、修缮和保护得到了法律保障，宏村内建设基本冻结，仅有极少数村民因生活需要或住房濒危，允许重新建房。二是村落中的物理空间重新置换或招商后带来的乡村建筑文化景观“失忆”现象。进驻宏村资本对原生物质文化空间的嵌入主要集中在资源最为富集的核心区域，宏村南北方向的“供销社商业街”成为资本嵌入后新空间的主要载体，外来商户和商品化开发使得沿街建筑文化景观“失忆”。受宏村旅游富民和经济效益回报的刺激，与其一河之隔的际村在看到宏村因旅游而兴时，在西溪河沿岸建造了大量钢筋混凝土结构的现代性建筑来发展餐饮和民宿，除了在建筑形态、建造技法与材质等方面造成的总体风貌对立与冲突外，直接排放餐饮与生活污水也刺激着宏村生态文化空间的异变。

（二）社会文化空间的脱域化：去生活化与权力让渡

社会关系从彼此互动的地域性关联中，从通过对不确定的时间的无限穿越而被重构的关联中脱离出来。[①] 社会文化空间的脱域化首先是民俗节庆去功能化、符号化与舞台化问题。宏村传统民俗“鱼灯”作为民俗文化的代表在旅游节庆表演中成了表演项目，但复兴仅流于形式，由于旅游商品化的需求，“鱼灯”失去了其神圣性和功能性，传统村落在构建符号表征空间和促进空间消费繁荣的同时，也造成了“去生活化”的后现代消费主义图景，这种表演出来的“舞台剧”让文化逐渐成为“藏品”。[②] 其次，由于空间主体权力的不对等与不平衡，居民缺乏空间话语权和参与权，居民空间权益处于被弱化的边缘地位，存在“空间失语”现象。实地调研表明，宏村的保护规划并未征求大多数居民的意见，居民基本上是规划制定后“被动”接受相关内容；规划方案会在最终确立后进行公示，但前期制定过程则几乎没有征求过意见。最后，在产权让渡方面，村落风貌的空间改造和空间腾退让原居民搬离了原始位置，虽然他们享受了相应的安置和补助政策，但失去的是房屋产权和空间生产参与权。在搬迁和坚守的两难选择之间，居民处于矛盾、观望的心态，持支持、中立和反对的多元态度，一些居民迫于居住窘境选择搬至宏村安置区，从而造成了一种“中心—边缘”的空间区隔。与传统生活空间相比，旅游带来的“绅士化”造成空间消费的两极化，原本属于公共空间的消费场所变成中高端消费群体“独有”的空间，大众文化与精英文化之间形成一种区隔。

（三）精神文化空间的无序化：传统性与现代性的竞争博弈

集体记忆是对过去的累积性建构，地方通过集体记忆唤醒后成为地方记忆。[③] 在精神文化空间结构中，“宗族礼法”“天人合一”“中和”“修生克己”“环境生态观”等传统文化记忆成为精神文化空间的主体，精神文化空间的建构主要是通过唤醒集记忆来实现的。宏村的集体记忆莫过于祠堂中的神圣氛围、匾额楹联、家族历史、书院学堂等建构集体记忆的表征体系，这种集体记忆也是居民用最普通的方式强化自身对地方的认同。“图腾崇拜”“祈愿求福”“欢庆丰收”等文化形式依附于物质载体，形成地方文化环境，对原住民产生同化作用，这些观念慢慢沉淀为原住民的共同信念，

---

① 安东尼·吉登斯.现代性的后果［M］.田禾译.南京：译林出版社，2011.

② 刘军民，庄袁俊琦.传统村落文化脱域与保护传承研究［J］.城市发展研究，2017，24（11）：6-9.

③ 郭文，王丽.文化遗产旅游地的空间生产与认同研究——以无锡惠山古镇为例［J］.地理科学，2015，35（6）：708-716.

为其价值观、审美观、是非观、善恶观涂上基本相同的“底色”。在原生空间自组织体系下，精神文化空间形成了自洽性的文化空间关系。但由于商业利益驱使和资本嵌入扩张思路的引入，本土文化的符号化、外来文化的复制拼贴、与本地人生活的割裂让宏村失去了最吸引人的本源，以地方依恋和地方认同[①]为内容的地方感日渐式微。伴随着乡村文化空间生产带来村落内阶层分化和人口流动加剧，多元主体交织的社会关系网络又使得社会交往关系的异质性增强。所以，宏村由村民单一主体依靠血缘关系、宗族权威所维系的社会文化共同体开始解体，取而代之的是由地方政府、企业、村民依靠现代的利益关系、契约精神所形成的社会联结，建立在“利益逻辑”上的人际互动取代了“熟人逻辑”，精神文化空间在这一“权力的文化网络”影响下出现了无序化的特征。

五、价值回归：乡村文化空间的重构策略

传统村落是生态文化空间和社会文化空间的有机结合，在“文化空间”生产中，不仅要保持传统村落风貌完整性和历史真实性，还要保持其精神文化空间的活态性和原真性。结合前文空间异化的问题分析，本文从景观空间的价值规训、空间权力治理正义性、村民主体的社区参与三个方面提出旅游驱动下宏村文化空间的重构策略。

（一）优化景观空间，实现人地和谐

“空间转移”和“时间转移”是解决空间异化后重构资本良性循环已实现文化空间价值回归的主要依据。①注重文化遗产向景区社会的转型中得“三生”互动。宏村遗产空间景区化的同时，在其外围快速催生出水墨宏村、宏村印象、宏村工艺市场、宏村阿菊等集聚业态，这与宏村景区共同构成了新型的“三生”空间交互与联动，[②]衍生出文化遗产从生产空间到消费空间的嬗变防御机制。②打破传统村落纯旅游观光的固化模式，推动宏村景区从单一门票经济中走向鲜活的日常互动中，将宏村非遗文化进行活化开发，打造“了解学习—游览观赏—体验探索—购物纪念”的四步结构活化法。[③]比如，剪纸绘画、旅游演艺、木雕技艺、酿造工艺等，实现遗产资源在景区社会呈现活态性保护和创新性再生产，进而实现由部分地方文化精英向外辐射带动居民的生计转型与文化认同的重要变革。③开展遗产保护科学规划，优化旅游生态景观空间结构与布局。通过合理设计与科学规划，对山林草木、河流湖泊等旅游自然生态环境进行保护，同时也对乡村原有的建筑、道路等旅游人文生态景观进行有效的空间组织与重塑，开展传统建筑保护相关规划，加强对宏村周边乱搭乱建等现象的管理与约束，使建筑风貌整体统一。

（二）畅通治理路径，保证权力正义性

从权力和空间的关系来分析空间中的“权力空间化”是保证空间正义的重要途径。①考虑传统村落旅游开发中空间权力分配的问题，需要从顶层设计和制度层面保障空间生产的正义性，树立多元治理、共建共治共享的新发展理念，积极建立起村民与政府、企业之间的沟通渠道与平台。②畅通村民空间诉求权力的话语权机制。针对村民群体的“政治去权”与“信息失权”等空间非正义现

① 朱竑，刘博．地方感、地方依恋与地方认同等概念的辨析及研究启示［J］．华南师范大学学报（自然科学版），2011（1）：1-8.

② 陶慧，张梦真．乡村遗产旅游地“三生”空间的主体价值重塑——以广府古城为例［J］．旅游学刊，2021，36（5）：81-92.

③ 唐建兵．应加强风水文化旅游的开发研究［J］．成都大学学报（社会科学版），2009（5）：83-86.

象，需要通过建立村民代表、管理部门与旅游企业的多方联席会议、地方旅游行业组织等的多方主体交换意见的空间，增强村民的担当意识和获得感，凝聚乡村旅游语境下多元主体的命运共识，塑造个体生命之间的共同情感与公共精神。[①] ③针对权力分配中的“中心—边缘”的区隔现象，要依靠村落中的“管理精英”和“知识群体”及时跟进文化遗产保护或村落发展规划等空间改造计划，广泛征询村民意见，动员村民参与文化遗产保护开发的各个环节；对商业资本参与空间生产进行监督，以实现对政府主导的制度空间的生产规制。

（三）回归村民主体，提高社区参与能力

“以人文本”的主体日常生活实践是具有革命意义的，是对资本与权力主导下空间生产过程中空间表征的反抗，也是让现代消费社会异化现象得以挽救的一种方式，最终通过提高社区参与能力与前述“空间表征”具体举措共同建构出了旅游地的“表征空间”。首先，由政府部门或者宏村景区牵线开展免费非遗研习班，组织村民和游客系统学习，在培育“懂知识有技术”的专业人才的同时，提升游客广泛参与景区的体验参与度，实现景区自我“造血”和全面转型。其次，开展社区居民培训，为居民高效参与旅游发展、实现主体性地位提供素质与能力保障，充分激发村民主体的参与积极性和主观能动性。最后，实施宏村文化遗产研学计划，以黟县“云贤研学”为样板，开发徽州三雕、传统服饰、竹编技艺、徽墨制作、草木扎染、古法造纸、植物拓印、徽瓦彩绘、古村伞绘、打食桃 / 艾叶粿、徽派木刻版画等徽州特色研学课程。因此，将主体及主体的生活意义、全面发展作为文化空间生产的价值旨归并关注空间对人存在的意义及其人“栖居”空间的可持续发展问题，才能实现空间生产关系中主体的自由、机会平等和全面发展。

① 周梦，卢小丽，李星明，张祥．乡村振兴视域下旅游驱动民族地区文化空间重构：一个四维分析框架［J］．农业经济问题，2021（9）：68-79.

市场预期和口碑评价对电影消费的交互影响研究

李雪飞 *

（对外经济贸易大学政府管理学院）

摘要：随着我国电影市场的快速发展，越来越多的电影通过社交媒体等网络平台进行宣传推广，影响着消费者的决策，本文拟探究这种背景下市场预期和口碑评价对电影消费的交互影响。本文以中国市场的348部国产电影为数据样本，利用多元回归模型和结构方程模型，通过机制检验和路径分析，对市场预期、口碑评价、竞争环境、衰减指数等变量对电影票房的影响进行了分析。结果显示，口碑评价对电影等体验型文化产品的消费有着正向效应，该效应是通过改变电影生命的衰减指数，以及与市场预期的联动作用实现的。该研究最大的理论创新在于提出并验证了基于市场预期和口碑评价交互作用的理论模型，对相当一部分电影评论效价无影响论或负影响论予以了反驳。

关键词：电影消费；口碑评价；市场预期；衰减指数

Interactive Impact of Audience Expectations and Rating Valence on Film Consumption

Li Xuefei

(School of Government，University of International Business and Economics)

Abstract: With the rapid development of China's film market, film companies tend to take advantage of social media and other online platforms to affect consumers' decision making. Under this circumstance, this article intends to explore the interactive impact of market expectation and word-of-mouth evaluation on film consumption. To realize this goal, we take a new perspective to explore the interactive role of consumer expectations and evaluations based on a cross-sectional data sample of 348 films released in China during 2013-2019. This article focuses on the effect

* 作者介绍：李雪飞（1989—），男，山东莱芜人，对外经济贸易大学政府管理学院讲师、博士，研究方向为区域文化经济和文化政策，E-mail：xuefei.li@hotmail.com。

of the valence of online word-of-mouth instead of online rating volume. We investigate "how" it affects the box office revenue beyond "whether", while controlling the impact of movie attributes and the competition environment through considering consumer expectations data and scheduling patterns. Through mediation effect analysis and path analysis, we find that the rating valence has a positive effect on the consumption of experiential cultural products, specifically referring to movie box office performance in this study. The results reveal that rating valence could significantly change the decay index of a movie, and mediate consumer expectations, which positively influence the total box office revenue. This article contributes to the field in terms of putting forward and testing a new model, which integrate consumer expectations and rating valence, arguing against the ineffective rating theory and negative rating-impact theory.

Keywords: Film consumption; Rating valence; Audience expectations; Decay index

一、引言

电影体制改革以来，我国电影产业迅猛发展，国内电影票房在 2019 年突破了 640 亿元大关。这一方面离不开人们消费水平的提高和精神文化消费需求的增长，另一方面与网络新媒体的发展和新型促销宣传手段也不无关联。影视产品属于体验型文化产品，存在典型的市场不对称性[①②③]，消费者往往通过多渠道获取影视产品的质量信号，抵御信息不对称性给消费者福利带来的损失，这种质量信号可以是电影的自身属性，如导演、演员、电影题材、是否为续集等[④⑤⑥]。然而对电影的票房表现而言，由电影特质这一质量信号所触发的消费预期只起到了部分作用。现有研究多证实了映前预期对电影早期票房的贡献[⑦]，而电影产品的全生命周期还受到竞争环境、消费评价等多种外部因素的影响[⑧]。从现有文献来看，较少有研究关注到映前预期和口碑评价对电影消费的交互影响。

---

① Nelson, P. Information and Consumer Behavior [J]. *Journal of Political Economy*, 1970, 78 (2): 311–329.

② Baumol, W. J. and Bowen, W. G. *Performing Arts: The Economic Dilemma* [M]. New York: Twentieth Century Fund, 1966.

③ Dewally, M. and Ederington, L. Reputation, Certification, Warranties, and Information as Remedies for Seller-buyer Information Asymmetries: Lessons from the Online Comic Book Market [J]. *Journal of Business*, 2006, 79 (2): 693–729.

④ Sawhney, M. S. and Eliashberg, J. A Parsimonious Model for Forecasting Gross Box-office Revenues of Motion Pictures [J]. *Marketing Science*, 1996, 15 (2): 113–131.

⑤ Basuroy, S., Chatterjee, S. and Ravid, S. A. How Critical are Critical Reviews? The Box Office Effects of Film Critics, Star Power, and Budgets [J]. *Journal of Marketing*, 2003, 67 (4): 103–117.

⑥ Elliott, C., Konara, P., Ling, H. Y., et al. Behind Film Performance in China's Changing Institutional Context: The Impact of Signals [J]. *Asia Pacific Journal of Management*, 2018, 35 (1): 63–95.

⑦ Hennig-Thurau, T., Houston, M. B. and Sridhar, S. Can Good Marketing Carry a Bad Product? Evidence from the Motion Picture Industry [J]. *Marketing Letters*, 2006, 17 (3): 205–219.

⑧ Litman, B. R. Predicting Success of Theatrical Movies: An Empirical Study [J]. *Journal of Popular Culture*, 1983, 16 (4): 159–175.

诚然，有大量研究分析了西方电影市场中网络评价的作用[①~④]，就评分对艺术院线和商业院线的影响进行了比较分析[⑤]，阐明了大众评价和专业评价的差异化影响[⑥~⑧]，并探讨了中美电影市场消费者口碑效力的不同[⑨]。综合这些研究发现来看，电影评价数量对电影市场的正向影响得到广泛的证实，但是对评价分数的作用效力还存在较大的分歧。再者，随着近年来中国电影市场票房的高速增长，国内外学术界越来越关注中国电影市场中的消费者行为问题，主要表现在研究中国电影市场中质量信号的作用、研究事件营销对消费者预期的影响[⑩]、对观影人次的档期变化进行建模分析[⑪]、关注影星对电影市场表现的作用[⑫]等。

但是，从国内学者的研究进展来看，在数据选取方面还存在着简化主义和过度依赖代理变量的现象，科学性和严谨性还存在一定的不足[⑬]。主要表现在以下两个方面：第一，将影评人数作为电影关注度的测度指标，忽略了其中的内生性问题。针对电影评论人数和电影票房表现之间的内生性问题，部分学者通过构建面板数据来解决，或者通过分析滞后一周的评论数量对电影票房的影响[⑭]。但是对电影这一特殊的体验型文化产品而言，评价数量存在着显著的路径依赖特征，且评价分数在上映周期之间存在的差异并不明显，因此面板数据或动态面板数据的解释力有限。第二，将电影评分数作为电影口碑的测度指标直接纳入多元回归模型，但并没有分析这种口碑传播通过何种作用机制影响电影票房的表现。因此，部分文章竟然得出了电影口碑作用不显著的结论[⑮]，有违逻辑常识。

基于此，本文以 2013 ~ 2019 年中国上映的 348 部国产影片为样本，实证探究消费者评价特别

① Liu, Y. Word of Mouth for Movies：Its Dynamics and Impact on Box Office Revenue［J］. *Journal of Marketing*, 2006, 70（3）: 74–89.

② Duan, W. J., Gu, G. and Whinston, A. B. Do Online Reviews Matter？ An Empirical Investigation of Panel Data［J］. *Decision Support Systems*, 2008, 45（4）: 1007–1016.

③ Chintagunta, P. K., Gopinath, S., Venkataraman, S. The Effects of Online User Reviews on Movie Box Office Performance：Accounting for Sequential Rollout and Aggregation across Local Markets［J］. *Marketing Science*, 2010, 29（5）: 944–957.

④ Ding, C., Cheng, H. K., Duan, Y., et al. The Power of the "Like" Button：The Impact of Social Media on Box Office［J］. *Decision Support Systems*, 2017（94）: 77–84.

⑤ Gemser, G., Van Oostrum, M., Leenders, M. The Impact of Film Reviews on the Box Office Performance of Art House versus Mainstream Motion Pictures［J］. *Journal of Cultural Economics*, 2007, 31（1）: 43–63.

⑥ Chakravarty, A., Liu, Y., Mazumdar, T. The Differential Effects of Online Word-of-Mouth and Critics' Reviews on Pre-release Movie Evaluation［J］. *Journal of Interactive Marketing*, 2010, 24（3）: 185–197.

⑦ Kim, S. H., Park, N., Park, S. H. Exploring the Effects of Online Word of Mouth and Expert Reviews on Theatrical Movies' Box Office Success［J］. *Journal of Media Economics*, 2013, 26（2）: 98–114.

⑧ Basuroy, S., Ravid, S. A., Gretz, R. T., et al. Is Everybody an Expert？ An Investigation into the Impact of Professional Versus User Reviews on Movie Revenues［J］. *Journal of Cultural Economics*, 2020, 44（1）: 57–96.

⑨ Feng, G. C. A Comparative Study of the Online Film Ratings of US and Chinese Audiences：An Analytical Approach Based on Big Data［J］. *International Communication Gazette*, 2019, 81（3）: 283–302.

⑩ Sun, L., Zhai, X., Yang, H. Q. Event Marketing, Movie Consumers' Willingness and Box Office Revenue［J］. *Asia Pacific Journal of Marketing and Logistics*, 2020, 33（2）: 622–646.

⑪ Zhang, X., Hou, G. M. and Dong, W. J. Modelling Movie Attendance with Seasonality：Evidence from China［J］. *Applied Economics Letters*, 2017, 24（19）: 1351–1357.

⑫ Peng, F., Kang, L. L., Anwar, S., and Li, X. Star Power and Box Office Revenues：Evidence from China［J］. *Journal of Cultural Economics*, 2019, 43（2）: 247–278.

⑬ 华锐，王森林，许泱 . 中国电影票房的影响因素研究［J］. 统计与决策，2019，35（4）：97–100.

⑭ Duan, W. J., Gu, G., Whinston, A. B. Do Online Reviews Matter？ An Empirical Investigation of Panel Data［J］. *Decision Support Systems*, 2008, 45（4）: 1007–1016.

⑮ 汪旭晖，王军 . 网络口碑如何影响电影票房——中国电影"高票房低口碑"现象反思［J］. 湖南师范大学社会科学学报，2015（2）：152–160.

是评价分数对电影票房的影响。本文拟解决的关键问题有以下两个：第一，电影评分通过何种作用机制影响电影票房；第二，电影评分和映前预期之前是否存在着一定的联动效应。在第二部分，作者提出本文的主要理论假设；第三部分阐述本文的数据来源和模型设定；第四部分为实证分析；第五部分为本文的研究结论和展望。

二、文献回顾及理论假设

（一）预期对电影消费的影响

现有研究多运用结构方程模型和因子分析的方法就预期对消费者个体行为的影响进行建模分析[①]。对电影市场而言，预期主要表现为消费者对产品质量的预期，即电影产品在选角安排、故事表达、视觉特效等方面的综合特质。

郝晓玲等将电影院的排片量作为消费者映前预期的替代变量，分析了“预期—体验”差异对电影票房走势的影响[②]。Elberse 和 Anand 通过仿真市场模型，发现映前的广告宣传对电影销售预期有着积极影响，而这种积极影响又传导至电影的实际票房表现[③]。Hennig-Thurau 等学者的研究表明市场宣传活动触发的预期仅影响着电影早期票房的表现，而电影的质量对电影早期和晚期的市场票房都有着积极的贡献[④]。由此可见，映前预期是市场宣传活动和电影产品特质综合影响的结果，且一定程度上影响着电影的市场表现。本文使用猫眼平台“电影上映前想看人数”这一变量指代电影的映前预期，基于上述研究提出以下假设：

H_1：映前预期对电影总票房有着积极的促进作用。

H_{1a}：映前预期能够显著地影响首日票房。

H_{1b}：首日票房作为电影上映后的质量信号，对总票房有着正向的促进作用。

（二）评价对电影消费的影响

相当部分研究探讨了网络评价对电影票房的影响（见表 1）。其中部分研究证实，消费者评价既扮演着影响者的角色又发挥着预测者的作用[⑤]；而另外部分研究仅仅证实了电影评价的预测作用而没有发现其影响作用[⑥⑦]。

---

① 朱治安，李纯青，张洋 . 消费心理及消费预期对家用汽车消费时机选择的影响研究［J］. 预测，2012，31（6）：56-60.

② 郝晓玲，陈晓梦 . 体验型产品消费行为的羊群效应及机理研究——基于电影行业消费行为的实证解释［J］. 中国管理科学，2019，181(11)：179-191.

③ Elberse，A.，Anand，B. The Effectiveness of Pre-release Advertising for Motion Pictures：An Empirical Investigation Using a Simulated Market［J］. *Information Economics and Policy*，2007，19（3-4）：319-343.

④ Hennig-Thurau，T.，Houston，M. B. and Sridhar，S. Can Good Marketing Carry a Bad Product？ Evidence from the Motion Picture Industry［J］. *Marketing Letters*，2006，17（3）：205-219.

⑤ Dewally，M.，Ederington，L. Reputation，Certification，Warranties，and Information as Remedies for Seller-buyer Information Asymmetries：Lessons from the Online Comic Book Market［J］. *Journal of Business*，2006，79（2）：693-729.

⑥ Eliashberg，J.，Shugan，S. M. Film Critics：Influencers or Predictors？［J］. *Journal of Marketing*，1997，61（2）：68-78.

⑦ Zhu，F.，Zhang，X. Impact of online Consumer Reviews on Sales：The Moderating Role of Product and Consumer Characteristics［J］. *Journal of Marketing*，2010，74（2）：133-148.

表 1　　电影评价对电影市场表现的影响研究

主题	主要发现
口碑效应	电影评价分数而非评价数量影响票房（Chintagunta 等，2010）；口碑效应显著影响电影的早期票房和总票房，这种口碑效应主要为评价数量而非评价内容（Liu，2006）；一部影片上映前在社交网络中的点赞人数显著影响着电影的首周票房和总票房（Ding 等，2017）
专业影评人评价	专业影评人评价影响晚期电影票房，专业评价起到预测作用而非意见领袖的作用（Eliashberg 和 Shugan，1997）；专业评价既有预测作用也有影响作用，且上映早期负面评价的负面影响超过正面评价的正面影响（Basuroy 等，2003）
评价数量和效价的对比	评价数量影响电影票房而评价分数不起作用（Duan 等，2008）；评价数量低，专业影评人的意见作用显著；评价数量高，普通观众评价作用更显著（Flanagin 等，2013）
专业评价和普通评价的对比	大众评价数量和专业评价分数显著影响电影票房表现（Kim 等，2013）；专业评价分数比大众评价分数和数量更能影响电影票房，专业评价相比于大众评价更具有一致性（Basuroy 等，2020）

资料来源：作者整理。

研究发现，大众评价和专业人士评价对电影消费的影响存在着分异[①~③]，公众喜好和专业评分在很多情况下存在着不一致的情形。不同于专业影评人的评价，普通大众的观影评价更能反映消费者的市场偏好，代表着市场口碑力量的形成[①③]。现有研究还证实了网络评论数量对体验型产品消费的影响，并将其归因于评论的知晓效应和推荐效应[④]。然而评论效价（电影评分）对体验型文化产品消费的影响还存在着很大的争议。有学者就指出，消费者有着多样化的观影偏好，因此电影评价对消费者的影响很小[⑤]。这种观点无异于否定口碑的积极作用。评分作为电影口碑的测度指标之一，从常识来看对电影的市场表现理应存在一定的影响。问题的关键在于这种影响的作用机制如何实现以及如何检验。

此外，还有学者发现网络口碑效价对电影票房有着负向作用[⑥]。汪旭晖和王军以《富春山居图》和《西游记之大闹天宫》为例，说明了口碑差引发高票房的现象。从表面来看这似乎是合理的，但是借助于路径分析就会发现，此类烂片的高票房效应与较差的口碑之间并不存在因果联系，而是受到映前宣传、观众预期、市场竞争状况的多种影响，而羊群效应也带来了这两部影片生命线的延长[⑦]。

总之，观影评价作为电影放映阶段的一个有力的质量信号，影响着电影的生命周期。电影评价

① Chakravarty, A., Liu, Y., Mazumdar, T. The Differential Effects of Online Word-of-Mouth and Critics' Reviews on Pre-release Movie Evaluation [J]. *Journal of Interactive Marketing*, 2010, 24 (3): 185-197.

② Kim, S. H., Park, N., Park, S. H. Exploring the Effects of Online Word of Mouth and Expert Reviews on Theatrical Movies' Box Office Success [J]. *Journal of Media Economics*, 2013, 26 (2): 98-114.

③ Basuroy, S., Ravid, S. A., Gretz, R. T., et al. Is Everybody an Expert? An Investigation into the Impact of Professional versus User Reviews on Movie Revenues [J]. *Journal of Cultural Economics*, 2020, 44 (1): 57-96.

④ Duan, W. J., Gu, G. and Whinston, A. B. Do Online Reviews Matter? An Empirical Investigation of Panel Data [J]. *Decision Support Systems*, 2008, 45 (4): 1007-1016.

⑤ 刘华，李敬强．体验型产品在线评论与消费意愿及销量的关系——以价格为调节变量［J］．中国流通经济，2020，34（2）：83-91.

⑥ 汪旭晖，王军．网络口碑如何影响电影票房——中国电影“高票房低口碑”现象反思［J］．湖南师范大学社会科学学报，2015（2）：152-160.

⑦ 郝晓玲，陈晓梦．体验型产品消费行为的羊群效应及机理研究——基于电影行业消费行为的实证解释［J］．中国管理科学，2019，181（11）：179-191.

有助于降低信息搜寻成本，高电影评价有助于提升潜在消费者的预期而低市场评价则会降低潜在消费者的观影预期。也就是说，在控制其他协变量不变的情况下，电影的市场评价越高，其市场衰退的程度越慢，越有助于相对票房的增加。因此，根据上述相关研究，本文提出以下假设：

H_2：电影评价对电影票房有着显著的积极作用。

H_{2a}：电影评价通过发挥质量信号的作用，显著影响电影的市场走势，即高口碑电影相比于低口碑电影衰退速率更慢。

H_{2b}：电影评价与预期的交互项显著影响电影的票房，即电影评价能够通过增强预期或减弱预期发挥作用。

（三）市场竞争环境对电影消费的影响

由于价格在电影市场竞争中发挥的作用有限，档期选择和排片安排成为电影市场竞争环境的两个主要指标。Litman 较早地通过统计学模型检验了电影票房的影响因素，验证了市场整体竞争环境对电影票房表现的影响[①]。具体来看，不同的档期选择和排片的竞争一定程度上影响了影片的潜在受众规模[②~⑤]。节假日和寒暑假档期有着增量效应，意味着更大的市场规模，也意味着更激烈的排片竞争和市场竞争。对消费者来说，同时期上映的电影具有可替代性[⑥]，这种替代性在同类型题材的电影中表现更为强烈[⑦]，而且同时期上映电影之间的竞争性要超过早期上映或者后来上映的电影[⑧]。基于此，本文利用电影放映前三天的电影排片排名来指代市场竞争优势，并提出以下假设：

H_3：相对市场竞争优势有助于促进电影票房的增长。

H_4：节假期档期有助于促进电影票房的增长。

三、研究设计

（一）数据来源

在数据来源方面，本文选取 2013 ~ 2019 年中国上映的 348 部国产影片为样本数据。影片选择依据有三：第一，所选影片均为国产电影，以剔除进口片对电影票房的影响。348 部影片占相应年份国产电影票房比例均值为 57.76%。影片的映前预期、票房数据、排片数据、评分数据等核心变

① Litman, B. R. Predicting Success of Theatrical Movies: An Empirical Study [J]. *Journal of Popular Culture*, 1983, 16 (4): 159–175.

② Krider, R. E., Weinberg, C. B. Competitive Dynamics, and the Introduction of New Products: The Motion Picture Timing Game [J]. *Journal of Marketing Research*, 1998, 35 (1): 1–15.

③ Eliashberg, J., Hegie, Q., Ho, J., et al. Demand-driven Scheduling of Movies in a Multiplex [J]. *International Journal of Research in Marketing*, 2009, 26 (2): 75–88.

④ Einav, L. Not All Rivals Look Alike: Estimating an Equilibrium Model of the Release Date Timing Game [J]. *Economic Inquiry*, 2010, 48 (2): 369–390.

⑤ Chen, X. L., Chen, Y. X., Weinberg, C. B. Learning about Movies: The Impact of Movie Release Types on the Nationwide Box Office [J]. *Journal of Cultural Economics*, 2013, 37 (3): 359–386.

⑥ Basuroy, S., Desai, K. K., Talukdar, D. An Empirical Investigation of Signaling in the Motion Picture Industry [J]. *Journal of Marketing Research*, 2006, 43 (2): 287–295.

⑦ Ainslie, A., Dreze, X., and Zufryden, F. Modeling Movie Life Cycles and Market Share [J]. *Marketing Science*, 2005, 24 (3): 508–517.

⑧ Gutierrez-Navratil, F., Fernandez-Blanco, V., Orea, L., et al. How do Your Rivals' Releasing Dates Affect Your Box Office? [J]. *Journal of Cultural Economics*, 2014, 38 (1): 71–84.

量来自中国最大的电影在线售票平台——猫眼。第二，影片题材主要包括动作片、喜剧片、爱情片和剧情片四类，以剔除部分小众题材或儿童题材影片（如恐怖片、纪录片、动画片等）对样本的影响。第三，为了增强研究的稳健性，在被解释变量选择方面，除电影总票房之外，本文还选取网站播放量作为参照指标。

（二）变量选取

表 2 列出了本文主要变量的描述性统计特征。本文的因变量有两个，即电影总票房和电影在线播放量。在核心解释变量部分，本文主要采用了映前预期、首日票房、评分、市场竞争这四个方面的指标。同时本文对部分变量取对数处理，以减弱其异方差性。

表 2　　变量的描述性统计特征

变量	说明	样本	均值	标准差	最小值	最大值
总票房	电影总票房的对数值	348	18.48	1.51	15.91	22.46
网站播放量	网站播放量的对数值	348	12.10	0.89	9.55	14.20
首日票房	电影首日票房的对数值	348	16.59	1.35	11.65	19.83
映前预期	电影映前想看人数的对数值	348	10.52	1.43	6.37	14.25
市场竞争	前三日市场总排片排名的倒数	348	0.41	0.30	0.09	1
衰减指数	次周电影票房均值比上首周票房均值比	348	0.39	0.47	0.002	6.90
观影评价	猫眼购票平台评分	348	7.74	1.12	2.60	9.7
网站评分	网站评分	348	6.29	1.87	1.1	9.5
7 天假期档	电影是否排片在国庆或春节假期	348	0.10	0.30	0	1
3 天假期档	电影是否排片在 3 天假期档如端午节等	348	0.13	0.34	0	1
电影类型	电影类型为剧情、动作、喜剧、爱情	348	2.56	1.18	1	4

需要特别说明的是，本文中映前预期作为电影特征和映前市场宣传等外生变量的综合测度指标。市场竞争这一变量的选取是作者通过计算某一影片在上映前三天的排片排名情况，取排名的倒数所得，即排片占有率越高，市场竞争力越强。衰减指数是通过计算某一影片次周电影票房的均值与首周电影票房的均值之比得出，衰减指数越高，则市场韧性越高，相对获利能力越强。

（三）模型设定

由于电影市场存在的信息不对称，观影前的预期、市场竞争以及市场的口碑评价成为影响其市场表现的重要因素。本文通过构建理论假设路径图（见图 1），直观呈现这些影响因素的作用机制，尤其是市场预期和口碑评价对电影消费的交互影响。

根据前文理论假设，电影总票房直接受到首日票房和衰减指数这两个内生变量联合效应的影响。首日票房又受到映前预期和市场竞争这两个外生变量的影响。电影口碑通过衰退指数的变化影响总票房。路径图的左边虚线部分描绘的是影响映前预期的外生因素，包括影片的导演、明星、题材等特征以及映前宣传等市场营销活动。限于本文的研究目的和研究侧重点，实证检验对图 1 虚线部分的影响机制不做具体分析。

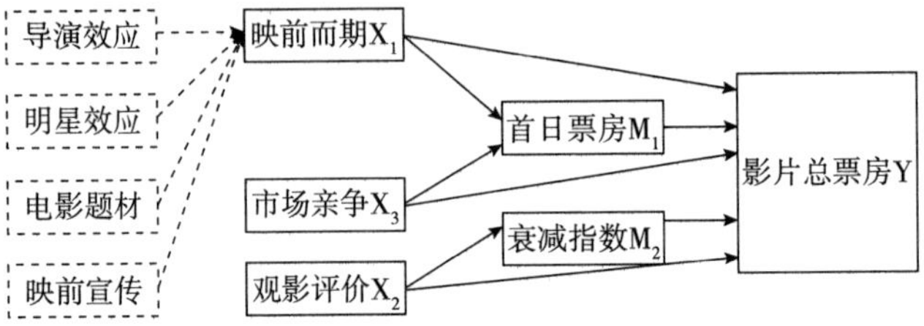

图 1　理论假设路线

此外，中西方电影市场的发行规律决定了线上产品的体验滞后于线下消费。线上消费不受电影放映时间限制、不受影院主观排片的影响、不受同时间竞争者的冲击，能较好地衡量市场对某一影片的偏好。因此，除却电影票房以外，本文还重点探究电影评分、电影题材等对线上电影消费的影响。

（1）本文的总体模型如下：

$$Y_1 = \beta_0 + \beta_1 \times X_1 + \beta_2 \times X_2 + \beta_3 \times X_3 + \delta_1 \times C_1 + \delta_2 \times C_2 + e_1 \tag{1}$$

式（1）中，Y_1 是电影总票房，X_1、X_2 和 X_3 分别为映前预期、电影评分和市场竞争，C_1 和 C_2 分别为控制变量电影档期和电影类型。β 和 δ 为系数，e_1 为误差。

（2）加入中介效应后的模型如下：

$$Y_1 = \beta_0' + \beta_1' \times X_1 + \beta_2' \times X_2 + \beta_3' \times X_3 + \gamma_1 \times M_1 + \gamma_2 \times M_2 + \delta_1' \times C_1 + \delta_2' \times C_2 + e_2 \tag{2}$$

式（2）中，Y_1 是电影总票房，X_1、X_2 和 X_3 分别为映前预期、观影评价和市场竞争，M_1 为中介变量首日票房，M_2 为中介变量衰减指数，C_1 和 C_2 为控制变量电影档期和电影类型。β、δ 和 γ 为系数，e_2 为误差。同时为了验证中介变量是否具有完全中介效应，本部分还对以下两个公式进行检验：$M_1 = \beta_{M1}'' + \beta_1'' \times X_1 + e_3$；$M_2 = \beta_{M2}'' + \beta_2'' \times X_2 + e_4$。根据温忠麟等①的研究，当系数 β_1 和 β_2 显著，且系数 β_1'' 和 β_2'' 显著时，存在中介效应 γ_1 和 γ_2。然而当 β_1' 不显著时，则电影预期对电影票房的影响是通过完全中介效应实现的；同理，如果 β_2' 不显著，观影评价对票房的影响也是通过完全中介效应实现的。

（3）考虑调节效应的模型如下：

$$Y_1 = \beta_T + \beta_T^1 \times X_1 + \beta_T^2 \times X_2 + \beta_T^3 \times X_1X_2 + e_5 \tag{3}$$

式（3）中，Y_1 是电影总票房，X_1 和 X_2 分别为映前预期和观影评价，X_1X_2 为交互项。β_T^i 为系数，e_5 为误差。模型中纳入映前预期和调节变量评分的交互作用，用以分析电影等体验型产品的顾客期望和评价对消费的联动效应。此时如果交互项系数为正且显著，则说明当一部电影有着较高的市场预期时，市场评价会对电影票房产生更大的影响。

院线电影发行的规律使电影的网络播出滞后于院线放映。因此，电影的院线收入一定程度上成

---

① 温忠麟，张雷，侯杰泰等 . 中介效应检验程序及其应用［J］. 心理学报，2004，36（5）：614-620.

为电影质量或电影口碑的代名词，成为衡量视频网站观众观影预期的一个有效指标。因此，调节效应影响对电影网站播放量影响的模型构建如下：

$$Y_2 = \beta_W + \beta_W^1 \times X_1 + \beta_W^2 \times X_2 + \beta_W^3 \times X_1 X_2 + e_6 \tag{4}$$

式（4）中，Y_2 是网站播放量，X_1 和 X_2 分别为总票房收入（或映前预期）和网站评分，X_1X_2 为交互项。β_W^i 为系数，e_6 为误差。

四、实证结果及分析

（一）电影票房的影响因素分析：总体模型

电影票房影响因素总模型见表 3。

表 3　电影票房影响因素总模型

变量	（1）	（2）	（3）	（4）
	电影总票房	电影总票房	网站播放量	网站播放量
映前预期	0.350***	−0.0160	0.381***	0.288***
	（0.0315）	（0.0249）	（0.0239）	（0.0317）
首日票房		0.818***		0.221***
		（0.0335）		（0.0428）
观影评价	0.231***	0.164***	0.193***	0.167***
	（0.0391）	（0.0233）	（0.0297）	（0.0297）
衰减指数		0.928***		0.312***
		（0.0546）		（0.0697）
排片竞争	2.781***	1.056***	0.0743	−0.400***
	（0.147）	（0.107）	（0.111）	（0.136）
三天假期	0.151	0.0592	0.0595	0.0336
	（0.121）	（0.0684）	（0.0917）	（0.0873）
七天假期	1.265***	0.306***	0.125	−0.151
	（0.141）	（0.0871）	（0.107）	（0.111）
动作片	0.214	−0.00736	0.558***	0.498***
	（0.131）	（0.0748）	（0.0997）	（0.0955）
喜剧片	0.00874	−0.0707	0.251***	0.234***
	（0.109）	（0.0621）	（0.0830）	（0.0794）
爱情片	−0.0991	−0.0548	−0.119	−0.102
	（0.109）	（0.0618）	（0.0827）	（0.0789）

续表

变量	(1)	(2)	(3)	(4)
	电影总票房	电影总票房	网站播放量	网站播放量
常数项	11.71***	2.999***	6.420***	4.066***
	(0.394)	(0.419)	(0.299)	(0.535)
样本数	348	348	348	348
R^2	0.762	0.924	0.606	0.645

注：括号内为标准误。

如表3所示，模型（1）的实证结果反映出映前预期、观影评价和市场竞争环境对电影票房的市场表现有着显著的促进作用。电影的国庆档期和春节档期选择对电影票房也有着正向作用。因此，假设 H_1、假设 H_2、假设 H_3 和假设 H_4 均得到验证。

为了增强模型的稳健性，我们将被解释变量电影总票房替换为视频网站的播放量，解释变量不变。模型（3）结果仍然支持映前预期和观影评价对电影播放量的积极影响，而电影档期和排片市场竞争对网络视频网站播放没有显著的影响，这一定程度上说明了线下观影和线上观影体验之间存在的差异。

在模型（2）中，我们尝试引入首日票房、衰减指数等中介变量，整个模型的拟合程度提高到0.924，解释力明显增强。那么这两个中介变量如何发挥作用，下文将做具体分析。

（二）预期和评分如何通过中介效应影响电影消费

中介变量的作用机制见表4。

表4　中介变量的作用机制

变量	(5)	(6)	(7)	(8)
	首日票房	衰减指数	总票房	总票房
映前预期	0.693***		0.0336	0.0600***
	(0.0347)		(0.0242)	(0.0231)
观影评价（对数）		2.188***	0.447***	0.388***
		(0.263)	(0.156)	(0.148)
首日票房			0.905***	0.774***
			(0.0247)	(0.0303)
衰减指数			0.691***	0.611***
			(0.0284)	(0.0291)
市场竞争				0.735***
				(0.103)

续表

变量	(5)	(6)	(7)	(8)
	首日票房	衰减指数	总票房	总票房
三天假期				0.0101
				(0.0631)
七天假期				0.252***
				(0.0806)
动作片				-0.0724
				(0.0690)
喜剧片				-0.151***
				(0.0570)
爱情片				-0.0943*
				(0.0568)
常数项	9.301***	-5.746***	3.097***	4.758***
	(0.368)	(0.537)	(0.417)	(0.449)
样本数	348	348	348	348
R^2	0.536	0.166	0.924	0.936

注：括号内为标准误。

为了进一步探究预期和评价是否以及如何通过中介效应影响电影这一体验型产品的市场绩效，根据式（2），我们做了进一步的验证（见表4），结果显示映前预期和观影评价分别显著地影响首日票房和票房的衰减指数，假设 H_{1a}、假设 H_{1b}、假设 H_{2a} 得到验证。

具体来看，每1%的意愿观看人数增加使首日票房增加0.69%，每1%的评分值增加会使衰减指数提高2.19%。从模型（8）可以看出，X_1 映前预期、X_2 观影评价、M_1 首日票房、M_2 衰减指数这四个变量对票房的影响都是显著的，因此映前预期和观影评价对票房的影响有一部分是通过首日票房和衰减指数的中介效应实现的，但无法证明其属于完全中介效应。中介变量首日票房和衰减指数对电影总票房的作用效应分别为：在控制其他变量不变的情况下，首日票房每增加1%，电影总票房增加0.774%；衰减指数每提高1%，电影总票房增加0.611%。

（三）中介效应分析：基于 AMOS 的整合路径分析

为了更直观地展示预期和评分如何通过中介效应发挥作用，我们还通过 AMOS 软件进行了整合路径分析。路径分析的结果详见图2和表5。

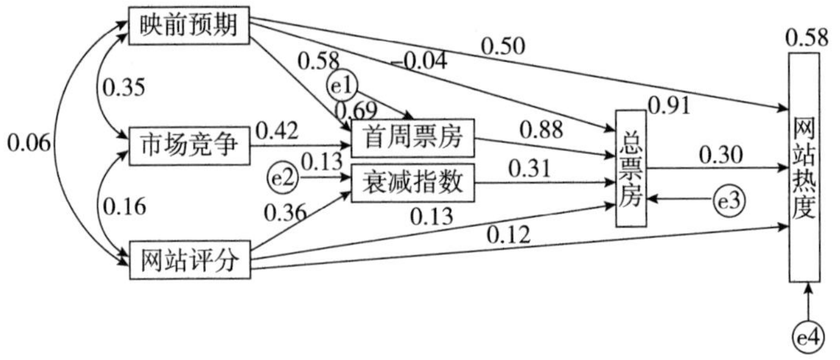

图 2 基于 AMOS 的预期——评价交互影响路径分析（标准化模型）

表 5 路径分析结果

相关变量	非标准化系数	标准误	C. R. 值	P 值	标准化系数
首日票房 < 市场竞争	1.883	0.144	13.070	***	0.418
首日票房 < 映前预期	0.553	0.030	18.245	***	0.584
衰减指数 < 网站评分	0.090	0.013	7.108	***	0.356
电影总票房 < 首日票房	1.027	0.028	37.183	***	0.876
电影总票房 < 网站评分	0.113	0.015	7.790	***	0.134
电影总票房 < 衰减指数	1.052	0.058	18.156	***	0.314
电影总票房 < 映前预期	−0.040	0.026	−1.541	0.123	−0.036
网站播放量 < 映前预期	0.316	0.029	11.077	***	0.500
网站播放量 < 网站评分	0.058	0.018	3.246	0.001	0.121
网站播放量 < 电影总票房	0.172	0.028	6.108	***	0.302

通过表 5 中标准化系数可以看出，映前预期每增加 1 个标准差，首周票房增加 0.58 个标准差，市场竞争力每增加 1 个标准差，首周票房增加 0.42 个标准差；首周票房每增加 1 个标准差，总票房增加 0.88 个标准差。网站评分每增加 1 个标准差，衰减指数增加 0.36 个标准差，衰减指数每增加 1 个标准差，总票房增加 0.31 个标准差。与模型（7）一致的是，在不考虑控制变量的情况下，映前预期对电影票房的影响是通过首日票房的完全中介效应实现的。这一定程度上说明了映前预期对早期阶段电影票房的重要作用，同时也反映出预期和实际消费体验之间还存在着一定的差异，启示我们关注实际消费体验和消费评价的影响。

（四）评分的调节效应

根据式（3）和式（4），我们进一步检验了电影评分的调节效应（见表 6）。为了更好地解释交互模型中各变量的影响，我们对相关变量进行了去均值处理。结果显示，观影预期和观后评价的交互项对电影总票房有着显著的正向作用，电影票房和网站评分的交互项对电影网站播放量同样有着显著的正向作用。这说明，无论对于影院观影还是线上观影，当市场的期望值越高时，更高的口碑评价有助于电影市场绩效的提高。

表 6 评分的调节效应

变量	(9)	(10)	(11)
	电影总票房	网站播放量	网站播放量
映前预期	0.596***		0.428***
	(0.0437)		(0.0232)
观影评价	0.358***		
	(0.0554)		
预期和评价交互项	0.132***		
	(0.0339)		
总票房		0.354***	
		(0.0253)	
网站评分		0.0358*	0.104***
		(0.0204)	(0.0179)
总票房 – 网站评分交互项		0.0538***	0.0327***
		(0.0132)	(0.0119)
常数项	–0.0583	–0.0464	–0.177***
	(0.0613)	(0.0378)	(0.0560)
样本数	348	348	348
R^2	0.468	0.440	0.653

注：括号内为标准误。

五、结论和展望

在“是否”问题的基础上，本文重点研究了消费者评分“怎样”影响体验型文化产品的消费。本文的数据分析进一步证实了口碑评价对电影等体验型文化产品消费的积极影响。通过中介效应和调节效应模型发现，这种正向的影响是通过改变电影的生命衰减指数，以及与市场预期的联动作用实现的。本文最大的理论创新在于提出并验证了基于市场预期和口碑评价交互作用的理论模型，对相当一部分电影评论效价无影响论或负影响论予以了反驳。

具体来看，本文创新性地将观影预期这一代理变量、评论效价、衰减指数、市场竞争优势这几个变量进行整合，通过机制检验和路径分析，对市场预期、口碑评价以及二者的交互作用进行了研究。结果表明，每 1% 的意愿观看人数增加使首日票房增加 0.69%，每 1% 的评分值增加会使衰减指数提高 2.19%。在控制其他变量不变的情况下，首日票房每增加 1%，电影总票房增加 0.774%；衰减指数每提高 1%，电影总票房增加 0.611%。

对电影产业管理者和市场营销人员来说，本文的研究发现具有以下两个方面的启示：第一，消费者期望显著影响电影的首日票房，相关系数表明电影的首日票房表现和总票房有着较高的正相关性。因此，对电影市场管理者和营销人员来说，在电影的拍摄和上映阶段应着重就导演、演员、电影精彩片段等元素进行曝光宣传，通过制造讨论话题、焦点事情等方式在社交媒介网络进行推广，最大可能地提高消费者的观影预期。同时，由于观影预期和消费者评价的交互效应对电影票房有着显著的正向作用，即观影预期越高，消费者评价的带动作用越强。这启示电影营销团队一定要重视映前的宣传工作，尽管影片一旦拍摄完成，无法更改导演、演员阵容和故事情节，但可以从营销手段入手强化消费者的映前观影预期。第二，口碑效价即消费者的观影评分对电影票房有着积极的作用，这种作用是通过改变一部电影的生命衰减指数实现的，而且观影评分的作用效果还受到消费者观影预期的制约。因此，电影营销从业人员应该充分认识到评分的影响机制和影响路径。尽管相对于数以万计或数以百万计的消费者评分而言，电影营销公司雇用专业团队进行虚假打分等行为所起到的作用甚微，但是营销策划团队可以充分利用机器学习等大数据手段对消费者的评价内容进行诊断分析。尤其是当消费者对电影作品的创作背景或某些内容情节存在歪曲理解时，可以及时诊断进行回应，这一定程度上能够影响消费者的观影评价。

本文的结论可以进一步推广至有着特定生命周期的体验型文化产品，如表演、主题公园、展览、艺术节日、音乐会等，同时对体验型服务产品的市场分析也具有一定的启示意义。在下一步的研究中，作者将持续关注口碑传播和映前预期对体验型文化产品尤其是电影消费的影响，并着重就线上观影和线下观影消费之间的差异进行分析。同时，将进一步探究影响电影映前预期的因素，并结合大数据分析就映前口碑传播对映前预期的影响进行建模分析。

北京文化企业的数字化转型研究

王晓芳 *

（北京联合大学管理学院）

摘要：习近平总书记指出“十四五”时期要高度重视发展文化产业。《北京“十四五”规划和2035远景目标建议》提出扎实推进全国文化中心建设，实施文化产业数字化战略，推动文化与科技、旅游、金融等融合发展，培育发展新型文化企业、文化业态、文化消费模式。在此背景下，北京文化企业的数字化转型势在必行。如何借助政策优势、依托数字化平台，实现文化与科技的融合，从而在数字化浪潮中打造文化新业态，是传统文化企业在数字化时代持续发展的重要议题。本文将从文化企业数字化转型的必要性、北京文化企业数字化发展现状和存在的问题出发，探讨文化企业数字化转型的影响因素，从政策、人才培养、文化消费等方面探寻文化企业的数字化转型之路。

关键词：文化企业；数字化；转型；路径

一、北京文化企业数字化转型的必要性

习近平总书记指出，“十四五”时期要高度重视发展文化产业。发展文化产业是满足人民多样化、高品位文化需求的重要基础，也是激发文化创造活力、推进文化强国建设的必然要求。随着我国迈入新发展阶段，文化产业将在服务国家重大战略、赋能经济社会发展、提升城市文化软实力等方面发挥更大作用。2020年北京文化产业增加值3770.2亿元，占地区生产总值的10.5%，这是北京文化产业增加值占经济的比重首次超过10%。2021年北京文化核心领域收入合计15848.3亿元，同比增长17.8%。

2021年我国“十四五”规划和2035年远景目标纲要提出要加快建设数字经济、数字社会、数字政府，以数字化转型整体驱动生产方式、生活方式和治理方式变革。《北京市“十四五”规划和2035远景目标建议》提出扎实推进全国文化中心建设，实施文化产业数字化战略，推动文化与科技、旅游、金融等融合发展，培育发展新型文化企业、文化业态、文化消费模式。在数字经济蓬勃发展的背景下，文化企业的数字化转型升级势在必行。

（一）国家政策引导支持文化企业数字化转型

党中央、国务院和各部委数字化发展的相关政策陆续出台，从顶层设计上推进文化产业、文化

---

* 作者简介：王晓芳（1978—），女，山西太原人，北京联合大学管理学院副教授、博士，研究方向为国际文化贸易，E-mail：ldtwxf@buu.edu.cn。

企业数字化转型进程。2007年党的十七大报告就要求运用现代科技手段开发利用民族文化丰厚资源……运用高新技术创新文化生产方式，培育新的文化业态，加快构建传输快捷、覆盖广泛的文化传播体系。此后，国家文化创新工程实施，促进文化与“互联网+”战略深度融合、推动数字文化产业和战略性新兴产业发展的多部国家政策落地，有效提升了我国文化产业和文化事业的数字化总体水平，增强了数字文化产业的实力。2013年8月，中宣部、财政部、国家新闻出版广电总局联合发起中央文化企业数字化转型升级项目，计划用两年左右，通过国有资本经营预算支持中央文化企业开展数字化转型升级工作。2017年文化部发布《文化部关于推动数字文化产业创新发展的指导意见》。2018年国务院发展研究中心与戴尔（中国）有限公司联合发布了《传统产业数字化转型的模式和路径》的研究报告，针对我国传统产业的行业数字化特点和不同发展阶段，提出了数字化转型“四步走”的路径。2020年文化和旅游部推出《文化和旅游部关于推动数字文化产业高质量发展的意见》，国家统计局发布《数字经济及其核心产业统计分类（2021）》，重点关注数据作为生产要素、新型基础设施建设等领域。《“十四五”文化和旅游发展规划》《“十四五”文化和旅游科技创新规划》为未来几年文化产业和文化企业数字化指明了方向。北京也深入推进文化数字化战略，多领域数字化转型规划与政策文件陆续出台，首都文化数字化战略走深向实。

（二）数字化转型重构文化企业商业模式

数字经济是人类通过数字化的知识与信息的识别、选择、过滤、存储、使用，引导、实现资源的快速优化配置与再生、实现经济高质量发展的一种新经济形态。随着数字经济的发展，以大数据、云计算、人工智能、物联网、区块链等为代表的新一代数字技术辐射到传统文化企业。以文化创意内容为核心的文化企业依托数字技术重构创作、生产、传播和服务等流程，有利于培育新供给、促进新消费。在数字技术的变革推动下一些文化领域商业模式被重构；人民群众对数字化文化产品的需求也被调动起来：文化消费的需求点、消费方式、消费场景从之前的大众化转变为小众化、个性化、定制化的特点。传统文化企业面临数字化转型。通过数字化转型，拓展文化企业的生产经营边界，延长价值链，促进文化企业生产新产品、新物种，搭建新消费场景和模式。当前，数字文化企业已成为数字文化产业发展的重点领域和数字经济及数字创意产业的重要组成部分，类型涵盖数字游戏、互动娱乐、影视动漫、立体影像、数字教育、数字出版、数字典藏、数字表演、网络服务、内容软件等。

（三）数字化转型提高文化企业经营效率

数字化转型加快了企业导入新知识和新技术的过程，加快了要素流通，节约了经营成本，促进了要素配置的优化。文化企业在内部企业管理、外部业务经营的每一个环节产生的数据都能够转化为辅助企业实现降本、提质、增效的生产要素。在管理活动中，通过智能化办公软件和平台管理系统来处理业务，减少重复化的操作过程，加快业务办理效率，有助于提高员工的工作效率，从而对全要素生产率的提升产生积极作用。在经营活动中，大数据使市场资源配置方式由供给方驱动的“生产—供应—消费”变成以需求方为靶向的“需求分析—生产—精准销售”模式，让文化产业市场信息透明，使文化生产与文化消费趋势一致性越来越高，降低供需双方的搜寻成本和交易成本。

通过数字化转型发展重构与消费者的交互方式，依靠大数据进行决策和运营，最终实现文化企业运营模式的重构。通过对传统文化企业的转型升级，将传统的以商品流通为主要功能的文化实体店转为文化空间、生活空间、社交空间等，在纸质媒介以外增加文创、艺术等多元业态的布局，通过环境塑造，提升品位，重构场景。

二、北京文化企业数字化发展现状

根据《北京文化产业发展白皮书（2022）》，2021 年 1 ~ 12 月，北京市规模以上文化产业法人单位 5539 家，比上年增加 368 家；收入合计 17563.8 亿元，同比增长 17.5%，两年平均增长 8.9%，超过了疫情前的水平（2019 年增幅 8.2%）；利润总额 1429.4 亿元，同比增长 47.5%。规模以上文化企业人均实现营业收入 299 万元，较上年增加 32.8 万元。

（一）北京文化企业新业态发展水平全国领先

随着文化数字化战略纵深推进，文化内容与数字技术相结合的文化新业态新模式已成为北京文化产业的重要组成部分，该类文化企业“助推器”作用进一步增强。2021 年 1 ~ 12 月，全市文化新业态特征较为明显的 16 个行业小类（新业态特征明显的 16 个行业小类是：广播电视集成播控，互联网搜索服务，互联网其他信息服务，数字出版，其他文化艺术业，动漫、游戏数字内容服务，互联网游戏服务，多媒体、游戏动漫和数字出版软件开发，增值电信文化服务，其他文化数字内容服务，互联网广告服务，互联网文化娱乐平台，版权和文化软件服务，娱乐用智能无人飞行器制造，可穿戴智能文化设备制造，其他智能文化消费设备制造）企业实现营业收入 10246.5 亿元，同比增长 22.6%，比全国平均水平高 3.7 个百分点；占全国文化新业态企业收入的比重为 25.9%，较上年提高 0.8 个百分点；对全市文化企业收入增长的贡献率为 73.2%，比全国平均水平高 34.8 个百分点，拉动全市文化企业营业收入增长 13 个百分点，比全国平均水平高 6.9 个百分点。数字技术催生文化消费新场景、新产品与新应用。以数字技术为引擎，北京持续在文旅、广电、演艺、文博等领域推出一批极具特色的文化科技场景与优质产品，数字文化消费生态圈逐步形成。

（二）北京文化企业数字文化转型取得了积极成效

北京文化企业积极应对新冠肺炎疫情冲击带来的不利影响，加快数字文化转型，通过拓展线上业务，弥补线下业务受限的空间，取得了积极成效。2021 年 1 ~ 12 月，全市规模以上核心数字文化企业 1708 家，实现营业收入 11409.8 亿元，同比增长 23.5%，占规模以上文化企业营业收入的比重为 66.8%，比上年提高 3.1 个百分点，拉动全市文化企业营业收入增长 14.9 个百分点。全市核心数字文化企业中，“互联网 + 文化”领域营业收入 10012.2 亿元，占比 87.8%。新业态新模式发展强劲，16 个新业态特征较为明显的行业小类实现营业收入 10246.5 亿元，同比增长 22.6%，对全市文化企业收入增长贡献率为 73.2%。

（三）北京文化科技型企业实现量质齐升

北京提升产业韧性与引领力的文化科技型企业实现量质齐升。“互联网 + 文化”领域指文化产业中“互联网搜索服务”“互联网其他信息服务”“互联网游戏服务”“互联网广告服务”“互联网文化娱乐平台”“动漫、游戏数字内容服务”以及“多媒体、游戏动漫和数字出版软件开发”7个领域小类。2021年1～11月，全市规模以上“文化+科技”企业1105家，实现营业收入7760.5亿元，占规模以上文化企业营业收入的比重为51.7%，同比增长18.1%，拉动全市文化企业营业收入增长9.4个百分点。2021年1～12月，全市55家规模以上“专精特新”文化企业实现营业收入161.3亿元，同比增长22.6%，比全市文化企业平均增速高4.9个百分点；收入利润率为10.8%，高于全市文化企业平均水平2.5个百分点。新增故宫博物院、完美世界等6家单体类国家文化和科技融合示范基地，北京示范基地数量达到11家，居全国之首。在国家数字经济战略引导下，在互联网、大数据、人工智能等数字技术赋能下，数字化推动文化产业的迭代发展已有鲜明的应用领域。以影视企业为例，人工智能技术应用于影视作品的IP创作和剧本写作，虚拟现实、数字特效技术应用于拍摄现场和后期制作，大数据技术应用于宣发阶段的精准定位，第五代移动通信（5G）的高清技术应用于传播阶段，区块链等技术应用于版权保护和交易……这些都促进了影视企业的数字化变革。

三、北京文化企业数字化转型中存在的问题

（一）文化企业数字化转型经济成本高

文化企业数字化转型的驱动需要全要素变革，包括技术、领导支持、员工技能和基础设施等，转型成本很高。传统文化企业相对于数字化时代落后的生产经营方式，导致数字化技术应用低、提供的文化产品和服务质量低，文化企业亏损问题严重。在数字资源建设、数字产品开发、技术装备配置、平台搭建、模式创新和技术应用等方面取得一定成效。但是，相对于国家政策项目和资金支持以及各单位实际投入而言，各传统文化企业数字化转型升级进展还未达到理想目标。制造业数字化可以提高生产效率，但文化企业数字化转型的效率提高还不好测评。而且，部分单位经营活力尚未充分发挥，市场潜力仍未充分释放，发展不平衡不充分的问题依然存在，对国民经济和社会发展的支撑也不到位。在大数据与文化产业融合初级阶段，成熟的大数据应用场景和案例不多。此时，大数据对文化产业发展的作用不足以转化为企业的核心竞争力。这导致作为市场主体的企业，尤其是一些依赖政策红利、固守原有市场和业务的大中型文化企业实施大数据战略的内生动力不够。与此同时，大数据在文化产业的应用需要投入大量的设备、人力等资源，市场准入门槛较高，投资风险较大，限制了大多数小微文化企业的数字化转型，导致大数据对文化产业发展的潜能未得到有效挖掘和利用。文化企业转型缺乏动力，例如对于出版业而言，业务分为电子图书和纸媒。但出版行业大多是国有企业，转型动力不足。目前新闻媒体和融媒体的媒体网络账号，多为第三方运营。内部基本是年轻人的兴趣点，传统运营内创业。

（二）部分文化企业数字化转型内生动力不够

新冠肺炎疫情下，公众对数字文化产品的消费需求增加。但部分文化企业数字化转型内生动力不够，所以导致数字化产品供给匮乏，文化企业的数字化程度不高，不能满足数字化产品的需求。部分文化企业的从业者对数字化过程的艰难性认识不足，将数字化升级视为简单的工具升级，认为是对传统文化企业中的传统部门进行诸如信息化、电子化、智能化的升级改造，或者理解为由于数字技术带来的交叉融合而产生的新业态。部分文化企业将数字化升级寄望于政府的力量，过于重视

文化产品的意识形态属性，而忽略其经济属性。部分文化企业认为文化企业就应该以社会效益为唯一标准，不用追求盈利，不用过多考虑经济效益，故而相应的数字化升级也应该按照国家统一的规划和部署来进行，企业自身认知不够。即使有些文化企业知道数字化升级转型的必然趋势，但出于能力不足或者想借鉴其他企业的成功模式后而放弃自己对人才的培养、市场的培育、用户的积累等。文化企业的数字化升级转型不是一蹴而就，不能通过一项技术创新或者一款软件应用就一步到位，而是需要对业务模式、组织架构、产品与服务进行系统性、彻底的重新定义，才能够真正实现数字化转型。

（三）文化企业数字化转型带来信息安全问题

文化企业属于轻资产，所以数字化转型引致的数据开发和利用风险较大。大数据具有海量的数据规模、快速的数据流转、多样的数据类型和价值密度低等特征。文化企业数字化过程中产生的文化数据、企业经营数据、消费者偏好数据等衍生的安全问题，企业数据产权的保护问题都需要引起重视并予以解决。目前市场上也有很多从事大数据业务的软件企业，其中有一些针对文化企业的大数据和人工智能工具。但它们不过是对 ERP 系统的一种可视化升级，或者是一种相关行业信息的分析汇总，对目标企业的业务提升意义不大。对一家业务线条简单且具体的文化企业来说，自身不掌握合适的算法模型，更没有海量的数据来源，这些人工智能工具制造的可视化和所谓的“智能稿件”等产品，缺乏实际意义，而且还会引致信息泄露等安全问题。

（四）数字化转型的竞争使得文化企业“中心—边缘”化趋势明显

数字化转型影响着文化市场竞争：一方面，数字化促进新的文化企业的产生，市场主体增多将使竞争更加激烈。另一方面，数字化转型成功的文化企业将占有更多文化市场份额，成为文化产业的中心，进一步提高文化市场集中度。大型跨国国际文化集团的出现导致电影院、电视台、广播电台和新闻媒体的所有权日趋集中。市场过度集中通常导致价格上涨、质量下降，最终将损害商品和服务的可及性、多样性。随着互联网的不断发展，以及互联网与通信技术的不断融合，电子书、智能手机等可移动的、方便快捷的手持终端将会被大量地使用，纸质载体的内容可以跨过销售渠道直接呈现在客户面前，部分传统文化企业将逐步被“边缘化”，部分文化企业的数字化转型慢还容易让员工误解，将数字化转型简单化、初级化。这对传统文化企业而言是潜在的巨大威胁。部分传统文化企业数字化能力不足、数字化管理水平低、数字化技术应用水平低，所以数字化产品少，因此不敢转、不会转，也越来越被边缘化。

（五）文化企业数字化相关的人才匮乏

文化产业在英国被称为内容产业，可见内容是文化产业的核心，而基于文化内容的输出依靠创新人才和技术人才。数字化转型能帮助文化企业实现跨越式发展，但文化企业的数字化转型离不开专业的技术人才，架构师、程序员等技术人才未必了解文化产业。既精通数字化技术又熟悉文化产业的人才非常稀有，尤其是数字化方面的高端人才。文化企业，尤其是国有企业，想招募引进既懂技术又懂文化的稀缺高端人才难度非常大。文化企业在薪酬待遇以及发展空间等方面并不具有足够的吸引力。文化产业相关各方一直在试图推动产学研结合，而高校毕业生和市场人才需求的“最后一公里”很难打通，高校专业设置、课程安排等很难和市场的变动同步，在人才培养中始终处于滞后和被动的状态。因此在文化企业数字化转型的过程中人才缺乏是最大挑战，而且短时间内很难解决。

除上述原因外，文化企业的数字化转型还存在以下问题：促进数字化转型的法律制度尚不完善，尤其是数字文化产业的知识产权保护力度不足，文化企业数字化转型的融资政策尚待完善。与发达国家相比，缺乏成熟的商业模式，国际上行业话语权受到限制。另外，文化企业数字化转型发展不均衡，我国东中西部、城市农村之间的数字鸿沟较大。

四、文化企业数字化转型的路径

文化企业数字化转型的核心是以数据为关键要素，改变企业的组织能力、管理能力和提升应对市场变化能力的全过程。数字化转型涉及文化企业上游供应商、下游客户互动反馈、外部运营流程、内部生产过程、员工数字化水平、企业组织架构等各个方面，需要企业对自身进行全方位的审视。

（一）完善文化企业数字产权的保护政策

鉴于文化的巨大价值，公共政策应为文化企业数字化转型提供支持，帮助文化企业为面临的不确定性做好准备。文化产品有很强的网络外部性，即产品价值随着采用相同产品或互补品的用户数量增加而增加，用户数量越多，会吸引越多的配套文化企业生产。文化产品数字化的生产成本很高，但数字化技术使得文化产品边际成本很低，甚至趋于零。因此需要激发文化企业在数字文创领域的热情，保护文化数字化后形成的数据资产。目前数据资产的知识产权保护还处于探索阶段，未来需要完善区块链形成数据资产的产权体系。同时建立文化数据的交易体系，建设数据交易的网络，打通数据流通渠道。还需要合理构建数字化转型升级进展评估指标体系并进行评价分析，既是通过科学量化方法摸清数字化转型升级进展情况的有效手段，也是进一步推进数字化深化发展的重要举措。

（二）对不同类型文化企业分类支持

对文化企业的扶持措施需要分类进行：对满足公共文化需求起着关键作用的文化事业机构的数字化转型，需要政府资金投入以提升数字技能；培育一批具有较强核心竞争力的大型数字文化企业，引导互联网及其他领域龙头企业布局数字文化产业；支持“新技术、新业态、新模式”企业发展，扶持中小微数字文化企业成长，培育一批细分领域的“瞪羚企业”和“隐形冠军”企业。小微文化企业不是大企业的缩小版，大文化集团的扶持政策并不适用小微文化企业。与其他产业相比，小微文化企业在文化产业中占据的比重更大，不但成为推动产业发展的重要力量，而且对于保持文化多样性、催生创意创新具有更大的作用。但小微文化企业固定资产少、知识智力属性突出、抵抗风险能力弱，需要政策落实数字化转型的“最后一公里”，以满足数字文化消费的多样性需求少数大型文化企业集团具有数字化优势，应运用反不正当竞争法来预防损害文化产品和服务可及性的不良行为，构建适宜生存和发展的生态系统，最终保障大中型文化企业与富有活力的小微文化企业共存。

（三）大数据技术嵌入文化市场，提高交易效率

数字化对文化内容的供给和需求都有着重要影响。从需求角度看，探索 5G、云计算、大数据、人工智能、物联网、区块链等共性技术与文化产品的商业应用场景，展示借助数字技术实现内容、

模式和业态创新。这样消费者通过大数据全面了解文化产品和服务的信息，在理性预期的作用下，以最小的时间成本和经济成本迅速搜索到满意的文化产品和服务，也可以通过个性化订制自己需要的文化产品和服务。

从供给角度看，文化产品数字化可以增强产品的特色化。文化企业运用大数据对消费者行为、偏好、需求、购买力等进行分析，对用户进行全面画像，挖掘用户个性化的长尾需求，根据个性化需求开展精准营销与互动营销，刺激新的消费需求产生。文化企业还可以利用大数据对消费群体进行分析，把握消费者心理和消费趋势，分析市场发展趋势和潜在群体，精确预测市场大小和产品成功概率，在可预见的未来，虚拟现实、增强现实等新兴技术有望推动新的文化体验，这不仅可以吸引现有的受众，还可能催生新的文化消费群体。整合产品供给，从而有效化解以往的文化市场供需脱节矛盾，最大限度覆盖消费人群。

（四）数字化赋能文化企业管理

企业的数字化转型经历了由技术视角转向组织变革视角的演进过程。后者的企业数字化转型是旨在通过通信、信息、计算连接技术的整合使企业属性发生重大变化，进一步推动实体发展的过程。文化企业数字化转型是一个涉及多领域、多层次、多主体的复杂系统，需要政府、企业、市场协作联动，寻找企业数字化发展的关键要素，以最大限度释放数字化转型的红利与活力，为文化企业的高质量发展提质增效。文化企业需要改革传统滞后的管理模式，引入数字管理模式，并深度挖掘、培养复合型人才，强化文化企业发展的拥有数字技术的人才保障。文化企业管理具有特殊性与复杂性，内容创作与运营管理之间、经济性和意识形态属性之间的平衡对企业管理提出了更高的要求，因此，文化企业需要提升数字化管理能力，使管理决策过程智能化、数字化、智慧化。随着技术进步、数字设备的普及以及疫情影响，消费者对线上文化活动的需求增加，消费者更喜欢体验感强的文化产品。文化企业需要思考如何在不破坏消费者文化体验的同时将产品数字化，并探索数字文化产品的商业模式。

（五）加强文化企业数字化合作网络

在新一轮科技革命和产业变革的浪潮中，以大数据、人工智能、云计算等为代表的新一代信息传播技术向文化产业全方位渗透，畅达了生产、消费、传播等关键环节，提升了文化产业链上下游各端的协同性。文化企业数字化转型需要打破部门墙和数据墙，实现业务流程数字化、跨部门系统互联和数据互联，为业务赋能，为精准决策增添效能。此外，还可以通过线上平台与消费者、供应商等外部环境进行联结。文化企业数字化转型不仅涉及广泛的利益相关者，如商业企业、非营利性组织、社会公民等。其目标及影响同样非常广泛，如解决现存的组织问题、提高产品生产质量、塑造新的思维方式等，因此文化企业数字化转型需要多个模块相互协作，不同模块之间会在价值观、知识积累、内在资源等要素上产生持久的互动互通。

参考文献

[1] 新华社 . 中华人民共和国国民经济和社会发展第十四个五年规划和 2035 年远景目标纲要

［Z］. 中华人民共和国中央人民政府，2021-03-13.

［2］陶金元,王晓芳 . 数字经济驱动创新发展的挑战与对策［J/OL］. 宏观经济管理,2021（6）：18-25. DOI:10.19709/j.cnki.11-3199/f.2021.06.006.

［3］斯大丁格 . 企业数字化转型：是什么、为什么、怎么做［EB/OL］. https://www.zhihu.com/people/ji-gu-ji-gu-a，2020-11-26.

［4］IDC. IDC Future Scape：2021 年全球数字化转型预测［Z］. 国际数据公司，2020-10-29.

［5］Kumar A. Digitization vs. Digital Transformation：Know the Relation & Differences［EB/OL］. https://www.appventurez.com/blog/digitization-vs-digitalization-vs-digital-transformation/，2020-11-29.

［6］Schiuma G.，Schettini E.，Santarsiero F.，et al. The Transformative Leadership Compass: Six Competencies for Digital Transformation Entrepreneurship［J］. *International Journal of Entrepreneurial Behaviour & Research*，2021.

［7］埃森哲 . 2020 中国企业数字转型指数研究［Z］. 国家工业信息安全发展研究中心，2020-09-14.

［8］黄蕊，徐倩，李雪威 . 文化产业数字化转型的演化博弈研究［J］. 财经理论与实践，2021，42（2）：125-133.

我国旅游专业教育管理现状及对策分析

王美龄[*]

（贵州求是教育培训有限公司）

摘要：随着国民生活水平日益提高，国民旅游需求旺盛，我国旅游行业实现了迅猛发展，从某种程度上来说，已经成为新兴经济增长力量。"新冠"疫情防控期间，积蓄的旅游需求会在将来一触即发，对我国旅游业的发展提出了较高的要求，特别是旅游从业人员的水平与素质。这也要求我国的旅游专业教育为旅游行业输送更高质量的旅游专业人才，对于我国旅游产业的良性创新发展有着巨大的推动作用。然而值得关注的是，在我国旅游专业教育管理方面仍然存在一定的问题及不足，在行业和社会层面对于旅游管理专业人才的评价体系需要进一步优化。结合此类情况，本文有针对性地探讨当前我国旅游专业教育管理过程中存在的问题，在问题导向下，根据相关调研，提出和落实相对的解决对策，以期为我国旅游专业教育管理水平的提升提供一定参考。

关键词：旅游专业；教育管理；发展现状；应对策略

一、引言

随着我国社会经济的快速发展，国民生活水平日益提高，我国旅游行业迅猛发展，某种程度上已经成为新兴经济增长力量。需求的增长将促使行业供给端的改革，尤其是人才水平的提升，对于人才出口端，高校旅游专业人才的培养提出了更高的期待。据此，对于旅游专业教育管理工作而言，需要进一步优化和完善人才培养及教育管理的方式方法。在管理方法、管理策略等方面不断改进和完善，进而更充分体现出应有的管理效能，为旅游管理工作取得更加明显的成效提供必要的人才支撑。同时也要着重关注当前我国旅游专业教育管理方面存在不同程度的问题，例如，教育管理定位不够明确，管理方法不能有效创新，在师资力量方面还需要进一步强化，校企合作需要充分、深入等。针对此类问题，笔者调研了国内 5 所大学本科及贵州省 10 所中高级职业院校旅游管理专业，从师资配比、教学内容、学生评价、学生就业等维度进行了问卷调查、深度访谈，并与贵州、江西、广东等地的旅行社、酒店等用人企业深度座谈，在实践过程中探究问题的根源，提出更精准可行的实施对策，以此推动我国旅游专业教育管理取得良好的效能，为我国旅游行业的可持续发展做出应有的贡献。

二、我国旅游专业教育管理现状及问题分析

在新形势下，特别是新冠肺炎疫情过后，旅游行业需要优化调整心态和行业布局调整好状态，

* 通讯地址：贵州省贵阳市观山湖区阅山湖 43 栋，邮编：550023，电话：18685419635，E-mail：274562493@qq.com。

重拾信心，养精蓄锐，投入下一步的工作规划中。旅游能产生愉悦的精神体验，具有心理安慰作用，所以在经济危机背景下也要保持对旅游行业和旅游管理的优化和完善，旅游专业教育管理方面也需要转型升级，要充分适应知识经济时代的发展要求，在旅游专业人才培养方面更贴合市场。也要注意旅游专业教育管理方面存在的问题，如其发展现状与现实需要存在的差距。具体来说，其问题主要体现在以下五方面：

（一）在教育管理定位方面不够清晰明确

针对旅游专业教育管理工作，在教育管理过程中要着重做好定位，明确其根本的价值指向，体现出实践性特点，这样才能在教育管理方面有明确的发展走向，在实践性、创新性方面得到有效强化。目前，在我国高校及重点职业院校中，旅游专业教育管理往往存在以下问题：定位和角色明确方面不够清晰，教育课程体系雷同，教育模式陈旧，教学成果应用性不强，不能充分体现出自身的实践性特点。这也导致旅游教育管理工作往往缺乏足够的精准性和实效性。在具体的教育教学和管理工作中更加重视的往往是理论基础的灌输和讲解，缺乏对学生在旅游实践方面的引导，在旅游项目方面的分析。管理定位不够明确使旅游专业教育教学质量存在不同程度的问题，例如，某些高校开设金牌导游专业，但教学质量未跟上，毕业生就业情况与最初设想相差较大。

同时，教育管理缺乏精准性和个性化，高校教研团队对于市场需求和不同地区的人才需求不能精准有效地分析，在专业课程开发方面存在比较典型的同质化问题，专业建设团队对于市场的钝感也让高校在课程呈现的鲜活度，案例的前沿性、典型性方面有所欠缺。在人才培养方面存在启发性弱、职业素养弱、技能元素少等缺点。

（二）教学方法不能做到与时俱进，内容脱离时代

在新形势下，旅游行业成为许多地区的重要支撑行业，且随着科技水平的进步，行业出现了许多新的生态位。例如，新媒体行业发展催生出线上旅游推荐官、酒店民宿试睡官等。从本地调研看，近90%的高校在专业设置和人才培养暂时未跟上市场的脚步。针对旅游专业教育教学工作而言，需要充分与时俱进，在教学管理方法方面需要不断优化和完善，这样才能发挥创新成效，从而适应旅游产业的发展要求。通过调研可以看到，很多高校的旅游专业教学方法往往有比较明显的落后性和保守性，大部分理念方法都不能紧跟市场，还停留在传统的讲授教学，缺乏互动和第二课堂体验，培养成果与实际工作要求方面存在比较大的差距，这对于旅游专业学生专业技能和实践能力的提升会造成严重影响。

在旅游专业的教育思想方面仍然沿用传统教育模式，也就是进行填鸭式教育，并没有充分确立学生的主体地位，没有激发学生的内生驱动力，学生往往处于比较被动的局面。在实际应用方面不能得到有效引导，在创新思维、创新能力的激发和调动方面也存在不同程度的问题，因此学生在学习和实践的过程中不能得到精准有效的引导，更无法充分把握旅游市场的发展趋势和人才需求动向，导致学生无法适应市场的需求，自身的专业技能和业务素养方面不能切实提升。

除此之外，教师在教学方法方面并没有关注学生创新意识、创新能力和实践能力的培养，导致旅游专业学生缺乏行业创新能力，整合思考能力，实践的过程中不能确保理论和实践充分融合，在

技能训练方面也无法体现出满意的效果。

（三）师资力量不充足，部分师资缺乏实践经验、行业从业经验，对行业认知浅显

经验的传授来源于对行业的观察和体验。我国高校招聘机制对于行业经验丰富的师资并不友好，师资队伍中多是行业观察者的理论派，行业实战派较少。而服务业较为特殊，少数人才会留下来继续做理论研究，大部分人才向市场输出，这就要求旅游专业教育管理过程中，实操性技能学习内容比例提高。学生的专业技能和综合素质要得到显著提升，需要匹配高质量的师资，在师资力量方面进行有效强化。但是在具体的教育管理过程中，很多高校缺乏高质量的师资，师资配比不科学，导致旅游专业教育管理工作受到严重影响，整体教学质量、教学水平不能得到显著提升，从而限制了旅游专业学生的良好发展和有效培养，这对于学生岗位胜任能力增强造成严重限制。

因为相关教师缺乏足够的实操经验和实践能力，所以在实际的教学过程中往往更加关注理论知识的讲解和灌输，并没有关注学生实践能力的培养，也无法为其提供必要的实践引导和推动，所以导致学生在实操能力和综合实力方面比较欠缺，在实际的岗位实践中不能体现出自身的价值和作用。

（四）校企合作探索不足，合作模式单一，深入性不够

在旅游专业教育和人才培养过程中，要想体现出良好的培养成效，使学生更有效适应市场需求，需要高度重视校企之间的深入合作，在良好的合作和深入交流的过程中确立互动机制，以此为学生高质量的培养提供必要条件。近几年，大部分高校都有校企合作的意识，但在合作的方式探讨、模式多元等方面缺乏深入探讨，没有解决旅游专业教育和旅游行业之间的有效衔接，学生对行业的熟悉程度、适应就业岗位的响应速度都受到严重影响。

旅行管理是实践性和职业性特别强的学科，非常需要通过校企之间的沟通和交流搭建人才培养的大平台。目前，学校和企业在合作方面不够深入，学校和企业的各项内容不能有效衔接，各项合作措施无法深入开展和融合，导致两者在发展过程中存在不同程度的脱节或者漏洞，这对旅游专业教育工作的推进会造成严重影响。例如，携程和部分高校建立产业研究院，但在链接项目进校园、输送人才到企业等方面还处于尝试阶段，研究院如何有效运转，人才职前培训谁来付费等方面还需要进一步探索。

除此之外，即使某些高校和相关企业达成了战略合作协议，并且有效确立相关措施，但是在具体的合作过程中往往只停留在表面，并没有深入下去，在深度、广度和强度等方面都存在不同程度的问题，导致旅游专业教育教学工作无法深度触碰企业和行业的客观需求，同时学生也不能充分胜任岗位职责，这对旅游专业学生的培养和教育管理都会造成严重影响。同时企业方面也不能精准有效地整合和利用高校的优势资源，因此限制了旅游专业教育管理效能。

（五）资源分配缺乏科学性、精准性

从整体情况来看，当前我国在旅游教育管理方面存在着发展不平衡、资源分配不够科学合理等方面的相关问题，在不同地域所呈现出的资源分配有严重的失衡情况。除此之外，某些地区在景点景区等方面的资源优势得天独厚，但是某些地区缺乏资源支持，所以在旅游专业教育方面往往存在专业教学创不出专业品牌的情况。旅游专业教育存在发展机制方面不够均衡完善，缺乏足够的人才

培养力度，人才培养梯度不明显，高层次专业人才无法发挥应有的价值等问题，这对旅游专业教育管理工作的顺利发展会造成严重影响，同时也不利于我国旅游产业的转型升级和创新发展。

三、我国旅游专业教育管理对策

（一）着重做好旅游专业教育管理定位

针对旅游专业教育管理进行明确定位，这是旅游专业教育管理工作顺利推进并取得良好优势效能的重要前提。要充分结合旅游行业和相关从业人员的综合能力、思想业务方面的基本要求，进而定位旅游专业教育管理目标。在明确教育管理各项内容的基础上，使相关学生更充分体现出应有的思想素养和业务水平，在专业技能和综合实力方面符合市场的客观需求。在旅游专业教育管理过程中，要引导学生培养应有的服务意识和服务能力，在创新意识、职业道德和实践能力方面要有效强化，充分确立相对应的教育指导方针和教学目标，更充分体现出旅游教育管理的特色和实践性、创新性。确保地域文化和旅游资源更充分融入旅游专业教育管理过程，同时也要结合不同地区的实际情况设置与之相对应的选修课程，对于地方特色和风俗文化等进行充分的分析和有效融入，在各类课程的开设过程中突出地域文化的综合价值，使地域特色得到充分呈现，并且有效渗透人才培养计划和教育管理目标，以此促进旅游专业教育管理工作取得更加明显的成效。

（二）优化学科建设，探索研学型教学方法，确保人才培养具有特色，符合规律

在知识经济时代背景下，旅游教育管理方法和教学手段要不断改进和创新，这是必然要求。在旅游教育管理方面，要体现出职业性、创新性的特点，要把教学方法、教学模式的有效优化作为着手点，使各项工作在实践过程中可以取得更加明显的成效。同时在理论和实践方面要有效加强，确保景点景区的社会考察和毕业设计等各项内容可以当作实践教学环节中的关键优势。进一步组织和引导学生在实践过程中有效进行线路的选择和旅游内容的规划，在教学方法的优化创新方面，突出学生的主体地位，为其提供必要的指引，使学生在实践中得到更有效的指导，让学生在具体的旅游案例的制定、选择规划和完善方面体现出实践能力。在教学内容、教学方法、实践水平等方面有选择性地树立自己的特色。

同时也要有效强化旅游项目管理能力，做好实践练习，使学生的实践能力和岗位胜任能力得到显著提升，通过更加多元化、丰富化的实践教学，使其通过相对应的锻炼和实践，具备良好的创新意识、创新能力，在实践案例的过程中使其充分掌握现代旅游行业的发展动态和未来的发展趋势，着重针对自身实践过程中面临的各类问题进行分析，且通过实践的检验对其不断改进和完善，落实相关解决对策，以此使其更充分掌握全行业全域范围内的经验知识和热点问题。尝试使用跨学科视角和方法改善教学模式，例如让学生通过戏剧演绎、情景体验、沙盘模拟等方式进行真实的训练，通过自我主观能动性和自主探究精神的激发和调动，促进学生专业技能和实践能力的提升。

（三）调整师资配比方案，畅通引进渠道，增强在岗培训，加强师资的理论浓度与市场品位

在旅游专业教育管理过程中，确保师资力量得到有效强化，这是关键所在。要注重做好双师型建设工作，确保旅游专业师资力量能够得到更有效的进化，强化建设高质量的教师队伍，确保教师

具备应有的专业技能和实践能力。相关院校要着重做好优秀师资的引进和培养，要有针对性地到文旅行业、泛服务业的企业进行对应的人才引进。同时，对在校专业型师资力量进行有效培养和强化，输送老师到企业挂职学习、引入企业项目进行共建、增加外出培训等，有效引导教师到办学更具有特色、实践教学更加卓越的学校、企业去进行参观和深造，进而为双师型教师的有效培养提供必要保障。

（四）注重做好校企之间的广泛沟通和深入合作，建设产学院基地，发挥合作的最大效能

通过共建产学研中心、建设实训基地、市场项目共同运营、师资双向流动培养、构建人才产业链等方式加强行业协会、企业与学校的合作，推动校企合作向 3.0 版本升级。教学内容方面广泛邀请企业专家上讲台，对于学生进行相对应的实践方面的引导，使企业发展动向和人才需求得到有效明确，让学生充分做到心中有数，同时也要针对企业的客观需求进行广泛深入的调研，对于授课的具体内容进行不断的调整和优化，以符合企业的人才需求，确保教育教学工作的精准性、时效性得到显著提升。教学方式方面，以市场化真实项目的参与为基础，加强校企的深化联动，共同发展，确立长效互动机制，有效成立行业研究院或者相关发展平台，以此推动校企之间的合作更加深入。最终形成人才培养—人才输送—人才再培养—人才晋升的大循环，打造人力资源产业链条，实现合作“双赢”，保证合作长效开展。

（五）院校资源进行充分整合，打造各自的特色，建设专业品牌口碑

在院校资源方面进行充分整合，是旅游教育管理工作的必然要求。不同院校之间在专业建设、人才培养等方面进行更深入的交流，在联合培养过程中体现出各类院校的资源整合优势。同时在不同学科和专业之间也要进行广泛深入的交流，在学科的专业优势方面进行有效整合，可以有针对性地创设多种类型的学科专业研讨会，在各类信息的融合发展以及院校资源的整合方面体现出应有的价值。不同学科之间要进行优势互补，互通有无，在加大融合力度的基础上体现出不同学科的发展成效。各校可以选择专业文化中的某一内容进行专业化纵向研究，尝试建立全国学科联盟，创办学科杂志，共同探讨行业发展，推动专业建设，提升整体教学、培养水平。同时，在招生信息方面进行及时有效的共享，通过信息共享机制的有效确立，使学校和企业的各类信息能够得到精准有效的匹配，这对于学生就业质量和学生人才招聘质量的提高都起着关键作用。

四、结束语

学校的专业建设和专业教育对于社会的发展相当重要。专业团队对行业发展进行观察和研究，为政府和企业提供行业发展对策，为行业发展提供人才。然而，笔者从学术论坛的专业建设交流、从业经验体验、行业企业座谈等多渠道感知到目前国内的旅游专业建设及人才培养需要优化。从上面的探究中可以充分看出，旅游专业的教育管理存在的问题或者不足，需要具备问题导向意识，进一步提出相关解决对策，使各项对策具有时效性、精准性和可行性。与此同时，也要充分体现出更切实可行的作用和效能，确保各个方面协同推进，以促进旅游专业教育管理水平的提升，为相关学生具备应有的岗位胜任能力奠定坚实的基础。

参考文献

［1］吴承忠，牟阳．全国文化管理本科毕业生市场需求与就业调研报告［J］．中国文化产业评论，2012，16（2）：381-385.

［2］李映晖．浅谈旅游管理教育的发展与创新［J］．中国校外教育，2018，5（32）：195.

［3］田婧彤．旅游管理教育的发展和创新［J］．文化教育，2015，8（3）：955.

［4］赵利敏．浅谈旅游管理教育的发展［J］．大众商务，2020，8（10）：113.

［5］刘沧．旅游管理专业体验式教学模式研究［D］．大连：辽宁师范大学，2018.

［6］杜江．体验思想指导下的旅游专业体验教学模式思考［D］．大连：辽宁师范大学，2007.

［7］汪清蓉．旅游管理专业体验式教学人才培养模式初探［J］．旅游学刊（人力资源与教育教学特刊），2019，5（5）：89-92.

［8］李志兰．高校经济管理专业课堂实践教学研究［J］．潍坊教育学院学报，2019，4（7）：45-47.

［9］李自维．高校旅游管理人才培养模式现状分析及对策［J］．黑龙江史志，2018，15（4）：84-85.

［10］丁源．浅谈旅游管理教育的发展与创新［J］．品牌月刊，2019，5（11）：241.

创新文化与非物质文化遗产的传承与发展

李英爽　周国龙 *

（北京联合大学管理学院）

（中航勘察设计研究院有限公司）

摘要：2022年3月我国创新指数全球排名达到第12位，提高22个位次，中国成功跨入创新型国家的行列，全面融入全球创新网络，是世界各国中唯一持续快速上升的国家。创新是一个企业持续成长的原动力，失去创新的企业只能维持较短时间的现状，追求创新的企业才能拥有未来。本文从两家蜡烛店说起，同样是蜡烛店，命运却如此不一样，除了创新，愿景、坚守、手艺传承的断层问题更是引人深思，也对非物质文化“遗产”有了新的思考和认识。本文将从创新文化与企业发展的视角分析当代手艺人的生存发展现状，探讨非物质文化“遗产”怎样才能不走进“死胡同”，希望有更多手艺人能够把它作为一种资产发扬光大，使非物质文化遗产得以更好地传承和发展。

关键词：创新文化；非物质文化遗产；传承与发展；传统手工艺

Innovation Culture and Inheritance and Development of Intangible Cultural Heritage

Li Yingshuang　Zhou Guolong

(School of Management, Beijing Union University)

(AVIC Institute of Geotechnical Engineering)

Abstract: In March 2022, China's innovation Index ranked 12th in the world, up 22 places. China has successfully entered the ranks of innovative countries, fully integrated into the global innovation network, and is the only country that continues to rise rapidly in the world. Innovation is the source of the sustainable growth of an enterprise. Enterprises that lose innovation can only maintain the status quo for a short time, while enterprises that pursue innovation can have a future. This paper starts from the experiences of two candle shops, both of which have different

---

* 作者简介：李英爽，北京联合大学管理学院，通讯地址：北京市海淀区牡丹园北路7号中鑫嘉园2期1号楼1110室，邮编：100191，手机：13520360056，E-mail：gltyingshuang@buu.edu.cn，2842517158@qq.com。

fates. In addition to innovation, vision and persistence, the fault of handicraft inheritance is even more thought-provoking, which also leads to new thinking and understanding to intangible cultural "heritage". From the perspective of innovation culture and enterprise development, this paper will analyze the current situation of the survival and development of contemporary handicraftsmen, and discuss how to avoid a "dead end" for intangible cultural "heritage", hoping that more handicraftsmen can carry it forward as an asset, and the intangible culture can be better inherited and developed.

Keywords: Innovation culture; Intangible cultural heritage; Inheritance and development; Traditional handicraft

创新和发展是企业不变的主题。为深入贯彻落实习近平总书记关于非遗保护工作的重要指示精神，进一步增强文化认同、坚定文化自信，传承弘扬中华优秀传统文化，在 2022 年 6 月 11 日“文化和自然遗产日”来临之际，让我们共同关注非遗的传承与发展，激发非遗活力，创造美好生活。

一、两个故事

1837 年，宝洁公司创立于美国一个繁华的商业中心——辛辛那提市。宝洁的诞生源于两个年轻人的美国淘金梦。普拉科托（William Procter）从英国移民来到美国，是一个做蜡烛的工人；盖姆（James Gamble）从爱尔兰岛荒芜遥远的西部来到美国，是个做肥皂的学徒。两个人因为娶了同一家的两姐妹而相识，他俩一起做生意并在 1837 年正式创建了宝洁公司，以生产蜡烛和香皂为主营业务。起步时，他们挨家挨户地推荐产品，经过近 200 年的发展，宝洁公司最鼎盛时期拥有了 200 个品牌、18000 个专利，在 80 个国家拥有工厂，产品销往 160 个国家 / 地区，全球有 30 亿人用过他们的产品。这是怎样一幅盛世图景？一个怎样的商业帝国？

我们一方面大力弘扬保护非物质文化遗产，另一方面却又不得不面对一些民间传统手艺日渐式微的现实。联想到笔者曾经到访过江南小镇的一家“杨记”蜡烛店，老杨是一位制作手工蜡烛的手艺人，凭借着祖祖辈辈传下来的手艺制作各式蜡烛，每逢节假日尤其是春节前后，蜡烛店前都能排起来自周边十里八乡、购买蜡烛人群的长龙，蜡烛店老板也因此发家致富，盖起了三进院落的豪宅。而现如今小镇的青石板街上，蜡烛店、传统小吃的制作手艺，木匠店、竹器店等传统手艺店等大都无人传承家族手艺，面临失传、闭店的困境，古老的商业街喧闹已不在，逐渐成为一种挥之不去的记忆，一切也已经是物是人非了。

同样的蜡烛店，命运却如此不同，除了创新，愿景、坚守，手艺传承的断层问题更是引人深思。也让笔者对非物质文化“遗产”有了新的思考和认识，希望有更多的手艺人能够把它作为一种资产去发扬光大。

二、“遗产”还是资产？

宝洁公司始于 1837 年，尽管曾采取的也是传统的手工业作坊式的生产方式，但是创始人凭借商业直觉，从当时刚刚出现的新工业萌芽中察觉到了革命性的机会，在最初的几十年发展中带领公司生意兴隆。尽管蜡烛生意在 19 世纪末电灯发明后就萧条了，但是保洁公司始终专注主业，凭借不断创新产品，使传统的蜡烛店获得了新生。

说到宝洁公司的创新还有这样一个故事。一天宝洁的两位创始人在楼前喝咖啡，盖姆夫人在一旁洗衣服。普拉科托突然发现盖姆夫人用的是一块黑黝黝的粗糙的肥皂，他不禁叹道："这种肥皂真是令人作呕！"这声无意的叹息，却令两人灵感一现：如果制造出一种又白又香的肥皂，会怎样呢？1860 年，Gamble 开始实验用廉价成本生产高端肥皂，最终孕育了宝洁的第一款爆款产品——Ivory Soap（象牙香皂）。公司专注于对肥皂的基础研究和技术创新，1878 年又用椰子油实现了象牙白外观，Ivory Soap（象牙香皂）以其纯白和可漂浮的特性被广为宣传，引领了公司销售模式的转变。

当前，大众创业、万众创新成为我国新常态下经济发展的新引擎，为适应和引领新常态需注入源源不断的动力与活力。同时，"大众创业、万众创新"也是广大创客实现梦想的机会。随着国家重视程度的提高，创业的外部发展环境越来越好，一批企业家成长起来。全球创业观察组织发布的 2012 全球创业观察报告，在 GEM（The Global Entrepreneurship Monitor，全球创业观察组织）的 54 个成员国中，中国的早期创业活动指数排名第一，我国已成为创业活动最频繁的国家之一；近期世界知识产权组织（WIPO）在日内瓦发布的《2021 年全球创新指数报告》显示，中国排名第 12 位，中国创新指数在全球的排名从 2012 年的第 34 位达到了 2022 年的第 12 位，提升了 22 个位次。进入 21 世纪，信息技术推动下知识社会的形成及其对创新的影响被进一步认识，创新则意味着变化、变革和转变，它是一个企业持续成长的原动力。没有创新的企业只能短时间维持现状，追求创新的企业才能长久地成长。

三、外部"输血"代替不了内部"造血"，内部机制和效率低下

（一）爱迪思企业生命周期理论

伊查克·爱迪思（Ichak Adizes）是美国最有影响力的管理学家之一，是企业生命周期理论创立者，是组织变革和组织治疗专家，是美国当代著名的管理学思想家。美国主流媒体评价爱迪思是 20 世纪 90 年代"唯一一名处于管理尖端领域的人"。

爱迪斯将企业的成长过程划分为成长和老化两大阶段，共十个时期，其中成长阶段从孕育期开始，经历婴儿期、学步期、青春期、盛年期，直到稳定期（见图 1，表 1）。

爱迪斯画了一条像山峰轮廓的企业生命周期曲线，这条曲线可以延续几十年甚至上百年，实际上很多企业没有走完这条曲线就消失了。有的企业几年、十几年还在成长期就夭亡了，原因在于企业没有从成长中遇到的陷阱跳过去。传统手工艺类型的企业面临的最大问题是"第二次或第三次创业"的陷阱，尤其是民营企业，这一阶段的特征表现为企业基本上已经发展起来了，处在学步期或青春期，将要从创业型转为管理型，进行较大的跳跃（见表 1）。

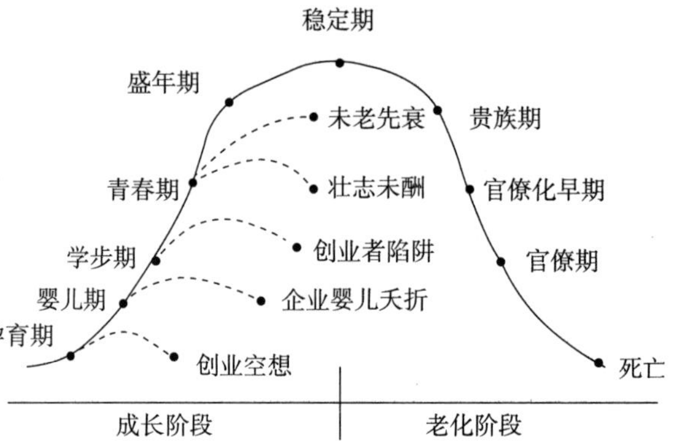

图 1　爱迪思的企业生命周期模型

表 1　爱迪思的企业生命周期各阶段特点

时期	特点
孕育期	企业尚未诞生，仅是一种创业的意图
婴儿期	行动导向，机会驱动。因此，缺乏规章制度和经营方针；表现不稳定；易受挫折；管理工作受危机左右；不存在授权，管理上唱的是独角戏；创业者成为企业生存的关键因素
学步期	企业已经克服了现金入不敷出的困难局面，销售节节上升，企业表现出快速成长的势头。但企业仍是机会优先，被动的销售导向，缺乏连续性和重点，因人设事
青春期	企业得以脱离创业者的影响，并借助职权的授予、领导风格的改变和企业目标的替换而再生。“老人”与新来者之间、创业者与专业管理人员之间、创业者与公司之间、集体目标与个人目标之间的冲突是这一时期的主要问题
盛年期	企业的制度和组织结构能够充分发挥作用；视野的开拓与创造力的发挥已制度化；注重成果，企业能够满足顾客的需求；能够制订并贯彻落实计划；无论从销售还是盈利能力来讲，企业都能承受增长所带来的压力；企业分化出新的婴儿期企业，衍生出新的事业
稳定期	企业依然强健，但开始丧失灵活性。表现为对成长的期望值不高；不努力占领新市场和获取新技术；对构筑发展远景失去了兴趣；对人际关系的兴趣超过了对冒险创新的兴趣
贵族期	大量的资金投入到控制系统、福利措施和一般设备上；强调的是做事的方式，而不问所做的内容和原因；企业内部缺乏创新，企业把兼并其他企业作为获取新的产品和市场的手段；资金充裕，成为潜在的被并购的对象
官僚化早期	强调是谁造成了问题，而不去关注应该采取什么补救措施；冲突和内讧层出不穷；注意力集中到内部的争斗，忘记了顾客
官僚期	制度繁多，行之无效；与世隔绝，只关心自己；没有把握变化的意识；顾客必须想好种种办法，绕过或打通层层关节才能与之有效地打交道

（二）“非遗”背后的一个现实性问题：传承断层

爱迪斯指出的创办人或家族陷阱，也正是民企关心的如何超越家族制的问题，而这恰恰是企业面对的最危险的一个陷阱。

表 2 中，1～5 分代表从非常不符合到非常符合的认知。可以看出，中国的创业者在“挣更多的钱”“争取更高的社会地位”两项上得分较高，而美国的创业者更多是为了“改善个人和家庭的

生活质量”“提高自身的能力”“追求人生的挑战性”。另外，社会导向的几项指标：“创办公众认可的企业”“为公众和社会创造财富”“开发新技术或新产品”的动机均低于美日企业。国内大多数手艺人传承都在两代以上，他们鲜活、独到的技艺在小镇方圆百里声名远扬，成为当地人们津津乐道的特色产品和地域文化的一部分，也是一些特定节日的必备品。他们大多数创业很大程度上是由于自身或周围环境的不利条件所迫选择了生存型创业，由于起步艰难，创业的产品或服务逐渐失去了价格优势，企业只能在残酷的市场竞争中自生自灭。目前，这类传统手艺人在我国市场经济的各个角落，很多都是家族企业，近年来，伴随着乡镇空心化，一些年轻人到大城市打拼，远离世代生活的故乡，他们对现状不满，渴望获得更多的经济回报，想要另谋出路，却将家族传统技艺看得微不足道，没有视其为资产去传承的创业初心，国内一些乡镇家族传统手艺面临着发展断层的现实问题，一些家族企业延续了几代人的努力经营，其中不乏曾经门庭若市，而今却后继无人，日渐式微，他们中每年都有不少人不得已以失败收场，传统手工艺也面临消失的困境，逐步沦落到成为“遗产”、寻求保护的尴尬境地，令人惋惜。

表 2　　中外创业动机对比

创业动机	中国	美国	日本
社会导向：			
· 创办公众认可的企业	1.428	2.441	3.285
· 为公众和社会创造财富	1.539	2.472	2.532
· 开发新技术或新产品	1.579	2.576	2.642
个人成就：			
· 改善个人和家庭的生活质量	3.039	4.039	3.247
· 挣更多的钱	3.587	3.541	3.031
· 争取更高的社会地位	3.198	2.500	2.194
· 追求人生的挑战性	2.691	3.751	3.795
· 提高自身的能力	2.317	3.668	3.570
资源驱动：			
· 利用可利用的创业资本	1.246	2.085	1.842
· 减轻税收负担	1.016	1.678	1.708

资料来源：贾生华，邬爱其 . 中美日三国不同文化背景下的创业特征比较[J]. 外国经济与管理，2006，28（10）：1–5.

四、文化传承靠保护，更需要从自身发扬光大

文化传承靠保护，但保护不是目的。面对一些民间传统手工艺沦为“非遗”的现实，抢救式的“非遗”，不应该只成为一种“收藏品”，我们还可以为民间手工艺的传承和发展做更多，避免它们步入“非遗”，让中国优秀的传统文化技艺发扬光大，在传承中延续，在创新中发展。

（一）家族企业接班人问题

宝洁第一代创始人（见图 2）在创建公司的时候，正面临席卷美国的金融危机，尽管困难重重，

但是凭借商人敏锐的直觉，在最初数十年宝洁公司生意兴隆。到了 19 世纪中期，在宝洁公司第二代家族成员的参与下，大力扩张市场，并随之扩大了生产规模。同时公司第二代领导人之一的诺里斯坚信技术对宝洁至关重要，推动在公司积极建立起系统化和科学化研发产品的意识。19 世纪 80 年代，第三代家族成员库珀加入公司，进一步推动了宝洁的公司化、多元化经营，建立了员工公平待遇、集体意识、公司认同等许多经久不衰的价值观，在推动宝洁公司正规化，形成公司长期坚持的理念、组织与文化方面做出了重要贡献。

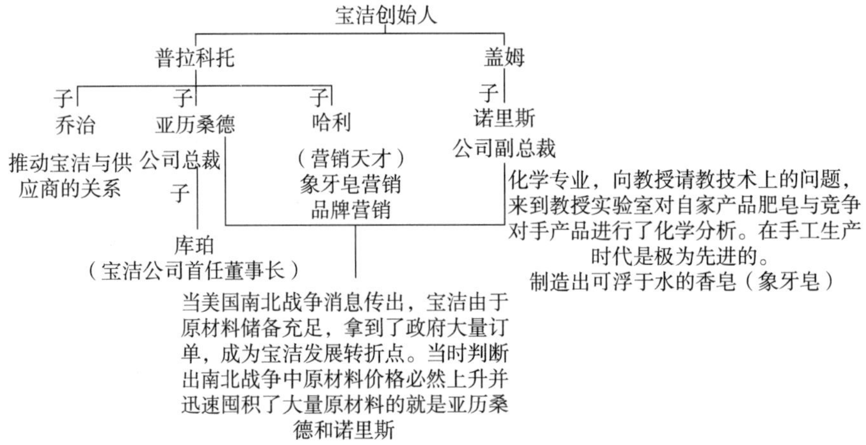

图 2　宝洁家族领导人

资料来源：李英爽，周国龙．创新文化与非物质文化遗产传承与发展[R]. 2022 国际文化管理年会，2022.

当企业跨越了成长，必然会面对传承问题。一个能够发展的企业必然有着合理的可传承的要素，即技术、管理和文化。其中，传承的基础是技术，关键是管理，核心是文化。企业传承的方式主要有三种：家族内部传承（子承父业）、内部传承（内部晋升）、外部传承（职业经理人）。目前家族内部传承模式在中国较为普遍，应加强对传统手工艺传承人的创业教育和辅导，增强创业意识，要培养创业初心需从根本上解决传统手工艺传承的主要问题，未来有一批通过传承、从小到大发展起来的传统技艺巨人，不断提升民间传统手工艺的吸引力，增强文化自信，让文化生生不息，打造文化强国。

（二）创新文化

宝洁公司的创新文化，推动了宝洁的公司化发展，通过建立起正规的组织形式、完善的公司制度，推动了宝洁公司持续、健康地发展。同时，宝洁公司也是品牌营销创新的典范。这些不断的创新都发展凝练成了宝洁公司独特的重要的价值观和管理思想，推动了宝洁公司里程碑式的发展。

企业这艘船在商海中航行，会遇到各种各样的来自内部或外部的困难和问题（见表 3），这些问题也是我国民间传统手工艺作坊发展中面对的问题，这些问题常常成为妨碍企业发展的障碍。对比上文两家蜡烛店的不同命运，企业应该通过正确的决策和不断的创新变革，实现持续增长。但如果失去再创业的劲头，就会丧失活力，停止增长，走向官僚化和衰退。宝洁公司的成功案例为我们提供了创新文化驱动公司成长的很好例证，唯有不断创新，才能走出“非遗”的困境，有利于优秀的文化技艺的保护传承和发扬光大。

表 3　企业成长与萎缩

第一阶段的成长	第二阶段的成长
成长方式为销售或生产驱动	成长方式为营销驱动
关注企业内部	更多地关注环境
依据市场机会的投资极度不均衡	构建系统的市场信息系统支持决策
对营销而非单纯销售和战略管理不够专注	建立营销部门，丰富组织管理职能
对创业初期的市场概念改动较小	对创业初期的市场概念和产品做了重大的改变

资料来源：Osborne, R.L. Second Phase Entrepreneurship: Breaking through the Growth Wall [J]. *Business Horizons*, 1994, 37 (1): 80–86.

文化强国远景目标实现的具体体现

——国有文艺院团实现“双效统一”路径阐释研究

张　卉*

（中国艺术研究院）

摘要：“双效统一”自邓小平同志于1985年党的十二届四中全会提出后，频繁出现在我国文化管理类政策与国家领导人讲话中。一方面，“双效统一”是中国文化发展、文化繁荣的有力保证；另一方面，经过近40年的努力，“双效统一”依然是尚待解决的问题。本文从微观层面国有文艺院团如何实现“双效统一”入手，以中国歌剧舞剧院“为人民起舞”品牌实践为例进行阐释：实现国有文艺院团“双效统一”目标，一方面需要文艺院团内生活力，坚持以内容创作生产为主业，以思想精深、艺术精湛、制作精良的艺术作品，打造品牌特色，吸引观众、留住观众；另一方面整合外部资源，激发有共同价值追求的社会力量参与合作，优势互补。希冀本文可以为文化强国目标的实现提供思路。

关键词：“双效统一”政策；中国歌剧舞剧院；“为人民起舞”品牌活动

The Concrete Embodiment of the Realization of the Long-term Goal of Cultural Power

— Research on the Interpretation of the Practice Path of unity of Social and Economic Benefits for State-owned Art Troupes

Zhang Hui

（**China National Academy of Arts**）

Abstract: Since the “unity of social and economic benefits” was proposed by Comrade Deng

* 作者简介：张卉（1994—），女，汉，湖北仙桃人，中国艺术研究院艺术学理论博士在读，研究方向为艺术管理学，E-mail：18811527427@163.com。

Xiaoping at the Fourth Plenary Session of the 12th CPC Central Committee in 1985, it has frequently appeared in China' s cultural management policies and the speeches made by state leaders.one side. "unity of social and economic benefits" is a powerful guarantee for Chinese cultural development and cultural prosperity. On the other hand, after nearly 40 years of efforts, "unity of social and economic benefits" is still a problem to be solved. This paper explains how to realize the "unity of social and economic benefits" of state-owned art troupes, taking the China opera and dance theater' s brand practice as an example: on the one hand, we need to live, focus on content creation and production, create profound, exquisite and excellent art works, create brand characteristics as well as attract and retain audiences; on the other hand, integrate external resources and stimulate social forces with common values to participate in cooperation and complementary advantages. It is hoped that this paper can provide ideas for the realization of the goal of cultural power.

Keywords: "Unity of Social and Economic Benefits"; China Opera and Dance Theater; "Dance for the People" Brand Activity

2011 年，党的十七届六中全会通过《中共中央关于深化文化体制改革推动社会主义文化大发展大繁荣若干重大问题的决定》，提出"坚持中国特色社会主义文化发展道路，把我国建设成为社会主义文化强国"重要命题。党的十八大报告再次重申了这一命题，十八届三中全会通过《中共中央关于全面深化改革若干重大问题的决定》也指出："建设社会主义文化强国，增强中国文化软实力，必须坚持社会主义先进文化前进方向，坚持中国特色社会主义文化发展道路，完善文化管理体制，进一步深化文化体制改革。"

可见，深化文化体制改革，是坚持和发展中国特色社会主义在文化领域的具体表现，是建设社会主义文化强国的重要举措。而国有文艺院团改革是深化文化体制改革的重要组成部分，只有解放和发展了文化生产力，院团才能真正成为繁荣社会主义文艺的中坚力量，源源不断地推出精品力作，使我国从文化大国走向文化强国。因此，处理好国有文艺院团改革发展问题，是建设文化强国的重要体现。

在国有文艺院团改革发展问题上，"双效统一"是具有中国特色的社会主义文化发展方针，是国有文艺院团深化改革的成果显现。国有文艺院团的"社会效益"主要包含两方面：一是繁荣社会主义文艺，传播社会主义核心价值观；二是满足人民日益增长的多元文化需求。这是由我国实行中国特色社会主义制度，坚持为人民服务、为社会主义服务的方向决定的。这与西方强调文艺为资本主义服务具有本质区别。并且，从 1985 年提出"社会效益和经济效益的关系"（以下简称"两个效益"），到逐渐清晰对"两个效益"关系的认识，提出"坚持社会效益为首位，坚持社会效益与经济效益相统一"（以下简称"双效统一"）是伴随着中国文化体制改革的演进历史不断发展而来的。从最初强调文化事业单位"双效统一"、后来强调文化事业与文化产业"双效统一"，到党的十九届四中全会上首次从国家治理现代化的角度，将建立健全"双效统一"的文化创作生产体制机制作为繁荣发展社会主义先进文化的制度保障。尤其，自党的十八大以来，一系列有关文艺发展的政策、习近平总书记的讲话中多次强调文艺的“双效统一”。“文艺产品要通过市场体现价值，但不能当市场的奴隶”，“文艺不能在市场经济大潮中迷失方向，不能在为什么人的问题上发生偏差，否则文艺就没有生命力”（习近平在文艺座谈会上的讲话），“文艺要效益，效益靠质量”（习近平在文联第十一届、作协第十届全体代表大会上的讲话）等相关论述。从这些论述中，清晰可知，在“两个效益”的问题上，党与中央政府坚持以社会效益为先的原则；与此同时，也不放弃经济效益的获得。因为，一方面，经济效益促进文艺再生产；另一方面，经济效益反映人民的审美需求，是社会效益的量化体现。因此，“双效统一”是中国特色社会主义文艺发展的本质体现，是国有文艺院团改革发展的核心问题。

作为我国文艺发展的微观组织，国有文艺院团“双效统一”的实现既具有文化体制改革 40 多年的历史积淀，又是建成文化强国远景目标的重要内容。因此，研究国有文艺院团实现“双效统一”的路径具有历史意义与现实意义。

2021 年，中共中央办公厅、国务院办公厅最新印发《关于深化国有文艺院团改革的意见》，强调“建立健全把社会效益放在首位，实现社会效益与经济效益相统一的文艺创作生产体制机制，引导国有文艺院团积极参与公共文化服务与社会艺术普及，鼓励社会力量通过投资或捐助设施设备、资助项目、赞助活动、提供产品和服务等方式支持国有文艺院团发展方式支持院团发展”①。本文根据该项意见，并结合“为人民起舞”艺术周品牌活动，试图总结院团实现“双效统一”的有效路径，希冀为文化强国目标实现提供思路。

一、研究对象

本文将关注点聚焦于中国歌剧舞剧院，主要因其在行业内一直发挥着示范性、代表性、导向性作用，并在实现“双效统一”的道路上成绩显著。作为国家级院团，中国歌剧舞剧院以发展民族歌剧、民族舞剧为主业，在全国歌舞艺术行业中有着极高水准。近年来，它在艺术创作、品牌建设方面创造新活力，推出一系列既叫好又叫座的文艺作品，如歌剧《江姐》、《小二黑结婚》、舞剧《孔子》、《李白》等；最先开启舞剧商业化巡演新途径，带动整个舞剧行业的巡演热潮；将演员业务考核与线下、线上演出相结合，既激发演员提升能力，又拓宽观众欣赏渠道……这些实践与成效证明中国歌剧舞剧院在行业内的影响力以及其在探索“双效统一”路径上的努力。然而，以往对中国歌剧舞剧院的研究，重艺术本体评论②、轻管理运营方法探究，院团内部实践者总结多、外部视角观察少。目前，仅不足十篇涉及运营管理上的经验总结③，尚无人从“双效统一”的角度进行研究，因此给予本文充足的研究空间。

“‘为人民起舞’泸州老窖·国窖 1573”艺术周（以下简称“为人民起舞”艺术周）是由中国

---

① 中共中央办公厅，国务院办公厅 . 关于深化国有文艺院团改革的意见［EB/OL］.（2021-06-07）［2022-06-30］. http://www.gov.cn/zhengce/2021-06/07/content_5616054.htm.

② 欧建平，李勇 . 大国形象 大团担当——评中国歌剧舞剧院大型舞剧《英雄儿女》［J］. 舞蹈，2021（1）：41-44；曾婕 . 中国歌剧舞剧院：民族舞剧的突围［J］. 舞蹈，2019（4）：19-25；刘跃强 . 做一个中国民族歌剧的传承者——记中国歌剧舞剧院女高音歌唱家王娜［J］. 歌曲，2018（10）：89.

③ 陶诚 . 舞剧《孔子》从“走出去”到“走进去”的实践与思考［J］. 中国音乐学，2019（4）：135-138；陶诚，刘海栋 . 走进守正创新的民族舞剧新时代［J］. 舞蹈，2020（1）：40-42.

歌剧舞剧院（以下简称“中歌”）携手泸州老窖股份有限公司（以下简称“泸州老窖”）、北京市演出有限责任公司（以下简称“北演”）共同打造的文化艺术品牌活动。该品牌从 2021 年 4 月启动，计划在一年时间巡演 20 余座城市。巡演所到之处收获主流媒体赞誉，成都站四场演出座无虚席（笔者参与观察所得）；泸州老窖与中歌的合作也自 2017 年持续至今……这些现象充分肯定了观众对该品牌的认可、中歌作品在市场上的火爆以及赞助商对中歌价值的认同，也证明了本研究选取案例的典型性与代表性。

二、院团内生活力，打造高质量的艺术品牌

品牌建设关乎国有文艺院团“双效统一”目标的实现。品牌指“能给拥有者带来溢价、产生增值的无形资产，它的载体是用以和其他竞争者的产品或劳务相区别的名称、术语、象征、记号或设计及其组合”。① 对国有文艺院团而言，品牌是其获得竞争优势的重要因素，也是观众易于识别并对其产生信任的基础。只有建立品牌、维护品牌、发展品牌，才能始终保持观众的忠诚度，使品牌立于不败之地。虽然国有文艺院团有艺术门类、行政层级、地域分布的差异，但都以创作生产优秀的文艺作品为主业，以不断满足人民的精神文化需要为追求，因此，打造“叫得响”“留得住”的品牌尤为重要。“为人民起舞”艺术周坚持以“人民性”为品牌特色，充分彰显了中歌建设品牌的能力。

第一，“为人民起舞”艺术周为人民群众提供了优秀作品，这是国有文艺院团坚持艺术本位的必然要求。何为优秀作品？习近平总书记在 2014 年文艺工作座谈会上提出“精品之所以精，就在于其思想精深、艺术精湛、制作精良”，科学地回答了在中国特色社会主义进入新时代关于什么是优秀作品的标准这一问题。这一文艺创作生产原则也成为此次“为人民起舞”艺术周的根本遵循。首先，确立作品的思想定位。“为人民起舞”艺术周以中华优秀传统文化的传承传播为调性，选择《李白》《孔子》《昭君出塞》三部舞剧作品。通过呈现“李白的‘诗’、孔子的‘仁’、昭君的‘和’，以此诠释中华优秀传统文化中蕴含的丰富哲学思想、人文精神、道德理念”②，既传达了思想高度，又能满足广大人民群众对于古代杰出人物通过舞蹈方式演绎的好奇与期待。其次，确保作品的艺术质量与制作品质。一方面，三部作品由目前中国舞蹈界的著名编导、编剧、演员、制作团队倾情打造，确保了专业水准；另一方面，巡演版本采用交响乐团现场演奏的形式，激“活”了音乐，既能加强观众现场体验的视听震撼效果，使观众收获“入眼”“入耳”“入心”地全方位感受，又有利于拓展潜在观众尤其是吸引一批喜欢、愿意感受交响乐的观众进入剧场。因此，三部作品做到了思想性、艺术性、观赏性三者的有机统一。正如习近平总书记在文联第十一届、作协第十届全体代表大会上的讲话所说“文艺要效益，效益靠质量”。只有文艺作品质量得到保障，才可能获得更好的社会效益与经济效益。

第二，“为人民起舞”艺术周保障了人民参与艺术的文化权益。当前我国社会的主要矛盾是人民日益增长的美好生活需要和不平衡不充分的发展之间的矛盾。总体而言，我国艺术普及程度、艺

---

① 许铁吉，蔡学平，王云刚 . 品牌学概要［M］. 长沙：中南大学出版社，2009.

② 韩肖 . 传承传统文化　弘扬时代精神　泸州老窖携手中国歌剧舞剧院启动艺术周［EB/OL］. 中国经济网，（2021-04-19）［2022-06-30］. http://hy.stock.cnfol.com/hangyezonghe/20210417/28823474.shtml.

术欣赏品位、文化艺术产品供给数量和质量在地域分布方面并不均衡。根据《连云港日报》观察“长久以来剧场演出往往局限于北上广，精品剧目作为稀缺资源，下到地级城市的机会很少，市场形成的条件不足”。①《中国艺术报》也曾指出“看话剧好像是文青们才会做的事情，那只是少数人欣赏的高雅艺术，少之又少的演出剧目以及高昂的门票把更多人挡在了剧场门外”。②因此，国有文艺院团要做的是尽可能为更广泛的人民提供文艺产品与服务，为更广泛的人民创造参与艺术的机会，这将有利于提升人民的文化获得感和幸福感，有利于精神文明事业的发展，有利于缓解我国社会主要矛盾。

“为人民起舞”艺术周是为期一年的巡演活动，遍布国内 20 座城市，在时空维度上尽可能地惠及更广泛的人民。相较固定场所的文艺演出，巡演活动更加灵活、适应性强，可以针对当地的情况和特色，开展相应的艺术活动，从而更容易满足当地人民的需求，也可以有效进行观众拓展，通过教育、培育、熏陶等方式提升更广泛人民的审美能力，提升国民整体素质，最终实现艺术审美教化的社会使命。此次巡演活动共设置四大篇章——“舞之魂”“舞之道”“舞之梦”“舞之爱”，分别从文艺演出、文化论坛、公益服务、艺术教育方面，尽可能地切合不同年龄层、不同地域、不同社会文化背景下人民的需求特点，因地制宜地提供文艺产品与服务，逐渐拉近舞蹈与生活、与人民之间的距离，逐步将“为人民起舞”的品牌理念深入人心。

具体而言，“舞之魂”以三部舞剧作品作为巡演活动核心，将优秀舞剧资源带到各大城市，引导当地人民走进剧场，致力于打造“让观众在家门口体味现场艺术演出带来的震撼”③效果，从而建立并加深当地人民对高雅艺术的认识和理解；“舞之道”围绕各地历史人文特色，开展以舞蹈艺术与当地城市生活为主题的文化论坛，以当地人民更熟悉、更亲切的方式将舞蹈与人们的生活和当地文化相连接；“舞之梦”即艺术成长计划，通过快闪、艺术课堂、舞迷探班幕后等多样形式，激发少年儿童对舞蹈艺术的兴趣和关注，使孩子们从小培育起舞蹈梦想；“舞之爱”作为一项舞蹈公益服务活动，由艺术家主动走进基层，为山区、社区的人们表演或开展艺术指导。“为人民起舞”艺术周四大篇章活动是中歌从广度和深度两方面入手处理我国社会主要矛盾、保障人民文化权益的举措，充分彰显院团的社会价值，提升院团的社会效益。

不过，“双效统一”的实现，尤其是经济效益的获得，不仅需要建立一个好品牌，更需要持续地维护和建设它。

首先，持续演出是品牌维护的基础。不少文艺作品在参与完评奖和一轮演出后便刀枪入库，付出了高成本，却只是“一次性产品”；即使本身是好作品，若没有持续上演，也无法积累广泛的观众缘，更难取得经济效益。欧阳山尊先生在 1961 年曾指出，“一个剧目如果不能通过经常地演出来不断地丰富和提高，那么它就无法保留下来”。④艺术作品很难在诞生之际就是优品、精品，更可能是在演出中发现问题、及时调整，将演出所得收入的一部分投入到修改工作，不断提升作品

---

① 王艳．让观众买票进剧场成为习惯——港城 2012 年文化演出市场观察与思考［N］．连云港日报，2012-12-11.

② 刘晓丽．让观众走进剧场就是成功［N］．中国艺术报，2011-08-17.

③ 文纳．为人民起舞艺术周启动［EB/OL］．人民日报海外版，(2021-04-26)［2022-06-30］．https://www.360kuai.com/pc/9d620cf9617c02b65?cota=3&kuai_so=1&tj_url=so_vip&sign=360_57c3bbd1&refer_scene=so_1.

④ 欧阳山尊．巩固剧目轮换上演制［N］．戏剧报，1961(4)［A］// 施旭升．艺术文化评论（表演研究·身体美学）。北京：中国传媒大学出版社，2017：95.

质量。

像"为人民起舞"艺术周20座城的巡演模式恰好可以满足这一要求。相较把高额成本投入新创作，通过已有剧目的持续演出，一方面，作品在舞台上反复被打磨、演职人员的能力不断得到锻炼，既充分发挥已有资源，又起到分散成本的作用；另一方面，作品频繁出现在演出市场，可以加深观众对整个院团及作品的印象。毕竟作品上演率可以反映一个院团的活力和知名度。相较一个陌生的、几年不演一部作品的院团，观众更愿意、更放心选择那些耳熟能详的院团，为这些院团支付更高的演出票价。因此，巡演模式对国有文艺院团降低成本、获得经济效益、可持续发展而言是有利的。

其次，品牌建设不仅依赖已有内容，还需要"借力"。"品牌只有不断发展才具有增值能力，才能成为真正的竞争优势。"① 中歌采取的方式是依托品牌效应发展艺术教育业务，以教育所得反哺品牌建设。需要承认的是，巡演成本高昂，仅靠票房收入，不一定能抵消差旅费、物资运输费及修补费、演职人员工资及补贴以及场租等必要投入，也就是说不一定能盈利，这是院团进行巡演的一个"通病"。不过，中歌意识到一个好的品牌所散发的品牌效应，会使观众从认可品牌扩展至愿意为院团的其他业务如培训、考级等继续付费，将从培训和考级业务中获得的新经济增长投入到巡演活动，在这种良性循环中，最终实现"双效统一"。

总结而言，国有文艺院团实现"双效统一"需要打造特色品牌。通过提供艺术精品、扩大人民的文化权益，充分发挥院团的社会价值；与此同时，通过巡演等持续演出方式，不断提升作品质量，一方面获得市场占有率与票房收入，另一方面依托品牌效应带来其他业务的长足发展，反哺品牌建设，总体提高效益。

三、整合外部资源，院企合作走新路

除国有文艺院团自身的努力外，此次院企合作又为"双效统一"的实现拓展了新的路径。

国有文艺院团在发展过程中会遇到社会效益与经济效益不统一的问题。这种不统一主要体现为经济效益的难以保证。由于目前从政府、行业组织、剧院到院团自身监管的严格性，作品的意识形态把关力度大，因而社会效益有一定保障。但经济效益的取得与作品质量、收入与成本差、演出市场、观众文化资本等诸多因素相关，因而存在不确定性。

就近几年的数据看，经济效益的取得对院团来说是一个难题。一方面，院团的资金来源渠道单一。无论是事业体制还是企业体制的国有文艺院团，资金来源主要局限于政府资助（见表1）。根据《中国统计年鉴》（2016～2020年）艺术表演团体基本情况的最新数据得出：虽然院团演出收入、其余收入逐年增加，但所占总收入比重依然很小。国有文艺院团对政府依赖性强、自主生存能力弱，在院团处于被动的、与政府强关联的状态下，一旦政府缩紧财政，院团在缺乏其他资金保障和市场经营薄弱的情况下会面临巨大的生存挑战。另外，品牌建设成本高昂。表演艺术的"成本病"问题自1966年被提出后，一直引发热议。虽然有学者提出技术手段或许可以改变这一问题，但技术本身所花费的成本并不是小数目，因此"成本病"问题尚未得到有效解决。对国有文艺院团而言，文艺作品是品牌的核心竞争力，但文艺作品的质量离不开高成本的投入。创意策划、组建团队、创作

① 黄忆南. 艺术表演团体核心竞争力研究［M］. 北京：文化艺术出版社，2013：56-57.

生产、宣传发行以及开启巡演模式等每一个环节都需要大量的人力、物力、财力作支撑。因此，相较社会效益，经济效益对院团来说更是难点，实现“双效统一”关键在于经济效益的获得。

表 1　2015～2019 年国有文艺院团收入情况　单位：元

年份	国有事业制院团					国有企业制院团				
	总收入	政府资助	演出收入	其余收入	政府资助占总收入比重（%）	总收入	政府资助	演出收入	其余收入	政府资助占总收入比重（%）
2015	1432136	1097354	178907	155875	78.8	180746	111399	40775	28572	61.6
2016	1345640	1055627	139021	150992	78.4	194867	108000	49751	37116	55.4
2017	1428600	1130631	146130	151839	79.1	270601	144899	76426	49276	53.5
2018	1571298	1237422	162116	171760	78.8	294758	153561	90578	50619	52.1
2019	1848385	1384687	173342	290356	74.9	309775	140506	104598	64671	45.4

资料来源：《中国统计年鉴》（2016～2020）。

《关于深化国有文艺院团改革的意见》为院团实现“双效统一”指明了一条向外探索的出路，即鼓励社会企业通过投资、赞助等方式支持国有文艺院团发展。该建议不仅可以缓解院团资金来源单一的现状，而且经过此次“为人民起舞”艺术周的实践证明，这条路还可以提升社会企业的影响力，实现院团与企业的双赢。

面对疫情的冲击，如何点燃市场活力、激发消费者购买欲望是白酒企业的当务之急。泸州老窖选择与中歌共同打造“为人民起舞”艺术周，试图借助文化的力量消融疫情带给人们的伤害。这既体现了泸州老窖作为行业巨头的社会责任与担当，也能看出它希冀从文化入手重拾消费者信心。

从效果看，中歌获得泸州老窖的资金支持，有效破解成本难题。泸州老窖为此次艺术周提供固定的演出收入补贴，使中歌规避了经济效益的不可控因素，提振了演职人员的士气与活力，为院团精进艺术品质提供财力保障；从艺术周活动的丰富性看，泸州老窖不吝资本，尽力将文化产品与服务覆盖至更广泛的人民，体现了企业的用心与真诚。虽然此次双方合作的所得数据还未公布，但参考二者在 2018 年、2019 年合作开展的舞剧《孔子》巡演数据：“两年演出覆盖数十个城市、场次近百场，惠及 15 万观众，网络关注人数数以亿计”[①]，可以推断此次艺术周在原有基础上的合作升级将会产生更大的影响力，开启更多人的舞蹈艺术之旅，将文化成果播撒至更远的地区。

在享受文化成果的同时，人民群众也将会重新思考和审视泸州老窖国窖·1573 的文化内涵。的确，白酒企业与文艺院团看似是两个完全不同的行业，从事着完全不相关的生产活动。二者的深度融合是一次找寻精神契合的创新行为。一方面，泸州老窖作为国有大型白酒酿造企业，始终坚持对中国酒文化的传承与传播，追求“在全国灿烂名酒文化熏陶中，全人类共享幸福美满生活”的理念。这与中歌通过文艺作品传承、弘扬中华优秀传统文化的坚守保持一致。尤其，当酒文化遇上爱

① 李季．泸州老窖携手中国歌剧舞剧院　启动“为人民起舞”大型巡演［EB/OL］．中国新闻网，（2021-04-19）［2022-06-30］．https://baijiahao.baidu.com/s?id=1697440012989848215.

酒诗人李白，当国窖·1573遇上高雅艺术舞剧，大放异彩。李白的每一次飘逸起舞都蕴含着酒的醇厚，李白的浪漫也离不开酒的熏陶。在欣赏舞剧的过程中，观众自然地将酒与舞相连，将酒与舞剧中塑造的古代杰出人物的品格相连，这为酒文化赋予了艺术精神与思想高度，赋予国窖·1573更厚重的文化根基。另一方面，面对新冠肺炎疫情的冲击，全社会各个行业都在加强文化建设尤其是精神文明建设，希冀通过加强人民的精神力量以抵抗来自病毒的侵蚀。泸州老窖开展“为人民起舞”艺术周全国巡演活动，正是关注到现实生活中人民的现状与需求，呐喊“与社会同行、与人民共存”的企业哲学口号，通过高雅艺术抚慰人民的内心世界，体现其强烈的社会责任感。当人们在参与艺术巡演活动的过程中一次次看到带有“为人民起舞”国窖·1573艺术周的标识，自然会加深对泸州老窖企业的印象，不仅感受到该企业对中华优秀文化的支持，而且意识到其深厚的文化底蕴。当人们开始认同它的理念与行为，也自然成为潜在的消费对象，这对泸州老窖来说无疑是一次成功的宣传，也为公司经济效益的提升奠定了基础。

因此，中歌与泸州老窖在2021年联合发起“为人民起舞”艺术周品牌活动，一方面，解决了中歌巡演成本问题、获得经济保证，激发已有剧目的演出活力，强化剧目质量；另一方面，通过文化赋能为泸州老窖国窖·1573产品增添文化性，扩大了它的影响力，也为其积累了潜在消费者。二者通力合作可以实现双赢。究其原因，正是双方找寻到共同的精神内核，才能达成自2017年以来建立的长期战略合作关系。

四、结论

本文根据2021年《关于深化国有文艺院团改革的意见》中提出的“坚持社会效益与经济效益相统一”指导方针，结合中国歌剧舞剧院与泸州老窖股份有限公司联合打造的“为人民起舞”国窖·1573艺术周全国巡演品牌活动，提出国有文艺院团实现“双效统一”关键在于经济效益的获得，实现路径应从内外两方面入手：一方面，坚持内容创作生产为主业，加强自身品牌建设，为人民提供思想精深、艺术精湛、制作精良的文艺产品与服务，保障人民参与艺术的文化权益，在尽可能提升社会效益的同时，赢得观众认可，提高经济收入；另一方面，整合外部资源，寻找到院团与企业的价值契合点，加强双方合作，实现双赢发展。

最后，回到元问题——文化强国的思考上。国有文艺院团1949年以来在我国文化建设发展中一直扮演着重要角色；国有文艺院团在我国也是一个庞大群体，遍布从中央到省、市、县四级行政层级。因此，国有文艺院团实现“双效统一”，将是深化文化体制改革、文化成果由人民群众共享的重大成效，将有助于文化强国远景目标的实现。

基于文旅融合模式的马安村特色旅游发展路径探析

赵思淼　张嘉琦　裴一蕾　周彦霏　甄　欣　刘　旭

摘要：当下产业发展的趋势是产业融合。以文旅融合的发展模式为引领，带动乡村发展特色旅游业，深度挖掘乡村文化价值，促使乡村成为新型旅游开发的载体，是推动更多乡村地区实现振兴的优良路径。以马安村为例，在国家精准扶贫及乡村振兴战略的帮助下，马安村实现了脱贫摘帽并将工作重心转向发展与振兴，但如何提高发展速度，实现高质量发展仍是目前不可回避的重要课题。本文基于文旅融合的发展模式，探索了文旅融合与乡村振兴如何结合，探析了马安村发展特色旅游的现实路径，帮助马安村实现乡村振兴。

关键词：文旅融合；马安村；旅游；乡村振兴

On the Development Path of Characteristic Tourism in Ma'an Village[①] Based on the Integration Mode of Culture and Tourism

Zhao Simiao　Zhang Jiaqi　Pei Yilei　Zhou Yanfei　Zhen Xin　Liu Xu

Abstract: The current trend of industrial development is industrial integration. Taking the development mode of cultural tourism integration as the guide, driving the development of characteristic tourism in rural areas, deeply excavating rural cultural values, and promoting rural areas to become the carrier of new tourism development is a good path to promote the revitalization of more rural areas. Take Ma' an village as an example. With the help of the national targeted poverty alleviation and Rural Revitalization Strategy, Ma' an village has achieved poverty eradication and shifted its focus to development and revitalization. However, how to improve

① Ma' an Village 中文名称为马安村。

the speed of development and achieve high-quality development is still an important issue that cannot be avoided at present. Based on the development mode of cultural tourism intcgration, this paper explores how to combine cultural tourism integration with rural revitalization, analyzes the practical path of developing characteristic tourism in Ma' an village, and helps Ma' an village achieve rural revitalization.

Keywords: Cultural tourism integration; Ma'an village; Tourism; Rural revitalization

一、北京市马安村现状及价值分析

（一）马安村概况

马安村于明朝建村，地处北京市房山区十渡镇北部，在古代为山城，至今村内仍保存着古城遗址的南北城墙等近10处历史文化遗址，如邙安城墙遗址、点火台遗址、官亭遗址等。马安村享誉平西，是抗日战争时期房良联合县政府、房良联合县二区政府、房良联合县抗日高小所在地，解放战争期间，是房山革命老区村庄之一，被称为“平西革命第一村”。近年来，在党和各级政府的关心与支持下，马安村不断加强基础设施建设，努力提高村民的生活质量，改善村民的生活环境，随着红色历史遗迹的保护和修复，现已成为房山区著名的爱国主义教育基地。

马安村作为具有“革命”“历史”“红色文化”标签的特色村落，具有多种重要价值。首先是历史价值。马安村保存着10处历史文化遗址，历经百年风霜，具有独特的历史价值，反映了当地特殊的历史背景和地域特色。其次是文化价值。马安村作为抗日革命老村，走出过许多抗日战争、解放战争时期的无名英雄，如老帽山六壮士、南岭烈士。马安村村民将革命故事代代相传，并建立村史馆以作纪念，反映了当地特有的革命精神及红色文化，具有深厚的红色文化价值。最后是景观价值。马安村贯彻落实党和国家“绿水青山就是金山银山”的指导思想，不因生产影响环境，保持着自然秀美的田园风光。传统古老的历史遗迹与山清水秀的自然景色孕育了独特的景观价值，保持了人与自然和谐共生的良好状态，具有较高的观赏性。

（二）现存问题

随着乡村振兴战略的开展，党和政府都十分重视乡村的发展，北京市政府为了更好地建设和发展乡村，北京市委组织部、市委农工委统一部署，分批派遣驻村第一书记，深入周边各村，加强基层组织建设、促进农民增收、做好为民办事服务、加强乡村治理。得益于国家脱贫攻坚工作的有效展开，马安村内建有休闲公园、图书室、医疗服务站等，基础设施完善，村民生活水平明显提高。马安村的基础条件和重要价值已具备开发特色旅游的基础。

马安村具备良好的基础条件，但由于起步较晚，宣传推广效果一般，难以打开知名度，尚不能与市场上发展较成熟的乡村竞争。因此，马安村需要充分且深入地发掘当地文化资源开发的潜力，将文化资源转换为发展旅游业的优势，并形成马安村特色的品牌和标签，扩大宣传推广，提升知名度，紧抓文旅融合发展模式，走出特色路径，实现乡村的发展与振兴。

二、文旅融合促进乡村振兴的作用机理

（一）产业振兴维度

2020 年，我国全面建成小康社会，人民的物质生活水平显著提高，对精神文明的需求同步提高。由此，旅游业得到了空前的发展。2019 年，我国休闲农业和乡村旅游接待人数超过 30 亿人。同时，新冠疫情的暴发影响了许多人的旅游计划，更多人从国外旅游计划转变为国内旅游计划，从到人口密集的大都市旅游转变为到生态环境良好、人口流动性小的乡村旅游（见图 1），为文旅融合发展乡村旅游带来了新的机遇。乡村地区发挥潜在优势，将乡村文化与发展旅游业结合起来，有利于带动乡村产业发展，丰富乡村产业形态，实现乡村振兴。

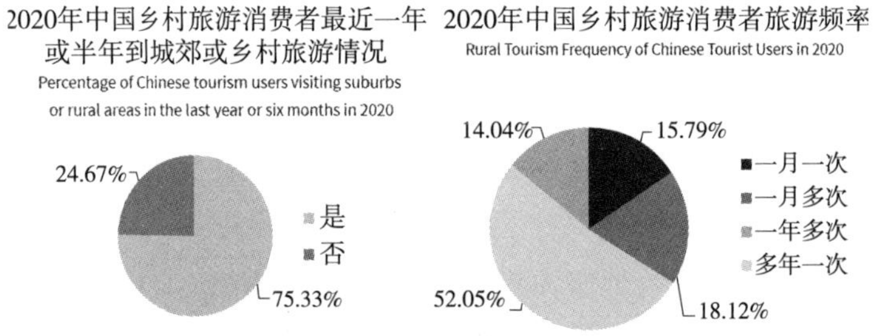

图 1 2020 年中国乡村旅游消费者旅游频率分析

资料来源：艾媒数据中心（data.iimedia.cn）。

（二）文化振兴维度

优秀的自然景观、完善的基础设施、绿色生态的农产品都能为其他乡村所复制，那马安村如何打造独具特色的旅游地呢？答案是从文化入手，马安村是享誉盛名的爱国主义教育基地，具有丰富的红色历史文化。中华民族自古以来就有继承和发展历史文化的优良传统，文化振兴也成为我们文化自信、民族振兴的基础。马安村文化资源的开发和宣传，采用文旅融合发展模式，将乡村地区的文化价值发掘出来，不仅可以更好地保护和传承当地的红色历史文化，将爱国主义精神代代延续，增强来往游客和周边人群对红色历史的理解和感受，而且更有利于形成特色，提高乡村产业振兴的竞争力，推动乡村产业振兴。

文化作用于经济，引领经济发展，推动产业融合；经济反哺文化，获得经济收入后能更有力地宣传和保护马安村红色文化，在推动乡村振兴的同时，对文化延续、传承、发展同样有重要作用。

（三）生态振兴维度

习近平总书记在全国生态保护大会上强调："生态文明建设是关系中华民族永续发展的根本大计。"在乡村振兴的 20 字方针中同样强调了生态宜居是乡村振兴不可忽视的重要组成部分。马安村具备优良的自然环境，坚持发展生态农业，环境保护情况良好。采用文旅融合的发展模式有利于打造"文化 + 生态 + 旅游"的产业形态，在发展的同时尽可能减少对自然环境的影响，通过红色文化带动绿色产业发展，"以红促绿"，实现人与自然的和谐共生，引领乡村生态振兴。马安村能做到的，其他采用文旅融合促进产业发展的乡村同样可以做到。

三、马安村文旅融合的优质发展路径

（一）深挖马安村文化价值

马安村承载着抗日战争时期、解放战争时期深厚的革命文化及历史，对当代思想道德建设与爱国主义精神培育具有重要意义。若想实现马安村特色旅游的优质发展，需要深入了解并挖掘马安村红色历史文化，将红色历史文化与时代主旋律相结合，立足当下，创造并丰富马安村文化价值。

我国幅员辽阔，地域文化不尽相同，每个村落都独具特色。马安村的独特之处就在于具备深厚的红色历史文化，充分利用乡村文化优势，通过宣传、推广马安村背后的红色文化与历史故事，吸引游客前来游玩，达到“以红色引领绿色”“红旅融合”的发展效果。以文旅融合手段使乡村的红色文化得到更好的传承和传播，也促进了当地旅游业的发展，取得良好的经济效益的同时，反哺历史文化遗址和保护生态环境，保证了乡村的可持续发展，奏响了乡村振兴的号角。

在推动马安村发展和振兴的过程中，深入研究和了解当地的红色历史文化、历史遗迹的特点和内涵、流传及记载的历史故事，将文化融入景点，以文化指引，让游客感受到马安村残存遗迹背后深厚的底蕴和内涵。

（二）构建马安动态文化景观

文化生产、传播、积累的工程被称为动态文化，是人类文化存在的一种重要形式。构建马安动态文化景观，将文化景观与动态文化相结合，采用演绎、体验的方式营造动态文化，更有利于文化的保护和传承。

马安村作为抗日革命老村，保存了众多红色历史遗迹，这些遗迹是抗日战争时期革命烈士抛头颅，洒热血的见证者，更是那段艰苦卓绝岁月的记录者，具有独特的历史文化价值。在营造动态文化景观时，要结合历史遗迹，发掘背后的故事，系统规划；采用影像或真人演绎的方式，重现革命故事，打造马安村专有动态文化景观。

马安村坚持绿色生产，保留着深厚的农耕文化、农家风情，这种独特的乡村风貌对城市旅游者具有强烈的吸引力。故此，在营造动态文化景观时同样可以以农耕文化与农家风情为主，以体验方式，引导游客参与农产品、农副食品生产过程，感受农事活动、乡土人情，直观且深入地感受乡村文化与生活。

（三）完善基础设施建设，提供优质服务

旅游业的发展离不开完善的基础设施建设和优质的服务水平，基础设施完善是开展旅游业的基础，优质的服务是旅游业持续发展的需求。虽然马安村的基础设施相对完善，但因旅游业开发较晚，接待能力并不突出，应当持续加强基础设施建设，提高马安村接待能力和水平。旅游业的发展和游客的增多，对电力、网络、物流等都提出更高的要求，马安村需要借助多方力量，寻求合作机会与资金来源，将基础设施水平不断提高。

旅游业与服务业相伴而行，优质的服务能提高旅游地的软实力，促进旅游地向高质量、高水平发展。打造有记忆点且能让人们口口相传的优质旅游地，需要在服务上下功夫。可以为马安村搭建

以微信小程序为依托的推广销售平台，通过预约游览、民俗预定、文化传播等功能手段，为前来马安村游览的游客提供更优质的服务和便捷的体验，增强马安村对游客的吸引力。

除此之外，还应设置专门的机构规范管理，培训和提高相关从业人员的服务水平，定期整理归纳游客反馈，提升游客游玩体验。

（四）打造马安文化标签，扩展网络营销渠道

在信息飞速传播的时代，有标签才有记忆点。打造马安村文化标签，不仅能促进马安村旅游业优质发展，也有助于提高市场的吸引力。乡村地区在发展旅游业的初期，常常因为地理位置、信息交互能力等限制，难以打开市场，获得大众的广泛关注。打造马安村文化标签，同时借助人们喜闻乐见的宣传推广和营销手段，有助于扩大马安村认知度，形成市场认同。

目前，马安村特色旅游处于初步发展阶段，形成标签和记忆点是当下推动发展的重要课题。马安村村民对村史、红色文化信手拈来，却无法高度概括与精炼总结，形成强记忆的标签，加之宣传推广方式传统单一、营销力度不足，导致游客数量与市场认知度难以快速增长。

抖音、快手等短视频平台吸引了人们极大的关注，而利用人们喜闻乐见的新媒体进行宣传和推广必能带来良好的效果。马安村通过抖音、微信视频号等人们喜闻乐见的新媒体，对乡村的风景、文化、特色产品及有趣的风俗习惯等进行推广和宣传。通过新媒体的宣传推广，帮助更多的人认识乡村，了解乡村优势和特征，并充分发挥文化传承的功能，打造乡村生态、绿色品牌，使乡村文化形成独立的文化标签，打造一村一故事、一步一历史的特色乡村。到目前为止，已经发布公众号文章 68 篇、抖音视频 52 个、微信视频号 53 条。马安村通过多种新媒体的共同推广，大大提高了知名度，进一步提升了马安村特色旅游的影响力和市场认可度。

（五）加强多方合作，实现互惠共赢

即使马安村具备众多优势，但因自身发展水平有限，难以持续发展。马安村位于十渡镇北部，临近十渡特色旅游风景区，周边又有众多村落，若能利用周边资源，深度合作、共同发展，相信能取得良好的效果。

首先，与十渡旅游景区达成合作，通过大景区、大景点为马安村引流，以文化作为招牌将马安村旅游融入十渡旅游，在为自身拓宽市场的同时，也丰富了十渡旅游风景区的游玩价值。其次，与周边村落合作，马安村虽然基础设施完善，但若想要持续发展，必定会受限于其接待能力。联络周边村落，形成区域优势，加强彼此之间的联系，可以缓解马安村的接待压力，也能带动周边各村共同发展。

同时，马安村作为著名的爱国主义教育基地，可以与企事业单位达成合作，开发爱国主义教育路线，用于承揽企事业单位红色主题活动、党建活动等，通过特色的主题活动加强爱国主义教育基地特性，吸引更多有需要的企事业单位，形成长期、稳定的合作关系。[①~④]

---

① 罗先菊．以农文旅康深度融合推动民族地区乡村振兴：作用机理与推进策略［J］．价格理论与实践，2022（2）：188-191+203.

② 芦人静，余日季．数字化助力乡村文旅产业融合创新发展的价值意蕴与实践路径［J］．南京社会科学，2022（5）：152-158.

③ 王慧，隋新玉．基于文旅深度融合的辽宁传统村落旅游优质发展路径探析［J］．农业经济，2022（5）：137-139.

④ 柴寿升，孔令宇，单军．共生理论视角下红色文旅融合发展机理与实证研究——以台儿庄古城为例［J］．东岳论丛，2022，43（4）：121-130.

四、结语

脱贫攻坚工作已完成，下一步要将目光聚焦于乡村的发展与振兴，为乡村的发展提供良好的社会环境与土壤。由于新冠肺炎疫情的影响，旅游业的发展受到一定的限制，但疫情缓解后，旅游业会逐步回暖。此时正是建设和打造新兴旅游地的最好时机，把握文旅融合的发展模式，奏响文化传播与传承的主旋律，不仅是马安村，未来其他乡村也可以利用这种模式发展独具特色的乡村游。展望未来，文旅融合的发展模式还有许多问题等待解决：如何继续深挖文化内涵？如何处理保护与开发的关系？如何延长旅游地的生命周期？新的挑战不断来临，希望马安村能在这条道路上走出新意，走好自己的乡村振兴之路。

浅析数字文化空间内容生产与传播管理之关系

周　圆*

（广州市天河区文化馆）

摘要：目前，随着数字化技术的不断发展，数字服务平台在各行各业日渐普及，人民群众对于公共文化服务的要求日趋多元化，国家对于文化馆数字服务平台建设的重视程度也日益提升，互联网也为文化馆服务水平提升提供了一条全新的道路，文化馆寻求服务提升路径势在必行。文化馆利用好互联网为公共文化服务增效是文化馆当下的重要职责之一。本文针对数字文化馆当前存在"建设为上，管理不足，内容生产和运营管理未形成系统性认知"的问题，以创意传播理论作为主要研究框架，从内容生产与传播协同发展的角度，围绕"生活者""文化服务者"和"数字文化空间"三个核心概念探讨数字文化馆的内容生产与传播管理的关系，从而得出有利于群众与数字文化馆协同发展的对策建议。

关键词：文化馆；数字服务；内容生产；传播管理

An Analysis of the Relationship Between Content Production and Communication Management in Digital Cultural Space

Zhou Yuan

Abstract: At present, with the continuous development of digital technology, digital service platforms are becoming more and more popular in all walks of life, people's requirements for public cultural services are becoming more and more diversified, the state attaches more and more importance to the construction of digital service platforms for cultural museums, and the Internet also provides a brand-new path for cultural museums to improve their services,

* 作者简介：周圆，女，汉族，广州市天河区文化馆办公室主任，学士，研究方向为公共文化服务，E-mail：2623024068@qq.com。

and it is imperative for cultural museums to seek service enhancement paths. Especially in the context of the post-epidemic era, making good use of the Internet to increase the efficiency of public cultural services is one of the important responsibilities of cultural museums at present. This paper addresses the problem that digital cultural centers are "construction-oriented but management-inadequate, and content production and operation management have not formed a systematic cognition", takes creative communication theory as the main research framework, and focuses on "lifers" and "cultural service providers" from the perspective of content production and communication synergy development. "The relationship between content production and communication management of digital cultural centers is explored from the perspective of the synergistic development of content production and communication.

Keywords: Cultural museums; Digital services; Content production; Communication management

美国著名学者尼葛洛庞帝曾预言："互联网用户构成的社区将成为日常生活的主流，其人口结构将越来越接近世界本身的人口结构。"[①] 随着数字化技术的迅猛发展，网络技术不仅重塑了人们的日常生活空间，同时，政府与群众原有的沟通模式也发生了新的空间转换。

2011年，第十一届全国人民代表大会第四次会议批准的《中华人民共和国国民经济和社会发展第十二个五年规划纲要》中提出"重视互联网等新兴媒体建设、运用、管理，把握正确舆论导向，提高传播能力"。2015年，数字文化馆项目在中央财政公共数字文化专项中设立[②]，此后，数字文化馆项目在全国如雨后春笋般迅速发展。2016年《中华人民共和国公共文化服务保障法》出台，也对我国公共文化服务的建设提出了要求，"要构建标准统一、资源统一、互联互通的公共数字文化网络，促进基层网络服务的共建共享"。2020年，文化和旅游部下发的《文化和旅游部办公厅关于开展第五次全国文化馆评估定级工作的通知》中与数字化建设相关的指标占全部指标的14.2%，主要涉及数字平台建设、数字化服务类型、自媒体宣传等指标共6项。2021年广州市文化广电旅游局制定的《广州市公共文化云区级文化馆实施工作表》中，明确提出了关于数字化建设的相关指标，包括互联互通、平台功能、日常发布、数字资源、基础信息等共14项指标。

2015～2020年，已有6个批次110余家文化馆被纳入中央财政支持的数字文化馆建设项目，其中副省级以上文化馆48家，市县级文化馆70余家。目前，在全国3319家文化馆中，有2654家开通了微信公众号，占比为79.96%[③]。已建成的文化云系统均具备赏析、慕课、展示、资讯、预约等功能，进一步推动了公共文化服务体系的便捷化和普及化。但在数字化项目实施过程中，其建设与发展也存在一些亟须解决的问题。在政策指导方面仍较侧重功能构建、内容数量等技术标准层面，较少强调内容质量及传播效能。在数字化平台的管理方面，除强调人员保障、经费保障、数据

① 宋玉玉．生活者概念的发展嬗变与反思——从马克思的生活者思想到数字生活空间的生活者［J］．广告大观（理论版），2018（4）：25.

②③ 罗云川．面向"十四五"的文化馆数字化建设与服务［EB/OL］. http://www.bhwh.gov.cn/home/content/detail/id/1847/.html.

填报外，缺乏对传播效能及数据库的评估及管理指标。同时，大部分文化馆在数字业务开展方面存在人员专业性不足、人手紧缺、数字品牌意识不足等问题，建设方面仅围绕文件要求做到数量上的达标，内容生产和运营管理未形成系统性的认知，针对数字文化馆的内容生产和传播管理协同发展的研究也并不多见，缺乏对传播效能的重视致使大数据的应用得不到充分发挥，造成“建设为上，管理不足”的现象。

基于此，笔者结合个人工作实践，从“生活者”“文化服务者”和“数字文化空间”三个核心概念探究数字文化馆内容生产与传播管理的关系，以期通过对数字资源的有效管理使群众与数字文化馆协同发展。

一、从线下群众到线上生活者：身份嬗变与内在逻辑

2012 年，北京大学新闻与传播学院陈刚教授在《创意传播管理：数字时代的营销革命》一书中正式提出数字时代“生活者”的概念。陈刚认为“生活者”是生活在互联网上活生生的人。它不仅涵盖了经济层面，还有社会心理和政治层面。在数字时代，互联网可以满足群众生活所需的大部分服务，如基础应用类、商务交易类、网络娱乐类以及公共服务类，解决了群众大部分衣食住行的需求问题。

截至 2021 年 12 月，中国互联网络信息中心第 49 次《中国互联网络发展状况统计报告》显示，我国网民规模达 10.32 亿，较 2020 年 12 月增长 4296 万，互联网普及率达 73.0%，使用手机上网的比例达 99.6%。文化创意产业的加速发展也加快了网民从线下生活向线上生活转移的速度，随之而来的就是对文化服务的需求大幅度增加，有需求就有表达。例如天河区文化艺术中心于 2019 年搬迁新馆，次月就自动被“大众点评网”收录进该网站的资源库，网民纷纷前来打卡参观并在网上进行评价，对于群众而言，从参与到分享是一个体验的闭环过程，是从被动接受传播到主动寻求表达的转变过程，分享的需求使传播权有了转移。可见，现在的生活者与政府或者企业之间的沟通关系在发生变革性的变化，这种基于网络分享的传播方式，大大提升了文化馆的影响力和知名度。所以，互联网数字时代中的“生活者”概念是从人的社会性视角出发，强调人具有主观能动性及传播活性，现代化的公共文化服务体系应同时考虑作为体系之一的群众在体系中的作用。

二、从传统服务体系到服务生态系统：文化馆作为“文化服务者”

上文所说的是“生活者”在互联网数字时代的身份转变，在这个前提下，“文化服务者”则是为生活者提供数字文化服务的人。文化馆传统服务体系是基于公共文化服务活动的开展建立的，但这种服务体系一直存在活动形式单一、群众参与度不足、组织力度不够等问题，但抛开线下的传统内容生产谈线上服务生态是不现实的。在公共文化领域的数字空间里，因为没有了距离感和空间感，文化馆面向社区提供虚拟服务，相比线下场馆更加庞大与复杂。不可否认的是，无论在线上还是线下，文化馆都应该是一个充满活力的有机组织，跟随群众和技术的变化，迅速调整，给予反应。在双方沟通模式转变的情况下，对回应速度的要求远超以往。因此，这也就意味着文化馆的服务方式需要从传统的推动式服务向拉动式服务转变。2004 年美国得克萨斯大学营销管理学教授、美国营销

协会主席罗伯特·F. 路希和马里兰大学营销管理学教授史蒂芬·L. 瓦戈首次提出了服务主导模式。他们认为必须适应数字生活空间企业与生活者之间关系的变化，以一种全新的服务为主导的理念贯穿整个营销传播体系，而服务的目的就是通过在各个环节不断地与生活者创造协同，满足生活者的需求。

以广州市文化馆在新冠肺炎疫情发生前（2019 年）和疫情发生后（2020 年、2021 年）发布的文化活动与注册人数的数据为例，2019 年，广州市文化馆共发布文化活动 174 场，注册人数为 15254 人。2020 年突发疫情后，文化活动的开展受到有关防疫政策的影响，全年共发布文化活动 50 场，注册人数为 3558 人。2021 年仍处于疫情常态化防控阶段，全年共发布文化活动 21 场，注册人数为 1189 人。为维持网络热度，各场馆加大了发送线上内容的频次，但线下活动锐减也伴随着注册人数的减少。由此可见，线上注册人数与线下活动开展的频次成正比，线上、线下文化馆并非互补关系，而是协同的关系。

文化馆作为文化服务者必须适应新的角色定位和服务模式的转变，对数字空间的生产体系、管理体系、传播体系进行全面调整，结合线下活动的开展，同时形成新的线上服务模式。其目的是要建立并维护与生活者之间的线上社区关系，激励生活者进行传播分享，形成可持续发展的服务生态系统。

三、数字文化空间的内容生产与传播管理关系探究

在探究内容生产和传播管理关系之前，对数字文化馆在当下互联网数字时代的定位有所了解是必要的。“数字空间”比“数字场馆”更适用于形容这一媒介，因为在互联网上不受线下场馆中的空间和时间的限制，在此基础上创建社区生活关系，在内容生产上依然依附线下活动的组织开展，但传播边界不再清晰。列斐伏尔在阐述“什么才是社会关系的真正存在方式”时，指出社会关系与空间之间互动的辩证关系，即“只有当社会关系在空间中得以表达时，这些关系才能够存在：它们把自身投射到空间中，在空间中固化，在此过程中也就生产了空间本身”。也就是说，表达有助于巩固关系，关系随着巩固，空间也随之更加稳固。

创意传播理论中“数字生活空间”概念是指以互联网为基础的新的传播形态，是依托数字技术，对人类日常生活中的各种信息传播和交流活动进行的虚拟的还原和放大，这种传播形态创造了一种新型的数字生活空间[①]。数字文化馆既是线下场馆的延伸，又区别于线下场馆，具有相对独立性。数字文化空间不像其他政务类数字平台，发布的内容较为统一规范，便于群众根据指南办事。因此，数字文化空间的建设除了强调政治属性外，还需要重视文化事业的传播性，在内容方面强调多元性、互动性、趣味性等，如今在强调建设技术的先进性时，更应该强调传播可及性，内容在广泛传播时形成对话场域，平台才能真正实现赋能。

（一）内容生产是基础，沟通元是关键

内容生产固然很重要，但内容生产只是基础。线下文化馆的社会关系是基于它本身的机构职能

① 陈刚，沈虹. 创意传播管理——数字时代的营销革命［M］. 北京：机械工业出版社，2020.

建立的，在开展线下活动时，通过基层街道文化站组织群众前来参与活动成了工作的一个重要环节，如果群众组织工作不充分，文化活动的效能便得不到发挥，这种推动式发展使文化馆在与群众沟通交流时处于被动的位置。有了数字化媒介，文化馆在多元性、可及性上得到更进一步发展，使文化馆与群众的沟通化被动为主动，关键在于寻找到可以激活群众的沟通元。

以自得琴社创作的“艺起闹元宵”节目《达拉崩吧》为例，将一首网红歌曲再赋新词，更弦续歌，不仅展示了传统乐器和服饰，吴碧霞和鞠红川更是生动演绎了盛唐背景下的元宵节，呈现了一部传承和创新完美结合的优秀作品。这部作品一经发布便收获了 1.4 万次点赞、10 万次收藏、1210 条评论。这部作品的成功在于自得琴社及时监测到当下“国潮”这一沟通元，对其加工制作，外化成文化符号，契合了当下群众对我国传统文化的创新意识。

（二）寻找沟通元是起点，内容生产是反馈

在网友转发分享一个作品或者一个活动的过程中，这个沟通元不断被复制被共享，可以引起更大的文化共情，在这个传播过程中，媒介只是一个载体，如果缺乏激活群众的沟通元，就缺乏了传播主导权。数字文化馆作为自有传播媒介，更应掌握与群众的互动关系。

目前数字文化馆的传播机制仍倾向于传递模式，传递和传播两者的区别在于，传递是线性的，传播是循环的，传播所需的介质便是沟通元。缺乏这一介质，内容生产就会脱离群众生活，文化基因和核心价值观便得不到循环再创造。因此，内容生产既是基础，也是传播机制中群众互动的体现，尤其在数据可视化的数字服务平台上，在“互联网 + 大数据”的潮流下，数据可以充分反映群众对内容生产的评价与需求，也更容易监测到沟通元，依托用户的需求进行精准的艺术生产是必然趋势。

（三）沟通元的不断裂变促进内容生产的再升级

在创意传播理论中，监测沟通元是第一步，通过沟通元激活一部分受众进行分享，在分享中沟通元不断激发新的受众，在此互动过程中沟通元持续延伸、发展，产生新的沟通元。沟通元的不断裂变也可以产生更多的创作灵感，通过互动产生的创作内容可以给予受众更多的参与感。

在公共文化领域，文化活动是普及性质的。普及的对象是全民，更加强调传播效能的可及性，为了弥补线下场馆受众单一的缺陷，拓宽受众层更加需要通过数字化平台传播沟通元，激发受众的民族文化基因，对于文化普及不仅可以起到更广泛的作用，还可以使内容生产不断升级。

四、数字文化空间的传播管理对策建议

2021 年亚太经济合作组织线上峰会提供数字服务的微软虚拟活动卓越中心全球主管 Marc Perez 曾说：“政府从事的是人文事业，这个过程不在于打造 3D 虚拟展位般的华丽效果，而是更多地专注人本体验。这对我来说是最大的转变，不是为了展示产品，而是在创造影响和被影响的机会。”可见，技术进步的目的是服务社会，创造影响，对于我国而言，在于通过数字文化服务平台传播正确的核心价值观，为群众提供便利的文化服务。对于线下的人文事业如何与线上的资源数据融合，笔者认为：

（一）如今数字文化馆已处于稳定发展期

在群众拥有更多选择权的数字时代，线下传播模式已跟不上互联网的发展速度，作为稳定发展要素之一的“生活者”，是互联网中活生生的人，亦是动态传播的一分子，应被充分纳入服务生态系统进行考量，才能达到“传则通”的效果。

（二）线下的内容生产要适应数字文化空间的展示特点，建立线上品牌意识

线下群众性文艺活动已形成较为规范的操作流程，每个区域的文化馆品牌活动特色鲜明，但相关数据显示，将线下品牌活动的舞台形式照搬硬套通过直播转战线上，传播效果并不佳。由此反思，应从直播一场活动，转变为开发有记忆点、创新性的视觉或影视作品，将有记忆点的沟通元外化成符号传播给群众，激发群众进行再传播，从而形成数字文化馆的线上自有品牌。

（三）建立群众与数字文化馆之间稳定的认知

文化馆这一文化事业单位是我国特有的文化机构，也是传播中国声音、坚定中国立场的重要载体。数字文化馆品牌建立的目的是让群众与文化馆以及文化馆产出的优秀文化资源产生强链接，从而最大限度地向群众输出中国文化，从文化自信走向文化自觉。

五、结语

当前科学技术的进步为公共文化服务注入了新鲜的“血液”，同时也对公共文化服务提出了更进一步的要求，对于数字化的研究既顺应了当下社会发展的需要，也拓宽了公共文化服务的边界和范畴。正如著名学者理查德·佛罗里达在《创意阶层的崛起》一书中所说：“技术不是万能的，技术要真正发挥作用，还必须依赖组织、社会和经济方面的一系列配套调整。毕竟，技术是由人创造的。”

而数字化的文化馆也不是简单地将资源“数字化”后上传至平台，更应该考虑建立全面的“内容数据库”和“生活者数据库”，将数据活化发展，从内容管理、传播管理、沟通管理等方面构建完整的数字化平台管理框架，服务模式从“单向灌输”向“双向互动”转变，形成与线下内容生产平行并融合发展的动态循环体系。

参考文献

［1］陈刚等．创意传播管理——数字时代的营销革命［M］．北京：机械工业出版社，2020.

［2］沈虹．互动网络营销传播的创意研究［Z］．2011 中韩广告国际学术研讨会专题，2011.

［3］陈笔昕．基于协同创意理论的公益组织品牌涉及与传播研究［D］．西南交通大学，2015.

［4］樊淑琴．新媒体环境下文化类题材纪录片的沟通与探析［J］．文化传播研究，2019（4）：66-68.

［5］沈虹．互动网络营销创意传播服务模式和经营模式研究［J］．广告大观（理论版），2011（4）：45-50.

［6］庄虹意．大数据背景下数字文化馆建设路径［J］．智库时代，2019（10）：270+272.

［7］张志松．基于互联网＋的数字文化馆建设新思考［J］．戏剧之家，2019.

［8］练洋．大数据背景下文化馆数字化建设探讨［J］．参花（上），2021.

［9］嵇婷，吴政．公共文化服务大数据的来源、采集与分析研究［J］．图书馆建设，2015（11）．

［10］罗云川．从数字化走向网络化与智能化，寓普及性于交互性与独特性——“十四五”文化馆数字化建设与服务的若干思考［J］．中国文化馆，2021（1）．

［11］张金湖．文化馆大数据应用探索与分析［A］// 中国文化馆协会，成都市人民政府．增强活力 提升效能：2018 年中国文化馆年会征文获奖作品集［C］．2018.

［12］苏柯子．基于大数据背景下的数字文化馆建设研究［J］．文化产业，2021（1）．

［13］王子健，完颜邓邓．政策工具视角下我国公共数字文化服务政策文本分析［J］．图书馆建设，2021（12）．

［14］宋玉玉．生活者概念的发展嬗变与反思——从马克思的“生活者”思想到数字生活空间的“生活者”［J］．广告大观（理论版），2018（4）．

［15］沈虹．缘起“协同”——论“协同创意”的理论渊源［J］．广告大观（理论版），2013（8）：74-81.

论文旅新业态的生成机制、发展逻辑与高质量发展路径 *

江　凌 **

（上海交通大学媒体与传播学院）

摘要：当前，文化旅游业在政府政策支持和新技术加持下，涌现出许多新业态。文旅新业态的主要生成机制有政府政策支撑机制、技术创新驱动机制、消费需求驱动机制、行业竞争驱动机制、文化发展推动机制；文旅新业态的发展逻辑包括生态、文化、技术、场景、体验、在地化逻辑，六种逻辑相辅相成，相得益彰，共同促进文旅新业态绿色、健康、可持续发展。尽管文旅新业态具有广阔的市场前景，但在蓬勃发展过程中也面临着一些问题和挑战。为此，需要转换思维，释放要素潜能，在保护当地生态环境的基础上，加持数字化技术，构建数字化场景空间，赋值文化内涵和文化灵韵，增强消费体验性、互动性和消费黏性，实现文旅新业态高质量发展。

关键词：文旅新业态；生成机制；发展逻辑；高质量发展；实现路径

On the Generation Mechanism, Development Logic and High-Quality Development Path of the New Form of Cultural Tourism

Jiang Ling

(Department of Cultural Industry Management, Shanghai Jiaotong University)

Abstract: At present, with the support of government policies and new technologies, many new forms have emerged in the cultural tourism industry. The main generation mechanisms of the new cultural tourism forms are government policy support mechanism, technological innovation driving mechanism, consumer demand driving mechanism, industry competition driving mechanism,

---

*　基金项目：国家社科基金艺术学重大项目“中国非物质文化遗产数字传播研究”（项目编号：18ZD22）阶段性成果之一。

**　作者简介：江凌，男，汉族，河南淅川人，历史学博士，新闻学博士后（出站），上海交通大学文化产业管理系副教授，系副主任。主要研究方向为文化产业、文化旅游。联系地址：上海市闵行区东川路 800 号上海交通大学媒体与传播学院，电话：13818940983，E-mail：jiangling1118@sina.com；jiangling1118@126.com。

and cultural development driving mechanism; The development logic of the new cultural tourism industry includes ecological logic, cultural logic, technical logic, scene logic, experience logic, and localization logic. These six logic complement each other to jointly promote the green, healthy and sustainable development of the new cultural tourism industry.Although the new forms of cultural tourism has broad market prospects, it also faces some problems and challenges in its vigorous development. To this end, we need to change our thinking, release the potential of the elements, and on the basis of protecting the local ecological environment, with the support of digital technology, build a digital scene space, give cultural connotation and cultural aura, and enhance consumer experience, interaction and consumer stickiness , to achieve high-quality development of new forms of cultural tourism.

Keywords: New form of cultural tourism; Generation mechanism; Development logic; High-quality development; Realization path

近年来，文化和旅游部、各地文旅部门推出一系列文化与旅游融合发展的政策，文化与旅游融合实践步伐不断加快，形成了一些新的文旅业态。当前，随着数字技术（如 5G/AI/AR/VR 等）的迅猛发展，文化旅游新业态以数字技术驱动发展，走上了高质量发展之路。文化特色与文化活动、数字化技术、沉浸式场景、新的产品与服务营销模式成为文旅新业态的核心构成要件。其中，以探奇体验旅游的文旅新业态表征最为明显。探奇体验旅游是旅游者追求一种探索奇特的新现象、新场景、新（剧本）故事的体验过程。按照目的地划分，其可分为两种：一种是以少有人涉足的自然生态景观为目的地，在大自然中寻求探险体验的乐趣；另一种是利用数字技术手段打造出奇特的虚拟仿真世界，在数字场景和剧本故事线索指引下开启的探险体验旅程。比如，近两年新兴的密室逃脱、智力闯关游戏等探险体验类文旅新业态项目，除让受众感受到虚拟世界的奇妙幻觉外，还可以为探奇体验旅游注入更多的文化元素，使其在人工密室 + 剧本故事 + 数字技术场景构建的拟态环境中实现高质量发展。本文以探险体验类文旅新业态为例，分析文旅新业态的生成机制、发展逻辑与高质量发展路径，为文旅新业态高质量发展提供新思路、新方案。

一、基本概念阐释与研究文献回顾

（一）基本概念阐释

1. 业态与旅游业态

“业态”的说法起源于 20 世纪 60 年代的日本，它是对目标顾客群、产品和服务、售卖方式的具体经营形态的概括。其主要应用领域是零售业，特指零售业经营者面向特定的消费群体，根据他们的消费需求，以某些具体的经营方式售卖特定的商品和服务。随着人民物质生活水平的提高，旅游的市场消费需求不断扩大，“业态”的概念被引入旅游行业中，形成了“旅游业态”的概念，即以旅游消费为导向，以旅游业发展状态和旅游企业经营、管理与服务，以及旅游市场为表征的旅游产业发展状况和市场发展前景。

2. 旅游新业态

随着科技水平的不断进步和消费需求的不断升级，旅游业形成了新的态势和创新性突破。旅游业不再局限于传统意义上的观光游览，而是根据时代发展、技术创新、文化进步和消费者需求特点，增添了文化、技术、传播、营销等方面的新元素、新态势、新模式。于是，相较于传统的旅游业态，旅游新业态的概念应运而生。旅游新业态指旅游行业中的经营主体（企业或组织），为了适应市场需求变化以及不断细分的旅游目标客户群，对旅游业的经营模式、发展策略、产品与服务类型、形态进行更新，它是一种融合传统旅游产业和商业经营形态、提供特色旅游产品和服务模式、满足旅游者的多元化消费需求、实现可持续发展的业态模式。旅游新业态的“新”主要体现在以下方面：新型旅游组织、新型旅游产品与服务、新型经营模式。

3. 文旅新业态

近年来，政府高度重视文化旅游业发展，相关政策密集出台，文化与旅游融合速度加快，文化旅游业异军突起，产生了不少新的发展业态。其中，文化、科技、场景、营销模式成为新业态的核心构成要件。这种文化与科技、数字技术、数字场景的耦合形成新的文化旅游产品与服务、新的旅游营销模式，即文旅新业态。传统旅游业关注“吃、住、行、游、购、娱”，而文化旅游业关注“商、养、学、闲、情、奇”。文化符号、文化科技、数字技术与“商、养、学、闲、情、奇”的融合成为文旅新业态。文旅新业态打破文化产业和旅游产业的边界，按照效用最大化原则转化为可供开发的文化旅游资源，拓展文化旅游产业空间，不断推出特色化的文化旅游产品与服务和经营业态形式。

4. 高质量发展

有别于传统的高速度增长，就本质和内涵层面而言，高质量发展是一种新的发展阶段和发展理念，是以质量和效益为价值取向的发展形态。高质量发展即基于质量优先的全面发展，不断满足人民日益增长的美好生活需求，解决发展不平衡不充分的问题。高质量发展是新时代经济社会发展的战略选择，也是文化旅游新业态发展的重要方向。面对“创新、协调、绿色、开放、共享”的发展要求，文旅新业态的高质量发展需要深化供给侧结构性改革，以文化旅游的消费需求为导向，提供高质量的文旅产品与服务、高质量的文旅消费、高质量的文化价值和文旅市场环境，满足或引领文旅市场新的消费需求。

（二）研究文献回顾

1. 文旅新业态类型与生成机制的文献综述

关于文化旅游新业态的类型与生成机制的研究文献中，学界多聚焦于旅游新业态类型、驱动力与形成机制方面的分析。《旅游新业态驱动力和产生模式研究》一文将旅游新业态的形成模式归纳为三个方面，即旅游行业内部要素的融合，与第三产业内其他行业的融合，与第一、第二产业的融合，由内而外详细阐述了旅游业新业态的形成模式。《旅游新业态的类型及其形成机制研究》一文将旅游新业态分为全新型旅游新业态、改进型旅游新业态、换代型旅游新业态和仿制型旅游新业态四种类型，并阐述了这四种新业态形成的动力机制，即市场需求变化对新业态形成的拉力、市场竞争对新业态形成的推力、科技进步是新业态形成的有力保障因素、产业链延伸和相关产业渗透是新业态形成的辅助动力，产业转型升级加速了新业态的形成。《浅析非遗旅游新业态的发展动因与基本类型》一文将非遗旅游新业态归纳为衍生重组型、交叉融合型和跨界渗透型三种类型，认为其发展动因在于三方面：非物质文化遗产保护理念的修正、旅游业转型升级新需求和国家非遗政策扶持。

2. 文旅新业态发展对策的文献综述

关于文旅新业态发展态势、对策与战略方面的研究文献主要有：《产业融合视角下我国旅游新业态发展对策研究》一文认为，旅游新业态融合创新发展需遵循以下路径：实施“旅游+”战略，促进旅游业融合创新发展；突出多元化业态创新，推动旅游新业态持续发展；创造融合创新条件，形成旅游新业态的发展合力；深化“放管服”改革，优化旅游新业态的发展环境。《旅游产业供给侧改革存在的问题与对策建议》一文阐述了推动旅游产业供给侧结构性改革的主要措施，如加快开发旅游新产品、培育新业态，加快推进亮点突破和模式创新，加快旅游综合改革，注重盘活低效旅游资源，加快旅游产业组织重构，加强旅游政策供给等。《新业态：旅游业可持续发展的战略选择》一文指出，旅游创新战略需在旅游产品创新、旅游业的技术升级和创新、旅游市场范围的拓展和市场营销手段的创新、旅游资源配置创新、旅游组织的创新等方面着力。

3. 文旅新业态高质量发展的文献综述

这方面的直接研究文献较少，相关文献主要集中于乡村旅游方面。如《新时代乡村旅游高质量发展的理论思考及实践路径》一文阐述了当前乡村旅游高质量发展的主要背景与面临的困境，认为新时代乡村旅游高质量发展的实践路径主要有：以绿色和生态优先为发展主调，以文化与品牌IP为产品的主打，以游客体验感为消费驱动内核，以人才与运营管理为关键保障。《高质量发展视角下乡村旅游发展的问题与对策》一文分析了乡村旅游发展的现状和面临的问题，如区域发展不平衡、产业结构较简单、市场主体较散弱、服务体系不完善、政策协同度不强等，认为乡村旅游若要实现高质量发展，需解决用地、消防和产权三大难题，改善公共服务水平，培育市场主体，建设人才队伍，优化政策与机制。

尽管学界对于旅游新业态和乡村旅游高质量发展有了少量研究成果，阐述了旅游业与其他产业、传统旅游业与旅游新业态之间的关系，分析了旅游新业态发展态势、战略与对策，并结合新时代背景考量旅游新业态如何转向高质量发展，但主要有两个不足之处：一是关于文旅新业态的生成机制、发展逻辑方面的研究付之阙如；二是相较于政策、科技、市场等因素，对在文旅新业态发展中发挥重要作用的文化符号元素关注不够，关于文旅新业态高质量发展的相关研究很少。本文以文旅新业态为抓手，研究文旅新业态的生成机制、发展逻辑、高质量发展逻辑与路径，可以弥补现有研究的不足，具有明显的创新价值和现实意义。

二、文旅新业态的生成机制

文旅新业态是在多种力量共同推动下生成和发展起来的，其生成机制主要有政府政策支撑机制、技术创新驱动机制、消费需求驱动机制、行业竞争驱动机制、文化发展推动机制。其中，政府政策支撑机制是制度和政策保障，政府通过政策顶层设计和具体扶持举措给予文旅新业态政策、投融资支持，缓解企业经营压力。技术创新驱动机制是技术驱动要素，不同于传统的文旅融合，文旅新业态因为有4G/5G网络、AR/VR/AI、虚拟仿真等技术加持，注重技术场景、剧本故事和深度体验性；消费需求驱动机制是发展动力机制，一方面，消费是文旅新项目、新产品、新服务生成的目的和驱动力，“90后”“00后”新消费群体的崛起和其个性化、情感化、追求新奇性的消费需求催生了文旅新业态蓬勃发展；另一方面，稳定的新消费需求意味着企业稳定的收益来源，能为文旅融合新业态的后续发展提供资金保障。行业竞争驱动机制是内在支撑机制，借由行业内良性竞争，为文旅新业态不断注入创新发展的内在力量；文化发展推动机制是文旅产业内容创新的源泉，文化对于文旅融合新业态具有长期的潜在作用，缺乏文化与技术的融合，缺乏特色文化内容和文化活动支撑，文旅新业态就成了无本之木、无源之水。

文化旅游新业态生成机制的逻辑关系如图1所示。

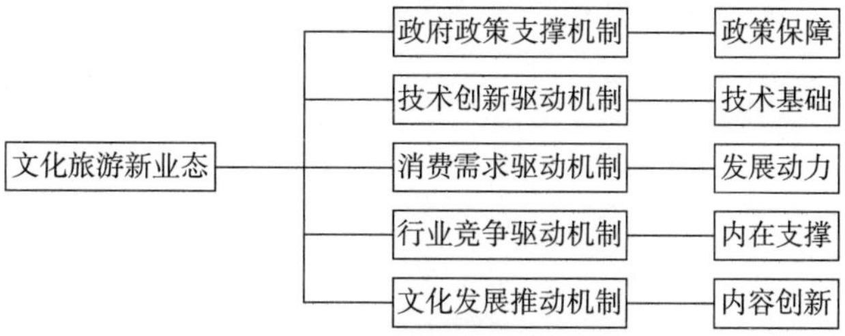

图1 文化旅游新业态生成机制的逻辑关系

（一）政府政策支撑机制

一个国家、民族或地区的经济社会发展离不开政府和市场两个主体。市场是一只“看不见的手”，但有时会“失灵”，靠市场的自身调节作用会产生一定的效率损耗。因此，除市场之外，政府在维护社会秩序稳定和谐和促进经济社会持续发展中起到重要的推动作用。政府的政策制定、市场监管、市场宏观调控、提供公共产品与服务等职能，能够有效培育和发展文旅产业，促进文旅新业态健康有序发展。当前，文旅新业态的政府政策支撑，可以分为宏观引导政策和经济金融扶持政策两种类型。

1. 文旅新业态的宏观指导政策

关于文化旅游新业态发展的政策研究目前尚且处于探索过程中，政府已出台了相关政策举措，但大部分是一种文旅新业态整体发展的宏观引导（见表1）。

表1　　国家层面对于文旅新业态的支持政策分析

支持政策	分类	对文旅新业态产品与服务的支持政策
关于进一步激发文化和旅游消费潜力的意见	宏观政策调控	该政策规定了文化旅游的宏观发展方向，以高质量的文化旅游产品与服务激发消费者更强烈的消费意愿
关于培育建设国际消费中心城市的指导意见	宏观政策调控	该政策注重时尚、创意等类型的文化产业新业态发展，以推动建设国际消费中心城市
关于改善节假日旅游出行环境，促进旅游消费的实施意见	宏观政策调控	该政策是《关于进一步激发文化和旅游消费潜力的意见》政策的延伸和细化，细化了旅游节假日消费的具体举措

总体而言，相关的国家宏观层面的政策指导性意见对文旅产业新业态持积极的扶持与推动态度，积极支持文旅新业态相关产业、产品与服务的发展，带动和升级消费需求。

2. 文旅新业态的经济支持政策

当前，政府主体主要从财政政策、贷款政策、融资政策等多方面支持文旅新业态发展，分担文旅企业的经济负担和市场风险，助力文旅企业的新业态项目培育。特别是2020年新冠疫情防控期间，部分文旅企业因为疫情防控期间居民被居家隔离而不得不关门停业，文旅企业经营活动受到了严重冲击。在此背景下，政府迅速推出了一系列经济和金融扶持政策，助力文旅企业复工复产、渡过难关（见表2）。

表2　新冠疫情期间国家、地方政府对文旅企业的经济金融支持政策

支持政策	分类	对文旅新业态企业的支持政策
《关于全力防控疫情支持服务企业平稳健康发展的若干政策措施》	经济、金融支持	该政策是在2020年新冠疫情对服务业带来冲击的背景下，国家层面所制定的支持服务业稳定发展的举措。从财税政策、金融信贷、融资渠道、保险保障、减免房屋租金等各方面，对服务企业予以全方位的经济和金融支持
《上海市文化旅游局关于推出中小微文化和旅游企业金融服务举措》	金融支持	该政策制定具体的贷款优惠措施，支持符合条件的中小文旅企业在疫情冲击下渡过难关

政府对于文旅企业的经济、金融政策支持，有助于减轻疫情冲击下的文旅企业经济压力和融资负担，激发文旅企业投资扩建、转型升级，促进文旅新业态创新发展。在新冠疫情和其他重大公共灾难性事件的特殊情况下，政府的经济、金融支持政策更能发挥助推作用，保障文旅新业态行业可持续发展。

（二）技术创新驱动机制

文旅新业态作为近两年新兴的产业形态，其生成和发展离不开新兴技术域的支持，或者说新兴技术域的发展驱动了文化与旅游融合，进而形成新的业态。

1. 新技术的推动作用

文旅新业态依托的技术主要为数字技术、互联网技术，以及部分AR、VR、AI等虚拟仿真和人工智能技术。数字技术早在20世纪40年代就开始出现，互联网技术则在20世纪中叶发展起来，那么，为什么文旅新业态直到近两年来才得以出现？这需要透过现象探索本质：真正驱动文旅新业态生成的技术因素，并非单个技术所能支撑，也不是几种技术的简单叠加，而是一种技术域的力量，是几种技术有机融合、相辅相成的结果。

（1）技术域的概念阐释。技术域是“关于设备、方法、实践的族群，它们的形成和发展具有与个体技术不同的特征”。因此，虽然数字技术、互联网技术很早就开始出现，但特定的技术域并不是从一开始就形成的，只有经过长期的技术碰撞与融合，相关技术的不断积累和更新完善，并且有相当深厚的实践运用基础，相关的技术域才逐渐显露出来。当适合文旅新业态的技术域发展成熟后，文旅新业态才有了坚固的技术支撑，才能够发展壮大。

（2）技术域的生成机制和生命周期。技术域有两种生成模式：一是“围绕着核心技术联合而成”，如互联网技术，当该技术作为一种核心技术形成后，很多相关支撑技术开始围绕着互联网技术而发展起来；二是从技术现象簇中生成，即各个学科通过对某些技术现象聚焦式研究，分析出其中的原理并加以实验和实践应用，建立起新的技术域，如集成电路和芯片技术。但由于社会对新生事物（即新生的技术域雏形）往往持较为保守的态度，并且新生的技术域雏形尚不够完善，只是一些粗浅的技术堆积，甚至难以被称为“域”，因此，这种新技术域雏形往往会和现有的较为成熟的“域”相联系，形成一部分技术组合。而新技术域的生成需要漫长的培育和发展过程，才能成长为较为成熟的技术域。

技术域成熟后，有自身的生命周期或发展阶段，主要分为四个阶段：第一阶段是产生阶段，它通过和母域的结合，逐渐发展固化；第二阶段是成长阶段，在前一阶段的基础上进行修正或更新，并且逐渐运用于实践领域；第三阶段是成熟阶段，也是市场推广和应用阶段，对企业产品改造和服务升级产生变革性影响；第四阶段是衰亡阶段，这一阶段，技术域难以有新的突破，有些技术域会存留下来，有些则会被新的技术域所取代。总之，技术域的生成与发展需要漫长的过程，并且不断有新的技术域出现，以推动经济社会向前发展。

（3）技术域对于文旅新业态的驱动作用。随着信息通信技术、数字技术、虚拟仿真技术的发展成熟和类型细分，适合文旅新业态发展的技术域逐渐形成。这种技术域在消费升级驱动因素、行业竞争加剧因素、政策扶持因素的组合作用下，有力促进文旅新业态的生成和发展。

2. 产业经济和技术的融合

（1）技术域对于产业经济实践的影响。根据技术域的生命周期可知，由于新的技术域不仅有自身的创新，也融合了母域的部分特点，因此新的技术域往往更加先进和成熟，取代原有技术域的地位，并被更多地运用到产业经济活动实践中。但从更深层次来看，新技术域与产业经济实践之间相互融合、相辅相成。新技术域与某种产业实践相互融合，产生新的技术和业态组合形式，当这些新的组合形式发展壮大后，新的次级产业甚至新的产业形态就生成了。

（2）技术域对于文旅新业态的驱动作用。近年来，随着信息通信技术、数字技术、人工智能技术、AR/VR 等虚拟场景技术的推广应用，新的技术域正在形成，而其与文旅产业相融合，便产生一系列新的数字场景、沉浸式体验类文旅产品和服务，扩展了原有的文旅产业发展形态，增添了更多技术场景性、内容型和互动性元素，生成了文旅新业态。

（三）消费需求驱动机制

随着经济社会的发展，文旅市场产品和服务供给越来越丰富，人们的消费需求越来越多样化、个性化、体验化，催生新的文旅产品与服务蓬勃发展。

1. 新消费者的主要特征

在当今消费社会时代，“新消费者”具有以下特征：一是受教育程度较高，家庭经济状况较好，能够自由选购所消费的物质产品或服务；二是在当今商品供给盈余时代，商品可选择性强，新消费者讲究商品的外在形态、审美风格、感觉体验，更看重产品的身份、符号、审美、品牌价值而非实用价值；三是消费心理更加复杂，更愿意追求个性化、差异化的消费。新消费者的消费行为特征主要表现在：一是理性判断水平较高，新消费者的知识素养为他们提供了理性消费的基础；二是在消费过程中更加注重参与、体验和互动感，他们不再单纯地消费物质产品及其使用价值，或者服务及其感官体验，他们消费的是一个集自由选择、参与、体验和互动交流于一体的过程，注重消费的物质、精神享受和愉悦体验。

2. 新消费需求驱动文旅新业态发展

新消费者的消费心理需求和消费行为与传统消费者有很大的差异，他们具有更强的理性选择与判断能力，看重产品或服务的效用性，追求个性化、差异化和参与度、体验感。在这种消费态势下，传统文旅产品和服务需要顺应新消费者的需求，进行转型升级。美国学者约瑟夫·派恩提出了两个消费体验公式："顾客满意度 = 顾客期望值 – 顾客感受值；顾客损失 = 顾客的期望 – 顾客勉强接受的现实"。要提高消费者（游客）在消费过程中的认同度、参与度、满意度，主要有两个途径：一是降低消费者的期望值；二是提高消费者的感受值。当前，文旅行业的产品、服务种类日益丰富，消费者自由选择权更大，文旅企业要吸引更多的消费流量，就要努力提升产品与服务质量，满足消费者的心理预期（期望值、感受值）。"特殊美好的感受是消费者延伸消费行为的助推器"，新消费者注重参与感、互动感、体验感，以及由此衍生的认同感、满足感、获得感，这意味着越能满足消费者参与感、互动感、体验感的文旅项目越能受到消费者的青睐。

（四）行业竞争驱动机制

党的十八大以来，我国文旅行业发展迅猛，全国各地都在大力开发文旅资源，并进行文旅产业化转化；传统文旅景点（或景区）不断转型升级，文旅行业内部的竞争越来越激烈，在这种竞争态势下，文旅新业态不断被催生出来。

1. 同质化竞争驱动文旅新业态创新发展

文旅行业的发展立足于地方自然环境、区位交通和地方特色文化，区域化、特色化、差异化、产业化是文旅行业发展的显著特色。然而，在文旅行业蓬勃发展和文化消费兴盛时代，各地为开发文旅资源，在内容资源和运营模式、产业链延伸方面互相模仿、复制和借鉴，造成严重的同质化竞争现象，引发的后果是弱化地方文化特色和文化个性，稀释游客流量和行业效益。以少数民族地区的村寨旅游为例，各地原有的自然风光和人文环境具有一定的差异性，但随着商业化开发的趋同性，这种差异性被缩小，风俗仪式、节目表演、游客体验项目似乎出自同样的模式，沿街售卖的各种纪念品也大同小异，甚至从外地批发而替代当地特色纪念品，文旅景点的场景设计和故事内容也缺乏明显的地域特色。在这种同质化竞争态势下，面对总需求量弹性不高的消费群体，文旅企业要想更大程度地吸引顾客，占据更大的市场份额，就要不断进行产品和服务创新，并加持数字场景技术，形成新的文旅业态，创造新的消费需求。

2. 文旅产业内部竞争驱动文旅新业态发展

加拿大学者 R.W. 巴特勒提出了旅游地生命周期理论模型，该模型探究影响旅游地生命周期的因子指标，以及如何带动旅游地复兴、如何发展文旅产业等问题，引发学术界讨论。在数字化消费、体验消费、审美消费、情感消费等现代与后现代交织的消费社会时代，传统的"观光式"文旅业态已进入巩固与停滞阶段，一方面需要"通过开发新的吸引物、开发尚未开发的内容资源，以及重新定位客源市场，可以带动旅游地复兴”；另一方面更需要创意内容资源 + 科技赋能 + 特色化、体验化和情感化的场景构建，在这种新消费潮流引领的市场竞争中，催生出新的文旅业态。

（五）文化发展推动机制

文旅新业态项目是文旅融合的新成果，也是文化与数字技术发展到一定程度的产物。中华文化始终处在不断的传承创新中，每个时代都有特定的文化形态，现代经济社会发展受到文化因素的深刻影响。

1. 文化特色构成文旅新业态的内核与灵韵

根据德国学者安德雷亚斯·莱克维茨的观点，当前已经进入了一种文化资本社会，政治、经济、社会的文化倾向越来越明显，无论是有形的物质产品还是无形的精神产品，“独异性”“体验性”特质是赢得消费吸引力的关键因素。在文化资本环境中，相对于传统文化消费活动，文旅新业态在地方文化资源发掘与地方文化特色提炼上被赋予新的时代内涵。在新消费群体中形成了感知、参与和互动体验效应——基于具身性体验形成的地方文化想象、记忆与认同。文旅新业态的特色文化与场景化、数字化表达形态之间相互影响、相互成就，前者是后者得以表达的内容资源，后者为前者提供了全新的数字化场景空间。

2. 新业态成为创作主体实现文化理想的场所

文旅新业态不仅体现出地方文化内容与形态的创新，还体现出诸多文化参与主体身份与形象的转变，文化艺术教育尤其是专业院校艺术教育的发展，为社会输送了一批艺术人才，他们兼具艺术修养、职业技能和文化素质于一身。这群艺术工作者构成了文旅新业态的人力资源，一方面，他们的艺术设计与演艺创作为文旅新业态赋予了艺术创作灵韵与表演内涵；另一方面，文旅新业态吸纳了众多演艺人才，为他们提供了就业机会，为这些文化艺术工作者实现艺术创作、设计、演艺的文化理想提供了重要途径。

以上五种机制互相渗透与交融，相辅相成，共同构成文旅新业态的生成要素。其一，政府政策支撑机制具有政策宏观调控的作用，政府通过政策指导、财政金融税收等经济支持，以及为文旅新业态发展量身定制特定的标准，使其发展更加规范、健康、可持续。其二，技术创新驱动机制催生文旅新业态形成和发展，技术赋能传统文旅业态转型升级，确保文旅新业态在数字场景、人工智能和虚拟仿真技术的加持下创新消费活力。其三，消费需求驱动机制不断提供和创造新消费需求，推动文旅新业态企业提升产品与服务质量。如今，新消费者更为强调精神层面的体验、惊险、刺激与愉悦，为维持客户黏性，文旅新业态企业需要顺应新消费需求，不断创新产品与提升服务质量。其四，行业竞争驱动机制可以避免“同质化”竞争现象，推动文旅新业态着力于自身场景技术和内容特色的挖掘，寻求差异化竞争，打造特色文旅新业态品牌，达到“百花齐放”的文旅新业态景象。其五，文化发展推动机制让文旅新业态成为文旅场景、文化科技和内容创新的新载体，成为演艺工作者实现演艺文化理想的新空间。五大机制以“五位一体”的合力推动文旅新业态生成和持续发展，但要克服“木桶效应”，保障场景和技术安全，推动文旅新业态内容的创新性与市场空间的延展性，让文旅新业态更具有发展活力。

三、文旅新业态的发展逻辑

文化和旅游具有内在的耦合联动、依存共融关系，文化资源借助现代旅游市场的纽带，逐渐提升地方文化的产业化程度。为进一步实现绿色可持续发展，拓展多元发展思路，文旅新业态需要基于生态、文化、技术、场景与体验逻辑，形成稳定的在地化发展实践系统。

（一）生态逻辑

文化旅游产业是新型绿色产业，文旅新业态是新时代文化和旅游深度融合的产物，它区别于传统产业的新业态和新产品，可产生“1+1 > 2”的生态型经济效应。文旅新业态、新产品、新服务能够展现绿色生态产业魅力，为生态环境提供强有力的支撑，在发展旅游经济的同时，强化生态文化、在地文化、创新文化之间的融合，回归绿色发展路径，促进经济效益、社会效益和生态效益的统一，在高质量发展中创造绿色高品质生活。同时，文旅新业态的发展，为文化旅游产业绿色、可持续发展提供了良好的基础，是发展区域经济绿色化转型与绿色产业可持续发展的重要动能，是“生态优先、绿色发展”的重要推动力。文旅新业态的有序发展能够改善旅游乱象、升级旅游产品生产环境、留存当地民俗资源、活化绿色旅游生态。文旅新业态产品与服务有利于优化生态环境，提升文旅资源的留存率和传承率，进一步壮大文旅融合的市场需求，促进新文化景观的生成与创新。为此，大力推进生态文明建设与文化旅游产业协同发展，充分发挥文化旅游和生态环境相辅相成的优势，在加强生态保护和修复的基础上，以环保、生物多样性以及新兴绿色发展理念为主题开发文旅新产品，探索将“绿水青山”转化为“金山银山”的有效途径，促进文化旅游新业态健康可持续发展，进而通过文旅新业态产业的“绿色禀赋”促进生态环境的保护。

（二）文化逻辑

文化内容（包括文化底蕴、文化内涵、文化特色、文化灵韵、文化活动等）及其创新融合是文旅新业态发展的内核动力。文化内容主题所带来的独特性、精神内涵与情感共情是文旅新业态吸引消费者的主要动因。当前，以传统文化为主题的文旅项目或对传统文化资源进行再创作、再开发，并已催生出诸多文旅新业态，如国潮音乐节、以唐代开元年间为背景的大型沉浸式剧本杀《篡唐楼》、长城的“万里雄关雪糕”等。从“以文化人”的角度来看，文化即对人进行知识、智力、道德、美学等方面的培育，其被认为是在某一社会中人们后天观念、价值、情感的有机整合。引入文化的内容、符号、元素，既增添了旅游新业态产品与服务的品质，也容易带动游客对文化内容的价值认同与情感共鸣，形成持久的影响力。地方特色文化为文旅新业态提供了丰富的 IP 素材与文化活动的内容和形态。目前，文化内容、元素、符号的植入成为文旅新业态的发展趋势，但部分文旅新业态产品与服务呈现出简单模仿、生硬移植、符号化、同质化特点，文化成为表面点缀而失去了地方文化的本真魅力。文旅新业态的长久发展需要深入挖掘地方传统文化资源与地方特色文化，将文化内容用精妙、贴切、受众易于理解的新形态表达出来。在当前各类文娱产品与服务极大丰富的背景下，文旅业要善用文化内容资源与文化活动讲好中国故事、讲好地方特色故事，推动文化与旅游产业的深度耦合，为文旅新业态的持久发展提供精彩的内容支撑。

（三）技术逻辑

技术创新尤其是数字技术的创新性应用是优化文旅新业态产品与服务表达形态、驱动文旅新业态健康运行的外在动力。新技术的应用改变了传统文旅业态的生产、分发、推广与消费过程，推动文旅新业态的生成发展。在生产阶段，数字化技术改变了文旅产品与服务的生产形态、场景与内容，互联网、大数据、VR、AR、AI、云技术等基础技术设施的装备与市场化应用将文旅新兴业态的生产场景转变为线上、线上与线下相融合的供给形态，如旅游直播、云端游、3D 实景游、云端拍卖会、VR 游戏、数字博物馆等数字化文旅新业态生产；在分发与推广阶段，大数据、物联网等技术帮助分析游客偏好与文旅营销内容分发，帮助制定消费者的文旅产品与服务体验；在消费阶段，数字技术创新改变了传统消费方式，帮助营造多元体验的消费场景与便利的数字化服务。文旅新业态向生态友好型转向需要技术升级以改造传统生产模式，技术与文化的融合需要技术辅助传统文化内容的深度挖掘、保护与数字化呈现，沉浸式场景搭建与安全保障需要数字化场景技术支撑，互动体验的数字化、多元化与数字化需要技术创新。当前，文旅新业态数字化技术应用不应停留在低层次、表面化、空有技术噱头而没有实质改变阶段，需要加强数字技术与文旅新业态的全过程融合与商业化应用，用创新型、数字化技术的力量提升文旅新业态产品与服务质量。

（四）场景逻辑

基于文化和技术的重构力量，作为展示和表征的场景，拓展和创新文化旅游的体验空间和文化符号、文化活动、文化价值表达形式，创造消费价值。芝加哥学派学者特里·N. 克拉克认为，“场景具有真实性、戏剧性和合法性三个重要特征。真实性包含本土族群、国家、企业、理性、全球五个子元素；戏剧性包含爱炫、迷人、睦邻、越轨、礼节五个子元素；合法性包含传统、领袖魅力、功利主义、平等主义、自我表达五个子元素”。这些元素的组合塑造了场景空间的符号价值和个性特色，影响人们的体验方式和消费行为。根据地方环境和空间特征对文旅新业态场景的合理化运用，能够深化游客的沉浸体验，让他们代入场景空间所布局的角色，融合各种消费场景元素、符号和形态，引导游客的意义消费与情感消费。传统文旅业态场景空间通常显现出族群的、睦邻的与传统的场景符号要素，缺乏数字化技术支撑，难以带动游客的主体能动性、交互体验性与审美娱乐性。文旅新业态在数字技术的加持下，将场景空间的元素、符号进行多元重组，为游客带来新奇的沉浸式体验，突出神奇迷人与自我表达的场景特征，增强游客的空间体验感。

（五）体验逻辑

在场体验是文旅新业态的场景符号和消费价值体现。消费者进行文化旅游的主要目的是在惯常的日常生活之外体验差异化、新奇的场景、文化、艺术与审美，获得文化、情感与审美的“难忘性记忆”。体验被视作文化旅游的核心属性之一，高质量的文化旅游产品与服务能促进游客积极参与共创体验，获得感知价值、体验价值，导向难忘及美好的经历与记忆。文旅新业态将关注焦点置于构建具身性的体验价值上，游客通过在场的具身性感知体验，沉浸于具体场景下民俗风情、历史建筑、节庆活动景观中，进行身心交流互动，进而更深刻地理解地方、他者与自我。在深度体验下，游客被真正纳入文旅新业态产品与服务所讲述的故事与场景中，从“看客”成为“参与者”，从被动地“观看”到消费主体的体验能动性，游客参与到场景、文化特色、剧情互动的体验场景中，参与景区价值共创。在这种体验过程中，游客的体验是鲜活的、自由的，具有主体性、交互性与创造性。深度体验与价值共创带来了游客情感共鸣与态度忠诚，进而通过正向人际传播，吸引新的消费者。从传统文旅产品与服务的单向度输出“观看”体验，到游客与数字化场景、地方文化特色与文化活动、景区服务人员、其他游客之间的多维互动体验，从传统的互动体验到深度的沉浸式体验，文旅新业态的魅力还有待文旅新业态产品与服务充分融合周边生态、场景、文化与技术，不断优化深度互动的、高质量沉浸感的用户体验。

（六）在地化逻辑

文旅新业态发展壮大始终需要立足于地方生态环境、地方特色文化内容、可落地执行的数字技术支撑、贴合地方文化价值取向的可体验方式，以及不脱离地方环境、语言、文化、行为逻辑的场景构造。“在地化”贯穿于文旅新业态发展的生态、文化、技术、场景、体验各逻辑环节。在文旅新业态发展过程中，“地方作为一种物理、社会、文化和情感的复合体，是旅游体验的一部分”，承载着人们的地方体验、情结和依恋。文旅新业态的在地化具体体现在：一方面，文旅产业中发现、建构和重构文化遗产的地方想象，深化游客的具身性体验和地方性记忆；另一方面，挖掘与旅游所在地生态环境、场所空间的原真性、独特性、地方性相融合的本土文化资源、文化符号元素、文化活动，多维度升华旅游目的地的文化特色与内涵。文旅新业态发展要立足于地方，从地方的生态环境、风土人情、居民日常生活习俗出发，探索文旅新业态发展新模式。文旅新业态产品与服务要“因地制宜”而非“千篇一律”，要扎根于地方文化沃土中而非急功近利地模仿复制，谋求短期效益。文旅新业态发展既要把握经济效益，更要注重社会效益与生态效益，保护地方生态环境和文化特色的本真性，在传承中弘扬地方优秀文化，在创新中发展地方特色文化，使地方文化借助数字技术之力，实现传统地方文化的现代转型，将“在地化”渗透至场景体验空间，满足游客的在地化体验与精神娱乐需求。

在文旅新业态的发展逻辑中，六种逻辑相辅相成，相得益彰，共同促进文旅新业态绿色、健康、可持续发展。其中，生态逻辑是立足之本，良好的生态环境是文旅新业态可持续发展的基石，能够产生生态型经济发展的多重正向效应。文化逻辑是内核和灵魂，具有统领作用，是激活文化旅游新业态“地方性特色”，传承与活化地方叙事、地方记忆、地方想象、地方认同的“灵韵”。技术逻辑是创新发展的驱动力，技术与文化之间存在着映射与同构的辩证耦合关系，技术赋能文旅新业态文化资源、文化特色、文化活动等文化内容场景化、数字化、可视化、审美化、体验化表达的活力。场景逻辑关联文旅新业态的外在形象和外在表征，是生态、文化、技术、消费者体验的中介载体，它塑造了文旅新业态的价值共创与消费空间，是引导消费者行为与体验的重要载体空间，同时也是一个开放交互的意义生成、体验与记忆场所。体验逻辑是文旅新业态的发展目标，它创造消费者自身性体验价值，是文旅新业态价值实现的外在体现，也是建构游客与地方之间关系的纽带，通过生产和再现游客的地方感知、地方情感、地方想象、地方记忆，拉近游客与地方的距离。在地化逻辑是支撑点和主线，贯穿文旅新业态发展的生态、文化、技术、场景、体验各逻辑环节中，共同服务于地方文旅新业态建设。文旅新业态的持续发展既需要把握经济效益，更需要注重社会效益和生态效益，保护地方原生态环境，在场景、空间、数字化技术改造中以“在地化”为原则，尊重地方特色和文化个性，注重地方性体验，唤醒文旅新业态、新产品、新服务的“在地化”发展活力。

四、文旅新业态高质量发展的理论逻辑与实现路径

在新时代中国特色社会主义思想的指引下，中国经济发展由高速增长阶段迈向高质量发展新阶段，为顺应新时代潮流，文旅新业态转向高质量发展成为应有之义。旅游是文化的形和体，文化是旅游的根和魂。文化、科技和旅游的融合是产业转型升级、实现高质量发展的内在要求，也是满足人民美好文化与旅游消费需求的路径选择。现阶段，文旅新业态通过文化赋能、创新驱动、生态护航、企业助推、品牌赋魅，推动文化、科技和旅游融合走深走实，由“以文促旅、以旅彰文”转向健康可持续的高质量发展，实现文旅产业整体提质增效。

文旅新业态的发展逻辑关系见图 2。

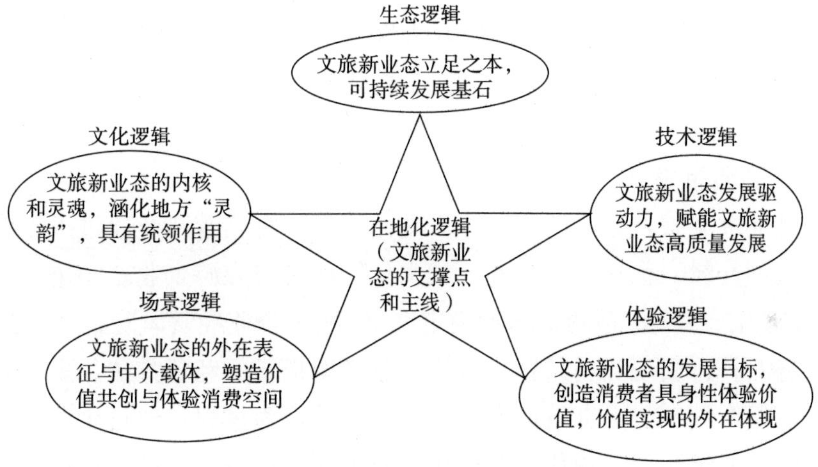

图 2　文旅新业态的发展逻辑关系

（一）文旅新业态高质量发展的理论逻辑

1. 文化内涵赋能高质量发展

文化（符号、元素、IP 等）是文旅新业态发展的核心和灵魂。每个人都拥有好奇心、休闲放松心态、恋地情结和审美情怀，地域性、审美化、特色化的本土和异域文化与旅游成为游客的精神依托。以乡村旅游为例，无论是农耕技术、生活习俗还是民间工艺等，均蕴含着深厚的地域传统文化，承载着特色化的文化符号元素，具有明显的地方性、区域性、民族性特色。文化、科技与旅游的融合正是维护与传承原乡性、可体验性、审美性、娱乐性，充分挖掘旅游地的独特文化价值和文化魅力的重要途径。文化、科技与旅游融合传承与创新了在地化的文化底蕴和民俗风情，通过创造内心的体验，唤醒人们的文化记忆，代入人们的文化想象，满足游客的精神需求。

2. 产业创新驱动高质量发展

“产业创新”是文旅新业态走向高质量发展的重要突破点。目前的文旅业态存在的问题主要体现在：一是陷入旅游产品与服务高度同质化、缺乏创新和特色的困境中；二是产业链短且不稳定，市场竞争优势薄弱；三是数字技术应用不成熟，文化旅游产品与服务的可展示性、可体验性尚未得到充分开发，难以满足游客多层次的消费需求。为此，全局谋划和延伸文化旅游新业态价值链，多层次创新产品与服务，推进第一、第二、第三产业融合，融 5G、VR/VI、大数据、人工智能、数字场景等新技术、新体验于产业链上下游，逐渐补齐文旅新业态的短板，丰富文旅产业产品、服务、模式，促进产业结构优化和效能提升，助力文化旅游业态转型升级，打造文旅精品品牌。

3. 绿色生态护航高质量发展

文旅产业与生态环境具有天然的同构关系，良好的生态环境是文旅新业态高质量发展的支撑。早期的旅游资源开发常常无视生态环境可持续发展，重经济效益，轻生态环境保护，过度消耗和严重破坏旅游资源，造成的环境污染和生态破坏短时间内难以恢复，难以实现高质量发展。进入新时代后，“绿水青山就是金山银山”和“山水林田湖草的生命共同体”理念为文化旅游发展提供了生态遵循，文化旅游新业态只有践行绿色发展理念，构建生态经济新模式，才能实现文化、产业、数字科技、社会和生态的协调统一。

4. 组织创新助推高质量发展

企业组织创新是推进文旅融合的经营载体。文化、科技与旅游产业通过组织协同创新，促进文旅产业化组织功能转型升级，优化资源配置。如文化、科技与旅游企业之间进行文化与技术、产业经营交流与合作，实现信息互通，预测市场不确定因素，减少企业经营风险，特别是在场景文化资源、技术、设备层面优势互补，实现互利共赢。文旅企业联盟把新的经营方法、手段、模式、管理要素与要素组合引入企业组织创新，更有效地实现组织目标的行为过程。通过企业组织创新，整合组织资源，可以实现文旅产业组织的集约化、专业化、组织化、社会化、网络化，深度融合文化、数字科技与旅游，推动文旅新业态高质量发展。

5. 创意品牌赋魅高质量发展

文化 IP 与文化创意的结合是文旅新业态高质量发展的新亮点。文化 IP 具有超强渗透力，可以通过多种形式与旅游产业融合，提升文游产业中以创意为核心的要素比例，构建文化价值系统，塑造文旅创意品牌。特别是通过数字科技、文化灵韵、品牌创造力的有效嫁接，改变各自的固有形态，实现文化 IP 与文化创意耦合的品牌延伸与升级，形成旅游文创产品与服务品牌。文化 IP 是文、旅、科技融合的纽带，既能沉淀用户情感，将文化 IP 蕴含的文化与审美特色传递给更多消费者，又能够推进文化资源与技术、产业融合，延长文旅新业态生命周期及提高变现能力，创造更多的经济价值，达到创意品牌赋魅高质量发展的实际效果。

文旅新业态高质量发展的逻辑关系见图 3。

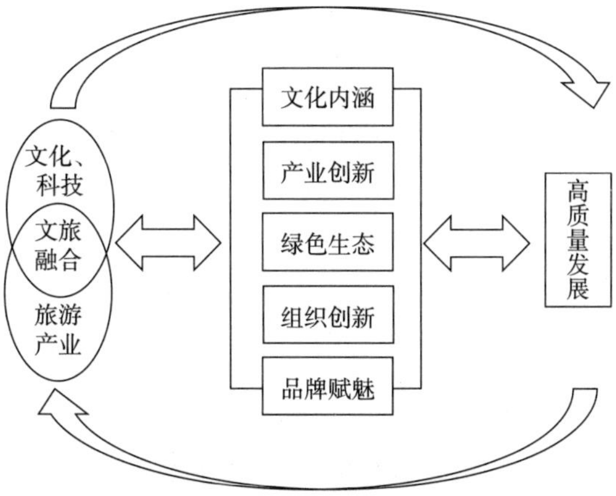

图 3 文旅新业态高质量发展的逻辑关系

（二）文旅新业态高质量发展的实现路径

尽管文游新业态具有广阔的市场前景，但在蓬勃发展过程中也面临着一些问题和挑战。因为文旅新业态产品与服务业态较新，同质化现象明显，需要转换思维，释放要素潜能，创新发展之道，在保护当地生态环境的基础上，加持数字化技术，构建场景空间，赋值文化内涵，增强体验性、互动性和消费者黏性，实现高质量发展。

1. 深入挖掘地方文化内涵，打造特色文旅品牌

（1）重视文化“灵韵”，凸显其意义和价值。我国历史文化资源丰厚，历史文脉传承性强，各地拥有内涵丰厚的传统文化资源和地域文化特色，也是文旅新业态的文化优势。在文旅新业态场景构造和故事内容中注入传统的或地域的特色文化内涵，减少简单的文化符号消费，向市场和社会传递文化符号背后的意义和价值，营造人文气息浓郁的文旅环境，给予消费者更多的文化体验，用文化灵韵滋养人的心灵。比如，坐落于巫山余脉与武陵山余脉交汇处的武陵山区利川村，具有得天独厚的自然资源和地域文化资源优势。在政府政策引导下，充分活化当地自然和文化资源，以地域民俗文化为核心，发展特色村寨民宿旅游，留住地方文化根脉，为即将消亡的当地民俗文化注入新的活力。以利川村寨为例，文旅新业态可以充分活化地方传统文化资源，打造文化品牌。其一，在场景构建上融入地方特色风土民俗元素，以本真与现代、数字化与场景化相融合的方式呈现；其二，文化活动中融合本土生活方式、民俗文化，注重参与度与体验感，减少游客与景点（景区）的文化距离；其三，演艺表演活动中注重游客的感官审美与互动体验，吸引消费者审美注意力和现场沉浸度；其四，在文旅纪念品、民俗产品与服务的制作与包装设计方面，注入地方文化符号元素，增加产品与服务的纪念价值和审美价值。总之，让地方文化符号、文化特色充分渗透到文旅新业态供应链、产业链、价值链各环节，打造特色文旅品牌，提升文旅新业态的文化软实力。

（2）借鉴优秀实践案例经验，在地化孵化 IP。在内容为王的文旅新时代，IP 是活化特色文化资源、促进传统文旅产业现代化转型的新动能。比如，日本熊本县原是一个名不见经传的弹丸之地，也是一个传统“农业大县”，当地巧用“熊”文化元素与当地观光农业、生态农业相融合，创造了“熊本熊”这个憨态可掬的吉祥物，经过周密的创意设计与宣传营销，迅速引爆熊本县的名气，使一个经济发展落后的农业县摇身一变成为国际知名的文旅新景区，产生了巨大的经济效益、社会效

益和生态效益。当前，我国不缺少可以转化为特色 IP 的优质文化资源，但缺少懂得创意开发的文化思维。针对文旅新业态缺乏超级 IP 的现实，结合“90 后”“00 后”新消费者的消费特点，文旅企业可采取以下措施孵化 IP：一是依托专业团队设计传统或地方文化特色鲜明、形象讨喜、简约易记的 IP 或吉祥物，建构能让新消费者眼前一亮的地方或景区文化形象；二是丰富 IP 内容，赋予一系列贴近新消费者需求的文化故事、剧情故事、连环动漫、娱乐游戏等，引发新一代消费者心理共鸣和文化共情；三是加大营销推广力度，如在社交媒体平台上推出相关表情包、相关趣味文化活动，增强文化亲近感，并融入消费者群体的日常生活中；四是设计精美的文化创意产品和服务活动，举办线下市集，扩大文旅新业态产品的知名度。在借鉴优秀实践案例经验的基础上，以地方文化为本，量身定做独一无二的特色产品，在地化孵化 IP，催生文旅融合新形态，形成特色文化品牌。

2. 多元创新，延长文旅新业态生命周期

（1）融文旅新要素于人们的日常生活方式中。当前，以“吃、住、行、游、购、娱”为主的传统旅游业逐渐拓展至“商、养、学、闲、情、奇”等新业态，在后续发展中需逐步拓展各文旅要素之间的融合程度，大力发展文化商务旅游、文化养生旅游、文化研学旅游、文化休闲旅游、文化情感旅游、文化探奇旅游，把文旅新业态融入人们的日常生活，成为人们的日常生活方式。比如，苏州地方戏从生活、场景、内容三个维度与旅游深度融合，带动新一波“戏曲热”，让更多年轻人浸染于昆曲、苏州评弹的魅力中。将文旅新要素融入人们的日常生活方式，需要充分释放文旅新要素活力：一是注重艺术生活化、生活艺术化。在周末和节假日增加文旅产品或服务展演活动次数，让文化活动走进人们的日常生活，使文化艺术“生活化”。二是强调场景特色化、演艺审美化。比如，苏州当地在沧浪亭、狮子林、拙政园等古典园林举办游园特色文化活动，在园内各亭、厅、堂、斋、阁安排富有江南文化特色的评弹、丝竹演奏等演艺节目，让曲艺与景区旅游交相辉映，产生审美“溢出效应”。三是强化思维创意化、内容 IP 化，基于文化艺术创作，充分挖掘 IP 含量丰富的文旅新业态产品与服务，延伸文旅产品与服务的供应链、产业链。

（2）拓展文旅新业态产品或服务价值链。构建文旅大数据平台，整合文旅新业态资源，通过共享数据拓宽新业态发展渠道，增强各文旅机构、企业之间的交流与合作，突破现有的发展瓶颈，合理配置文旅要素。例如，文化养生旅游借由大数据平台和社交媒体数据平台，并与地方特色文化耦合，宣扬健康养生文化理念，推出健康养生和体验消费，如温泉文旅度假区、水文化综合康养区等，打造“文化 + 养生”文旅新业态小镇；以“中医药养生文化”为核心，培育特色中医药养生产品品牌；以“健康生态文旅”为消费理念，聚力原生态的本真文化资源，吸引人们返璞归真；以“美丽乡村”为主题，将绿色环境、生态农业、观光农业与农村特色民俗文化、地方艺术创生融为一体，并赋值场所精神，将传统农居转变为别具文化特色的演艺场所、民宿、农家乐等，集演艺、住宿、餐饮、游玩、深度体验为一体，艺术介入带动乡村文化创生，延伸乡村文旅新业态价值链。因此，构建科学、合理、系统的文旅新业态产品开发体系，夯筑全面、立体、多层次的文旅宣传营销体系，优化文旅新业态创新价值链，力求进一步提升文旅新业态产品与服务的附加值。

（3）推进不同文旅业态之间的融合创新。以“文旅 +”发展战略为主，“文化 +”“互联网 +”为辅，促进不同类型文旅产业间的要素融合，创新发展模式，构建层次丰富、产业链完整、体系健全的文旅新业态，实现跨越式发展。当前，作为文化遗产涵养地的乡村，其文旅业态亟须转型升级。

在乡村振兴战略指引下，乡村文化资源可以在核心层建立物质与非物质文化资产档案和数据库，为特色文化资源存档，保护其原真性、特色性和完整性；在形态层改善传统文化设施，丰富文化活动表现形式，如浙江桐庐的“乡村图书馆 + 民宿”“书店 + 演艺”模式，升级乡村公共文化场所功能，采用数字化手段，线上线下结合，创新乡村菜系文化、民俗音乐纪录片，提升乡土特色文化资源的利用率；在附加层搭台京东、淘宝、拼多多等电商平台，助力民俗风情文旅产品营销推广。

随着受众文旅消费需求逐渐多元化、个性化，文旅行业应突破原有的传统模式，吸收文创、资本、科技和人才，创新表达形态，开拓文化空间和视域。在数字科技高歌猛进的数字经济发展态势下，VR 主题公园、VR 文博展览、AR 场景和灯光秀层出不穷，将逐步成为游客偏爱的文旅新业态场所。

（4）数字科技赋能，激活新业态市场。当前，单纯“看山看水看风景”的传统型文旅产品与服务已经很难留住游客。文旅新业态与新科技、新创意结合，线上线下融合，铸造场景新形态。比如，贵州的屯堡文化数字博物馆，“充分利用真实感角色生成技术、动作绑定技术、场景生成技术等情景建模及行为控制技术，再现屯堡文化的三维场景”。

“科技 +”赋能文旅新业态主要体现在：首先，构建文旅大数据中心，让“文旅大脑”和“智能云”共造智慧文旅，实时展现城市和乡村消费活跃度，在文旅旺季根据数据系统分流人群，改善游客体验环境，提升文旅体验质量；其次，依靠 4D（5D）/5G/VR/AR 等新兴数字技术手段创新场景空间和互动体验方式，比如，游客站在文化遗产面前，眼前立马呈现出古代工匠打磨、铸造、抛光文物的栩栩如生的动态画面；最后，开发“夜游经济”，通过绚丽多彩的灯光秀、灯会、游园文化活动，点亮夜间消费场景，营造轻松闲适的夜生活氛围，再结合线下人情味浓厚、特色产品频出的小摊、市集，刺激游客释放消费需求。创意文旅与数字科技碰撞出的新体验让文旅“活”起来，变得可品、可触、可闻、可听、可观，改善了消费者感知体验和审美愉悦，延伸了产业链。

3. 以人为本，筑牢文旅新业态各主体社会责任意识

（1）坚持社会和生态效益优先，实现文旅新业态可持续发展。社会效益作为文旅新业态的重要考量标准，可细分为休闲游憩效益、文旅就业效益、脱贫致富效益、文化传承效益、环境生态效益等。坚持社会效益优先，确保文旅新业态以人为本、健康可持续发展，为经济社会发展注入更多“人性的温度”。一方面，文旅公共空间要增强社会责任意识，美化自然和人文环境，改善基础服务设施，扩大文旅产品服务功能，可通过招募志愿者方式扩大文旅服务的宣传推广效益，以公共文化服务存量带动增量供给，做到公共文化服务体系与文旅新业态服务体系双管齐下，双效并举；另一方面，社会文化机构和文旅企业要积极营造美好的自然和生态环境，拓宽特色化产品经营思路，举办地方特色化、专题化、精品化展览、演出、场景体验等文化活动，力争打造当地的“文化地标”，延伸产业价值链，提升社会影响力，在促进文旅新业态行业发展的同时带动周边地区经济社会发展。

（2）树立整体观，注重经济、社会和生态效益间的平衡。在文旅新业态发展过程中，经济、社会、生态效益要实现和谐统一，需要为文旅融合注入新动能。首先，政府主体需要进一步完善相关政策法规，树立正确生态价值观，营造健康向上的社会环境，激励文旅企业在开发经营过程中增强社会责任意识、生态保护意识。其次，文旅企业在开发、运营文旅新业态项目时，要重视事前调研环节，对项目开发运营前期、中期、后期可能对周边民生环境、生态环境、文化遗产造成的影响做

风险评估，根据评估结果合理调整后续发展方向，最小化项目风险。再次，行业协会在文旅新业态开发运营过程中，要发挥政府、企业和民众之间的桥梁和纽带作用，一方面，助力政府出台、完善政策法规，担负行业监管责任；另一方面，加强协会与企业以及企业之间的交流合作，监督企业履行主体责任，捍卫企业合法权益，防范市场风险。最后，当地居民要有监督意识、信息及时反馈意识，构建友好和谐的文旅新业态氛围需要多方主体共建、共治、共享。

4. 建立企业联盟，抵御文旅新业态市场竞争风险

当前，我国文旅新业态行业组织发育不成熟，没能发挥应有的治理主体作用。为此，亟待建立企业联盟，助力文旅新业态行业健康发展：一是优化技术合作。文旅新业态依托于数字技术的运用，新业态发展壮大离不开大数据、数字技术、虚拟场景技术的迭代升级。当今科技进步不是单个企业能独当一面，技术之间相互交叉融合，形成一个个技术域，在技术域框架下催生文旅新业态。企业之间联合、分工与合作，可以最大限度地实现文旅场景新技术的革新突破。二是减少文旅企业经营风险。在企业联盟中，企业之间信息互通共享，共同研判市场不确定因素，抵御市场风险。文旅企业联盟，可以实现技术、人力、设备设施共享，降低项目更新换代成本，实现资源的利用最大化。三是减少企业过度竞争。同类企业的过度竞争会伤害企业自身利益，“伤敌一千、自损八百”。当前，文旅新业态企业存在同质化竞争倾向，如在IP开发和内容故事方面模仿侵权、在场景构建和文化赋值方面雷同化等。构建企业联盟，有助于保护知识产权，防止同质化甚至恶性竞争。四是促进企业资源互补。在竞争市场中存活下来的企业有其生存发展的合理性，不同企业之间有其特色和优势。当企业联盟建立后，企业之间可以在场景技术、内容资源等方面有效互补，实现互利共赢。

5. 考量异质文化的适应性，提升在地化转化质量

文旅新业态注重差异化、特色化的文化体验，需要采取各种措施，加强项目本身与新消费者、与地方特色文化、与社会主流价值观和整个文化环境之间的适应性。当前，一些文旅新业态项目尤其是“密室逃脱+智力闯关”等探奇类游戏，常常移植国外母公司的剧本杀故事，以惊险、刺激为追求，没有充分考虑其文化价值观导向和内容故事的本土适应性，值得引起重视。

（1）鼓励扶持国产原创IP开发。目前，一些文旅新业态项目依托于国外成熟的IP化经营理念和管理运作，但国外IP难以实现本土化转换，以致出现“水土不服”的文化不适应现象，如造成消费者心理不适、过度惊吓和不太理解内容故事的问题。而国内文旅企业IP开发程度还不高，市场竞争力较弱。为此，文旅新业态企业可以在内容故事征集与创作阶段，在原创性IP资源开发方面发力，塑造特色鲜明的IP形象、独特的场景设计和空间布局、科学的体验程序设置、合理的文化想象空间，以及相应的市场推广和营销手段，提升原创IP的文化品质、审美效果和知名度、美誉度，以文化内涵、艺术审美、文化品牌赋予丰富的内容价值与吸引力。

（2）坚持正确的内容价值观导向。文旅新业态的新消费群体多是“80后”“90后”和“Z世代”，他们的人生观、世界观、价值观容易受到外界因素的影响。文旅新业态企业要增强文化责任感，在项目内容和数字场景空间设计上，尽可能选择那些具有优秀价值观导向的剧本故事、表达风格，提高内容故事的文化含量和正能量品性，逐渐改变社会民众对娱乐游戏体验项目的“文化品质不高”的刻板印象。此外，文旅新业态企业还应当照顾年轻人网络社群集聚的特点，提高新媒体、社交媒体平台宣传推介内容的文化品质、表达技巧和推送频率，更好地传递项目内容故事灵韵，充分体现

文化内容价值的引领性，以优质的内容质量吸引受众体验消费。

（上海交通大学文化产业管理系研究生应紫、皮佳萱对此文亦有贡献）

参考文献

[1] 高丽敏等 . 旅游新业态驱动力和产生模式研究［C］. 2012 中国旅游科学年会论文集，2012.

[2] 汪燕，李东和 . 旅游新业态的类型及其形成机制研究［J］. 科技和产业，2011（6）：9-12.

[3] 赵艳喜 . 浅析非遗旅游新业态的发展动因与基本类型［J］. 人文天下，2018（16）：53-55.

[4] 刘晓英 . 产业融合视角下我国旅游新业态发展对策研究［J］. 中州学刊，2019（4）：20-25.

[5] 姜文华等 . 旅游产业供给侧改革存在的问题与对策建议［J］. 山东社会科学，2017（11）：147-152.

[6] 李雪丽等 . 新业态：旅游业可持续发展的战略选择［J］. 江苏商论，2011（12）：115-118.

[7] 舒伯阳等 . 新时代乡村旅游高质量发展的理论思考及实践路径［J］. 华中师范大学学报（自然科学版），2022，56（1）：73-82.

[8] 王婷等 . 高质量发展视角下乡村旅游发展问题与对策［J］. 中国农业资源与区划，2021，42（8）：140-146.

[9] 国务院办公厅 . 关于进一步激发文化和旅游消费潜力的意见［EB/OL］.［2020-10-09］. http://www.scio.gov.cn/ztk/38650/41542/index.htm.

[10] 商务部等 14 部门 . 关于印发《关于培育建设国际消费中心城市的指导意见》的通知［EB/OL］.［2020-10-09］. http://www.gov.cn/xinwen/2019-10/25/content_5444727.htm.

[11] 国家发展改革委 . 多部门印发《关于改善节假日旅游出行环境促进旅游消费的实施意见》［EB/OL］.［2020-10-14］. http://www.gov.cn/xinwen/2019-12/12/content_5460641.htm.

[12] 上海市人民政府 . 关于印发《上海市全力防控疫情支持服务企业平稳健康发展若干政策措施的通知》［EB/OL］.［2020-10-09］. http://www.shanghai.gov.cn/nw2/nw2314/nw2319/nw10800/nw42944/nw48506/u26aw63478.html.

[13] 上海市人民政府 . 上海市文化和旅游局推出中小微文化和旅游企业金融服务举措［EB/OL］.［2020-10-09］. http://www.shanghai.gov.cn/nw2/nw2314/nw32419/nw48614/nw48615/u21aw1428966.html.

[14] 布莱恩·阿瑟 . 技术的本质：技术是什么，它是如何进化的［M］. 曹东溟，王健译 . 杭州：浙江人民出版社，2018.

[15] 约瑟夫·派恩 . 体验经济［M］. 毕崇毅译 . 北京：机械工业出版社，2012.

[16] 汪秀英 . 基于体验经济的消费者行为模式研究［M］. 北京：首都经济贸易大学出版社，2012.

[17] Agarwal S. Restructuring Seaside Tourism（the resort life cycle）［J］. *Annals of Tourism Research*，2002，29（1）：25-55.

[18] 丹尼尔·亚伦·西尔，特里·N. 克拉克 . 场景：空间品质如何塑造社会生活［M］. 祁述裕等译 . 北京：社会科学文献出版社，2019.

［19］Jillian M.，Rickly-Boyd. Existential Authenticity：Place Matters［J］. *Tourism Geographies*，2013，15（4）：680–686.

［20］周晓薇 . 生活、场景、内容：苏州地方戏曲、曲艺与旅游融合发展的理论逻辑与实践探索［J］. 艺术百家，2020（1）：78–84.

［21］于法稳等 . 乡村旅游高质量发展：内涵特征、关键问题及对策建议［J］. 中国农村经济，2020（8）：27–39.

［22］李忠斌，刘阿丽 . 武陵山区特色村寨建设与民宿旅游融合发展路径选择——基于利川市的调研［J］. 云南民族大学学报（哲学社会科学版），2016（6）：108–114.

［23］王志纲工作室 . 一个超级城市 IP 是如何诞生的［EB/OL］.［2018–09–04］. https://www.sohu.com/a/251888269_642245.

［24］陈锋平，朱建云 . 文旅融合新鉴：桐庐县“公共图书馆 + 民宿”的实践与思考［J］. 图书馆杂志，2020（3）：107–112.

［25］潘颖等 . 文旅融合背景下的乡村公共文化发展路径［J］. 图书馆论坛，2020（10）：1–11.

［26］肖远平，王伟杰 . 全域旅游视角下贵州屯堡文化综合数据库建设路径研究［J］. 贵州大学学报（社会科学版），2017（4）：102.